Sozialwissenschaftliche Forschungen

Herausgegeben von der

Sozialwissenschaftlichen Arbeitsgemeinschaft

Abteilung I — Heft 4

Berlin und Leipzig

Walter de Gruyter & Co.

vormals G. J. Göschen'sche Verlagshandlung — J. Guttentag, Verlagsbuchhandlung
Georg Reimer — Karl J. Trübner — Veit & Comp.

1925

Neuere russische Wert- und Kapitalzinstheorien

Von

Hans-Jürgen Seraphim
Privatdozent an der Universität Breslau

Berlin und Leipzig

Walter de Gruyter & Co.

vormals G. J. Göschen'sche Verlagshandlung — J. Guttentag, Verlagsbuchhandlung
Georg Reimer — Karl J. Trübner — Veit & Comp.

1925

Angenommen auf Antrag von Professor Dr. A. Hesse
durch den Abteilungsvorsteher Professor Dr. K. Diehl.

Druck von Walter de Gruyter & Co., Berlin W. 10

Professor Dr. A. Hesse,

in dankbarer Verehrung

Inhaltsübersicht.

Vorwort.

Die systematische Bearbeitung der russischen Volkswirtschaftslehre, insbesondere der ökonomischen Theorie, liegt sehr im Argen. Abgesehen von den Arbeiten **Brückners** über den Merkantilismus in Rußland und einigen Spezialstudien über **Herzen** und das Narodničestvo liegen nur Untersuchungen über den russischen Anarchismus vor [1]. Die interessante Entwicklung der letzten drei Jahrzehnte ist in Deutschland vollkommen unbekannt geblieben. Vorliegende Arbeit versucht, einen Teil dieser Lücke zu schließen. Seit der Begründung einer selbständigen russischen Sozialökonomie in der Mitte des vorigen Jahrhunderts erregte vornehmlich das Verteilungsproblem und hier wieder vor allem die Lehre vom Kapitalgewinn das Hauptinteresse innerhalb der Volkswirtschaftstheorie. Da die Lösung des Kapitalzinsproblems zur Behandlung der Wertlehre zu führen schien, hat man auch dieser in Rußland erhöhte Aufmerksamkeit geschenkt. Daraus ergibt sich die Berechtigung, diese beiden Fragen als typisch für die ganze russische Theorie anzusehen. Eine sachliche Beschränkung auf die genannten Probleme ist zudem durch den unbefriedigenden Stand der Rußlandforschung geboten: die Zeit ist noch nicht gekommen, eine kritische Dogmengeschichte der ganzen russischen Theorie zu schreiben. Dazu fehlt es einstweilen an notwendigen Vorarbeiten. Als eine solche ist die vorliegende Studie aufzufassen.

Zur ersten Orientierung des deutschen Lesers habe ich den Rahmen der Arbeit insofern weiter spannen müssen, als ich einleitend eine Charakteristik der russischen Nationalökonomie für notwendig hielt. Bei der Abfassung des einleitenden Kapitels habe ich mich überwiegend auf sekundäre Quellen stützen müssen, während das Wert- und Kapitalzinsproblem nach dem Urmaterial bearbeitet werden konnten. Leider war es nicht möglich, sämtliche Quellen heranzuziehen; das ist bei der geringen Beachtung, die vor dem Kriege der russischen Nationalökonomie in Deutschland geschenkt wurde, und der gegenwärtigen schlechten Verbindung mit Rußland kein Wunder. Immerhin gelang es mir, von allen in Frage

[1] Masaryks bekanntes Werk betont in erster Linie den religions- und geschichtsphilosophischen Standpunkt der russischen Geistesgeschichte.

kommenden Schriftstellern wenigstens eine Arbeit zu erhalten. Besonders bedauerlich ist es, daß mir die Werke derjenigen russischen Nationalökonomen nur im Auszug vorliegen, die man als Kiever Schule zu bezeichnen pflegt. Es mag mir aus diesem Grunde von sachkundigen Kritikern vorgehalten werden, ich hätte mich an die Studie überhaupt nicht wagen dürfen, da das von mir gezeichnete Bild manchem russischen Nationalökonomen nicht gerecht werde. Diese Bedenken sind in der Tat schwerwiegend, doch glaube ich, daß späterhin nur noch Änderungen im Einzelnen notwendig sein werden. Im Wesentlichen ist bereits heute eine Darstellung vorliegender Art nicht nur möglich, sondern auch so weit exakt durchführbar, daß das Gesamtergebnis, zu dem ich gelangt bin, der tatsächlich verlaufenen Entwicklung der russischen wirtschaftstheoretischen Forschung entsprechen dürfte.

Was die Quellen anbetrifft, so sind sie von mir, mit Ausnahme der Werke Slonimskijs, Wittes und Železnovs, durchweg nach dem russischen Text bearbeitet worden. In dankenswerter Weise bin ich bei ihrer Beschaffung unterstützt worden durch das Osteuropa-Institut zu Breslau, die Pirogovsche Lesehalle in Heidelberg und die Universitätsbibliothek zu Dorpat (Republik Estland). Den Leitungen dieser Anstalten, sowie allen, die mich bei dieser Arbeit unterstützt haben, spreche ich auch an dieser Stelle meinen Dank aus.

Insbesondere bin ich meinem hochverehrten Lehrer, Professor Dr. Albert Hesse-Breslau, zu großem Dank verpflichtet, der mir mannigfache Anregungen hat zuteil werden lassen. Ferner ist es mir eine angenehme Pflicht, Professor Dr. Peter Struve-Prag, sowie Professor A. Bilimovič-Laibach, die mich in liebenswürdigster Weise in der so schwierigen Literaturbeschaffung und auch sonst mit manchen wertvollen Hinweisen unterstützt haben, meinen aufrichtigen Dank auch an dieser Stelle auszudrücken.

Breslau, im April 1925.

Dr. Hans-Jürgen Seraphim.

Zur Charakteristik der russischen Volkswirtschaftslehre.

Sozialität — das ist mein Losungswort.
Belinskij.

Einleitendes.

Der große Unterschied der geistigen Einstellung zwischen West- und Osteuropa ist oft betont und eingehend im Einzelnen klargelegt worden. Die Russen selbst sind sich dessen auch voll bewußt, baut sich doch eine ganze geschichtsphilosophische Richtung, die Slavophilie, auf diesem Gegensatz auf. Danilevskij nennt sein bekanntes Werk „Rußland und Europa" und denselben Gedanken, daß Rußland und der Westen wesensverschieden seien, hat wohl keiner so scharf hervorgehoben, wie Danilevskijs Vorgänger, der Slavophile Kirejevskij [1]). Der Westen ist — so meint Kirejevskij — dem Russen so fremd, daß er gezwungen sei, „seine volkstümliche Persönlichkeit beinahe ganz zu vernichten, um sich der westeuropäischen Bildungswelt einzufügen" [2]). Er geht soweit zu behaupten, daß im vorpetrinischen Rußland eine Wissenschaft, wie beispielsweise die politische Ökonomie, undenkbar gewesen wäre, ohne freilich zu bedenken, daß sie durch Jurij Kryžanič tatchlich vertreten worden ist.

So kraß, wie Kirejevskij den Gegensatz hinstellt, wurde er in Rußland nur selten, in den letzten Jahrzehnten überhaupt nicht mehr empfunden. Daß er vorhanden ist, braucht nicht geleugnet zu werden, aber es handelt sich um keinen grundsätzlichen, sondern nur um einen Gradunterschied, auch so weit die Ausgestaltung der Wissenschaft, insbesondere der Nationalökonomie, in Frage steht. Masaryk [3]), einer der besten Kenner russischer Geistesgeschichte, ist der Ansicht, daß Europa Rußland nicht wesensfremd, aber doch nicht, noch nicht ganz eigen sei.

Es ist hier nicht der Ort, des Näheren auf die Ursachen der be-

---

[1]) Ivan V. Kirejevskij: Über den Charakter der Bildung Europas und ihr Verhältnis zur Bildung Rußlands. 1852. Herausgegeben von A. Paquet, Stuttgart 1923.

[2]) Ebenda S. 36.

[3]) Th. G. Masaryk: Zur russischen Geschichts- und Religionsphilosophie. 1. Bd. S. 8.

sonderen geistigen Entwicklung Rußlands einzugehen [1]). Die Feststellung mag genügen, daß die vielhundertjährige Tartarenherrschaft das Land nicht nur auf einen, im Westen Europas längst überwundenen Stand der geistigen und materiellen Kultur zurückwarf, sondern dem Staat hinfort einen asiatischen Charakter aufprägte, der der freien Entwicklung und Entfaltung des Individuums durchaus feindlich war [2]). In derselben Richtung wirkt die Ausgestaltung der Leibeigenschaft: die große Masse des Volkes fühlt sich selbst als willenloses Objekt einer kleinen Herrenschicht, ist gewohnt, andere für sich denken und handeln zu lassen, und bildet hierdurch jenen blinden Autoritätsglauben aus, dem wir in nachfolgender Skizze wiederholt begegnen werden. Diese Unselbständigkeit auf allen Gebieten persönlicher Betätigung hemmt auch das geistige Schaffen der Nation. Wissenschaft im westeuropäischen Sinn gab es im mittelalterlichen Rußland nicht. Auch der Merkantilismus und Physiokratismus stellen sich dem Forscher als künstlich verpflanzte, wurzellose, geistige Strömungen dar. Beide sind nur auf dem Boden einer fortgeschrittenen Volkswirtschaft denkbar, eine Vorbedingung, die im Rußland des 17. und 18. Jahrhunderts nicht gegeben war.

Der ökonomische Liberalismus.

Wenn überhaupt seit Ende des 18. Jahrhunderts die Ideen Westeuropas vereinzelt aufgenommen und vertreten werden, so in der Regel von Nichtrussen. In einer interessanten Studie schildert Brückner [3]) den starken Einfluß, den zur Zeit Katharinas die Balten ausübten. „Mit der Eroberung der Ostseeprovinzen — sagt er — hatte Rußland nicht bloß eine Anzahl von Quadratmeilen und ein für den Verkehr mit Europa unermeßlich wichtiges Küstengebiet, sondern auch in der deutschen Bevölkerung dieses Landes ein geistiges Kapital gewonnen, dessen hohe Zinsen dem ganzen Gemeinwesen überreichlich zugute gekommen sind [4]).“ Dies geschah in erster Linie durch Verbreitung westlicher Wissenschaft und Bildung. Wenn Kotljarevskij [5]) mit Recht betont, daß die russische Bildung an Tiefe und Vielseitigkeit in der Epoche zwischen Peter und Katharina gewann und aus diesem Grunde das „Interesse an der westlichen Kultur immer mehr Wurzel schlug“, so war das nur dank der vermittelnden Tätigkeit der in Rußland beheima-

---

[1]) Eingehend behandelt von Karl Nötzel: Die Grundlagen des geistigen Rußlands. Jena 1917.

[2]) Vgl. Schulze-Gaevernitz: Eine Studie zum osteuropäischen Merkantilismus, im Archiv für soziale Gesetzgebung, 1895, S. 443.

[3]) A. Brückner: Die Europäisierung Rußlands. Gotha 1888. S. 247 ff.

[4]) Ebenda S. 266.

[5]) Nestor Kotljarevskij: Literarische Richtungen der alexandrinischen Epoche. Petersburg 1913. S. 27.

teten Deutschen ermöglicht worden, denn die Wissenschaft des Westens drang ausschließlich über Deutschland nach Rußland ein. Deutsch war die Bildungssprache [1]), Deutsche waren die Lehrer an den Universitäten, selbst Schüler wurden, aus Mangel an russischen, aus Deutschland herangezogen. Vor allem beherrschte die deutsche Aufklärungsphilosophie die russische Gesellschaft. Bei dem Wohlwollen, das die Regierung zunächst dieser Entwicklung entgegenbrachte, ist es verständlich, daß man sich förmlich auf die westliche Wissenschaft und Literatur stürzte und die verschiedenartigsten Lehren sich anzueignen suchte. Die Freiheit und Möglichkeit, die Ideen der Aufklärung in sich aufzunehmen, sind ein wesentlicher Grundzug jener Zeit [2]). Bei dem oben skizzierten Zustand der geistigen Entwicklung der russischen Gesellschaft ist Kotljaresvkijs Hinweis durchaus verständlich, daß im Grunde der Russe für die westeuropäischen Gedankengänge nicht vorbereitet war, daß „der westliche Gedanke und die Formen des westlichen Lebens für ihn nur Gegenstände der Beobachtung und der Aneignung waren, denen er nichts Neues hinzuzufügen wußte“ [3]). Diese Unselbständigkeit hat die russische Wissenschaft bis tief in das XIX. Jahrhundert nicht zu überwinden vermocht. Es ist hier nicht der Ort, die Geschichte der russischen Nationalökonomie, wenn auch nur in groben Umrissen, zu skizzieren. Ich muß mich vielmehr darauf beschränken, die Eigenart der sozialökonomischen Einstellung zu charakterisieren, denn erst, wenn das geistige Gesamtkolorit, die besondere Tönung des Hintergrundes, gezeichnet ist, kann die Behandlung, die das Wert- und Kapitalzinsproblem in Rußland gefunden hat, richtig gewürdigt, ja verstanden werden.

Es kommt also zunächst darauf an, die unterschiedliche Auffassung nationalökonomischen Denkens in Rußland und in Westeuropa festzustellen. Dies glaube ich am besten erreichen zu können, indem ich die Forschungsmethoden deutscher Gelehrter, die in Rußland im ersten Drittel des 19. Jahrhunderts gewirkt haben, der spezifisch russischen Auffassung gegenüberstelle, wie sie seit den 40er Jahren sich allmählich herausbildete. Es wird auf diese Weise der Gegensatz besonders deutlich in Erscheinung treten, da die verschiedene Behandlung der Probleme in demselben Lande, d. h. unter gleichen sozialen, wirtschaftlichen und politischen Bedingungen, ausschließlich auf die unterschiedliche psychologische Einstellung der Träger der wissenschaftlichen Forschung zurückzuführen ist.

Roscher faßt alle in Rußland lehrenden Nationalökonomen deutscher Zunge in die Deutsch-russische Schule zusammen,

---

[1]) Masaryk, a. a. O. S. 63: daneben auch, doch in geringerem Maße das Französische: Miljukov, Skizzen zur russischen Kulturgeschichte. S. 381.
[2]) Kotljarevskij, a. a. O. S. 28, 29.
[3]) Ebenda S. 39.

und sieht als das ihnen Gemeinsame an, „daß sie nicht bloß die deutsche, überhaupt europäische Volkswirtschaftslehre befruchtend auf die russische Praxis überleiten, und umgekehrt jene mit wertvollen, aus Rußland geschöpften Beispielen bereichern, sondern daß sie auch in nicht bedeutungslosem Grade die hisotrische Methode der Wissenschaft vorbereiten". Sie wurden „durch unbefangene statistische Beobachtung der vielen verschiedenen, zum Teil noch ganz rohen Kulturstufen, die Rußland umschließt, immer mehr veranlaßt, die zeitliche und örtliche Relativität so mancher bis dahin für absolut gehaltener Lehrsätze zu erkennen[1]).

Eine kurze Schilderung der Lehren jener Vertreter der deutschen Wissenschaft in Rußland wird nicht nur die Unhaltbarkeit einer „Deutsch-russischen Schule" (als geschlossenes wissenschaftliches System) dartun, sondern darüber hinaus uns die Erkenntnis vermitteln, daß die Problemstellung und Methodik sich durch nichts von der national-ökonomischen Forschung Westeuropas unterscheiden.

Christian von Schlözer[2]) ist als Schüler Ad. Smiths anzusehen. In der Theorie ein Anhänger des ökonomischen Liberalismus, sucht er auf Grund der ihm vor Augen stehenden russischen Praxis dieses Prinzip wesentlich zu modifizieren. Er ist stets bemüht, die Relativität der von ihm aufgestellten Sätze zu betonen. Das bedeutet aber keinen methodologischen Gegensatz zu der klassischen Schule, da die meist deduktiv gewonnenen allgemeinen Gesetze als allgemeingültig hingestellt werden; die Relativität wird ausschließlich dann betont, wenn wirtschaftspolitische Maßnahmen erörtert werden.

Diese Beschränkung legt sich Ludwig Heinrich Jakob[3]) nicht auf. Er wünscht, die Prinzipien der Freiheit der Einzelpersönlichkeit und der Freiheit wirtschaftlicher Betätigung restlos und ausnahmslos durchgeführt zu sehen. Das individuelle Gewinnstreben allein reguliert die Volkswirtschaft: der Staat hat nur das Eigentum im Innern und nach außen zu schützen. Die Gewerbefreiheit ist für Jakob ein „idealischer Zustand".

Auf demselben Boden steht Heinrich von Storch[4]), der uns als origineller Denker entgegentritt. Da er die Probleme der politischen Ökonomie durch Einbeziehung nicht wirtschaftlicher

---

[1]) W. Roscher, Die Deutsch-russische Schule, in: Bericht der K. sächsischen Gesellschaft der Wissenschaft zu Leipzig, Bd. 22, 1870, S. 140.

[2]) 1774—1830. Seit 1800 lehrte er in Dorpat, 1801—1826 in Moskau. Seine wichtigsten wissenschaftlichen Arbeiten sind in meinem Aufsatze „Die Deutsch-russische Schule", Jahrbücher f. N. u. St., III. Folge, 67. Bd., S. 320 angegeben.

[3]) 1759—1827. 1807—1816 lehrte er Nationalökonomie an der Universität Charkov. Die wichtigsten seiner 33 Schriften sind in meiner Arbeit a.a. O. S. 322 angeführt.

[4]) Meine Arbeit a. a. O. S. 323 f.

Momente zu vertiefen sucht und der Ansicht ist, daß die Gesetze der Nationalökonomie durch das menschliche Wesen, seine Anlagen, Bedürfnisse und Gesinnungen modifiziert werden, lehnt er Naturgesetze im eigentlichen Sinne für die Volkswirtschaftslehre ab. Storch bekennt sich zu der induktiven, empirisch-realistischen Forschungsmethode. Seine Darstellung mutet oft geradezu „historisch“ an. Zwanzig Jahre vor List entwickelte er eine Art Wirtschaftsstufentheorie, indem er „drei Perioden der Bereicherung“ feststellt. Trotzdem ist Storch ein Vertreter der klassischen Schule: Ad. Smith, Say, Bentham u. a. sind seine Vorbilder. Der wissenschaftliche Liberalismus ist auch ihm der Ausgangspunkt der Nationalökonomie.

Gehören die drei Genannten uneingeschränkt der klassischen Schule an, so gilt das in keiner Weise von Georg Graf Kankrin[1]). Er ist als Mann der Praxis überhaupt keiner Richtung unterzuordnen. Sind die oben angeführten Vertreter der s. g. Deutschrussischen Schule sich darin einig, daß der ökonomische Liberalismus sich praktisch nicht überall gleich stark auswirken könne, so geht Kankrin einen Schritt weiter und leugnet überhaupt die Zulässigkeit der diesem System zugrunde liegenden Sätze. Methodisch ist er ein Gegner deduktiv gewonnener allgemeingültiger Gesetze. Mit klarem Blick erkennt er, daß die freie Konkurrenz in Wirklichkeit meist nicht zu der von der klassischen Schule erhofften Harmonie führt, da beide Parteien nur selten gleich stark sind. Deshalb fordert er, daß sie eingeschränkt werden muß, wenn das öffentliche Wohl es verlangt. Lists Einfluß macht sich bei seiner Stellungnahme gegen den Freihandel geltend. Es unterliegt nach dem Gesagten keinem Zweifel, daß Kankrin in seiner allgemeinen Einstellung, wie bei der Behandlung vieler Sonderprobleme durchaus selbständige Wege geht.

Wesentliches übernahm er von den Merkantilisten und Fr. List. Die klassische Schule hat er stets bekämpft.

Ebenso wie Kankrin möchte ich Theodor Bernhardi[2]) keiner bestimmten Schule zuzählen. Als Historiker ergeben sich für ihn naturgemäß manche Berührungspunkte mit der älteren historischen Schule, vor allem aber ist eine nicht unerhebliche Einwirkung der Gedankengänge Ad. Müllers festzustellen. In seiner „Kritik“ findet sich eine der besten Auseinandersetzungen mit der Klassischen Schule, die die deutsche volkswirtschaftliche Literatur aufweist. Bernhardi bekämpft den ökonomischen Liberalismus aus wirtschaftsphilosophischen Gesichtspunkten. Die Einzelpersönlichkeit kann er sich nur als Glied der Gesellschaft

---

[1]) 1766—1845. 1823 wurde er russischer Finanzminister.

[2]) 1802—1885. In Rußland schrieb er sein nationalökonomisches Hauptwerk „Versuch einer Kritik der Gründe, die für großes und kleines Grundeigentum angeführt werden“.

vorstellen, „nie und in keiner Beziehung außerhalb dieses Vereins". Der Staat hat nach Bernhardi die höchsten nur vorstellbaren Aufgaben zu erfüllen: er muß „die Keime der Zukunft mit Bewußtsein hegen" und das geistige und sittliche Leben der Nation weiterbilden [1]). Der Staat ist sich nicht Selbstzweck und deshalb ist es nicht notwendig, seinen Einfluß zu beschneiden. Da Bernhardi der Überzeugung ist, daß nicht der „individuelle Eudämonismus", sondern die Entwicklung des geistigen Lebens der Endzweck jeder menschlichen Tätigkeit ist [2]), kommt er zu einer grundsätzlich anderen Einstellung zu Staat und Gesellschaft, als Smith und seine Schüler.

Roscher faßt Anhänger der verschiedensten, einander entgegengesetzten wirtschaftspolitischen Richtungen und nationalökonomischen Schulen zusammen, nur weil sie die Relativität volkswirtschaftlicher Entwicklungen mehr oder weniger anerkennen. (Für Jakob trifft auch dies nicht einmal zu.) Daß dieses Kriterium nicht genügt, liegt auf der Hand, denn die deutschen Vertreter der Volkswirtschaftslehre in Rußland gehören grundverschiedenen Richtungen und Schulen der Nationalökonomie an und können deshalb nie und nimmer als Vertreter einer eigenen selbständigen Deutsch-russischen Schule aufgefaßt werden.

Für unsere Untersuchung ist jedoch eine zweite Feststellung von noch größerem Wert. Die deutschen Nationalökonomen in Rußland unterscheiden sich zwar in vielem von denen des Westens, doch ihre Forschungen haben dieselben Probleme zum Gegenstand, ihre geistige Einstellung entspricht der Westeuropas. Deutlich können wir erkennen, wie die besonderen russischen Verhältnisse nicht ohne Einfluß geblieben sind, wie besonders Schlözer, Storch und Kankrin versucht haben, in ihren Systemen dieser russischen Eigenart Rechnung zu tragen, doch halten sie an den aus Deutschland übernommenen Grundprinzipien fest. Mit beiden Füßen stehen sie auf dem Boden der geltenden Gesellschafts- und Wirtschaftsordnung, die sie nicht umgestalten, sondern erklären wollen. Sie untersuchen deshalb ebenso wie die englischen oder deutschen Klassiker die Grundbedingungen der bestehenden Tausch- und Verkehrswirtschaft und gelangen auf diese Weise zur Analyse des Werts, des Preises, des Lohns, der Rente, kurz aller Begriffe, die auch Gegenstand der westlichen Forschungen sind. So hat beispielsweise Jakob die Arbeitswerttheorien eingehend behandelt und weitergebildet, Storch eine Lehre von den unkörperlichen Gütern aufgestellt, Kankrin das Wesen der Konkurrenz analysiert, um nur einzelne Gebiete zu nennen, die besonders originell und selbständig dargelegt sind. Dieses Ergebnis muß festgehalten

---

[1]) Bernhardi, Versuch einer Kritik usw. S. 50.
[2]) Bernhardi, a. a. O. S. 52 ff.

werden, denn hierin liegt der wichtigste Gegensatz zu der späteren russischen sozialökonomischen wissenschaftlichen Forschung begründet.

Bereits der einzige nationalrussische Vertreter des ökonomischen Liberalismus, Nikolaus Ivanovič Turgenev[1]) stellt sich in einen gewissen Gegensatz zu den deutschen Nationalökonomen in Rußland. Während seines Aufenthalts in Deutschland lernte er die Ideen der klassischen Schule kennen und nahm sie vollständig in sich auf. In seiner „Steuertheorie“ finden sich wiederholt Gedankengänge, die davon Zeugnis ablegen. Manuilov[2]) betont, daß Turgenev das Prinzip der politischen und wirtschaftlichen Freiheit als das allein natürliche angesehen hat. In „La Russie et les Russes“ beschäftigt er sich eingehend mit der Leibeigenschaft, die er hier wie in seinen später erschienenen Schriften bekämpft. Mit Nachdruck hebt er hervor, daß die Bauern nicht nur persönlich frei sein sollen, sondern daß mit der Befreiungsgesetzgebung Hand in Hand eine Neuregelung der Besitzverhältnisse vorgenommen werden müsse, da das Gemeineigentum, der Mir, über kurz oder lang verschwinden müsse. Als Ideal schwebt ihm die Schaffung eines Standes kleiner Landeigentümer (Parzellenbesitzer) vor[3]). In dieser Forderung unterscheidet sich Turgenev als typischer bürgerlicher Individualist grundsätzlich sowohl von den Slavophilen, wie von den späteren Westlern und Sozialisten, die sich, wenn auch aus verschiedenen Motiven, ausnahmslos für Beibehaltung der Mirverfassung aussprachen, ebensosehr aber auch von seinen deutschen Vorgängern, insofern als er viel mehr als jene ein Programm aufstellt, das Bestehende durch das von ihm als wünschenswert erkannte Ideal zu ersetzen bestrebt ist, mithin Sozialreformator sein will.

Der russische Anarchismus.

Diese Tendenz prägt sich je länger desto stärker aus und beherrscht allmählich die gesamte volkswirtschaftliche Literatur Rußlands. Es genügt zur Erklärung jener geistigen Einstellung nicht nur der Hinweis auf die Eigenart des russischen National-

[1]) N. J. Turgenev ist 1789 in Simbirsk geboren, studierte in Moskau und Göttingen Geschichte, Nationalökonomie und Finanzrecht. 1812 wurde er dem Freiherrn von Stein attachiert, dessen Agrarreform auf ihn einen bestimmenden Einfluß ausübte. Nach Rußland zurückgekehrt, schloß er sich der Dekabristenbewegung an, insbesondere trat er zu Pestel in nähere Beziehungen. Von seinen Werken sind zu nennen: Versuch einer Steuertheorie; 1818: La Russie et les Russes. In späteren Jahren ist er wiederholt mit Abhandlungen über die Bauernfrage an die Öffentlichkeit getreten. (Vgl. den Artikel über Turgenev von V. Semevskij in Brockhaus und Efron Bd. 67, S. 106 ff. Ferner M. Wischnitzer: Die Universität Göttingen und die Entwicklung der liberalen Ideen in Rußland im ersten Viertel des 19. Jahrhunderts. Berliner Dissertation 1906.

[2]) A. A. Manuilov: Politische Ökonomie. S. VII.

[3]) V. Semevskij, N. J. Turgenev, Brockhaus u. Efron Bd. 67, S. 108—111.

charakters, vielmehr wird auch die politische Entwicklung heranzuziehen sein[1]).

Das zweite Viertel des XIX. Jahrhunderts ist in Rußland wie im Westen die Zeit der Reaktion, deren konsequenter Vertreter gerade Zar Nikolaus I. selbst war. Aber während man in Europa im allgemeinen wenigstens die Wissenschaft sich frei entfalten ließ, wurde in Rußland jede Äußerung des Liberalismus seit dem Regierungsantritt Nikolaus I. radikal unterdrückt. Jedes selbständige Denken, jede höhere Bildung sollte im Keime erstickt werden[2]). Man kann nicht leugnen, daß die 1826 begründete „Dritte Abteilung der eigenen Kanzlei Seiner Majestät" diese Aufgabe bis zu einem gewissen Grade erfolgreich durchgeführt hat. Kurz nach dem Regierungsantritt des Zaren wurde der Lehrstuhl der Philosophie an der Moskauer Universität aufgehoben, die Unterweisung im Staatsrecht untersagt und in einer Reihe von Reglements die „Luxuskenntnisse" eingeschränkt[3]); zu diesen gehörte unter anderem die Nationalökonomie, die nach Ansicht der Regierung zu Freidenkertum und Sozialismus führe. 1844 wurde der Unterricht in Statistik abgeschafft und diese mit Geographie verbunden, um jeglichen Zusammenhang mit den politischen Wissenschaften zu beseitigen[4]). Logik und Philosophie wurden infolge der „gegenwärtigen verwerflichen Entwicklung dieser Wissenschaften durch die deutschen Gelehrten" von dem Lehrplan gestrichen. Selbst die Naturwissenschaften waren verpönt, da durch sie der Materialismus Verbreitung finden könne. Daß durch diese Methode das erwünschte Ziel nicht erreicht werden konnte, liegt auf der Hand. Im Gegenteil, durch das brutale Vorgehen der Zensur wurde zwar eine legale, fruchtbare Tätigkeit auf dem Gebiete der Geistes- und Sozialwissenschaften unmöglich gemacht, dafür aber die junge Generation dem politischen Radikalismus in die Arme getrieben. So kommt es, daß in der ersten Jahrhunderthälfte (Herzen nennt diese Zeit die „Pestzone, die sich von 1825 bis 1855 erstreckt") die Nationalökonomie in Rußland stagnierte und nicht die Anregungen, die die westeuropäische Entwicklung darbot, aufnehmen und den Verhältnissen entsprechend weiterbilden konnte. Gleichzeitig aber wurden die geistig interessierten Kreise Rußlands, die junge Intelligenz, in eine hoffnungslose Opposition nicht nur zu dem bestehenden Staat, sondern auch zu der geltenden Gesellschaftsordnung überhaupt gedrängt.

Seit den 50er Jahren des 19. Jahrhunderts wird der tote

---

[1]) Obgleich vorliegende Arbeit nach rein systematischen Gesichtspunkten aufgebaut ist, mußte ich hier die historische Bedingtheit der russischen Volkswirtschaftslehre der Mitte des 19. Jahrh. kurz streifen, um das Vakuum im zweiten Viertel jenes Jahrhunderts verständlich zu machen.

[2]) Masaryk, a. a. O. Bd. 1, S. 93 f.

[3]) Pypin, Charakteristik der literarischen Strömungen, a. a. O. S. 504.

[4]) Miljukov, Skizzen, a. a. O. S. 397.

Punkt überwunden, auf dem sich die russische Nationalökonomie dank der Fesseln der Reaktion befand. Aber es ist nicht mehr der ruhige Strom des ökonomischen Liberalismus von einst, sondern ein hemmungslos dahinbrausendes Gewässer, das, weit über die Ufer tretend, die Arbeit von Generationen zu zerstören beginnt.

Gewöhnlich spricht man, wenn jene Sturm- und Drangperiode der russischen Intelligenz bezeichnet werden soll, vom Nihilismus der sich aus dem Westtum entwickelt habe und schlechthin als Verneinung alles Bestehenden aufgefaßt wird. Diese Bezeichnung ist für die geistige Einstellung jener Jahrzehnte gewiß typisch. Sie deutet die psychologische Einstellung der Generation der 50er bis 70er Jahre an. Ich bin jedoch der Überzeugung, daß der Begriff „Nihilismus" uns die Eigenart der russischen Sozialökonomie seit Černyševskij nicht näher zu bringen vermag, denn gerade der positive Teil, die sozialreformatorische Note der russischen Nationalökonomen, bleibt unbeachtet. Sowohl dem russischen Anarchismus, wie dem „Russischen Sozialismus" ist neben der Verneinung des Bestehenden das Bestreben eigen, etwas Neues an seine Stelle zu setzen.

Der sozialistische Anarchismus ist die einzige sozialökonomische Doktrin Rußlands, die in Westeuropa bekannt und von Einfluß geworden ist.

Während in Frankreich und Deutschland der Anarchismus als Überspannung des Individualprinzips im Gesellschafts- und Wirtschaftsleben erscheint, erstrebt der russische Anarchismus in logischem Widerspruch zum anarchischen Fundamentalgedanken das Kollektiveigentum an den Produktionsmitteln (Bakunin), ja selbst an den Konsumptionsmitteln (Krapotkin). Diehl spricht deshalb von einem kollektivistischen und kommunistischen Anarchismus [1]). Daneben wird in neuerer Zeit von Tolstoj der Anarchismus aus religiösen Motiven vertreten.

Für den sozialistischen Anarchismus Bakunins [2]) ist die Lust der Zerstörung eine schaffende Lust: „Bakunins Revolutionismus und Anarchismus ist die Freiheit des russischen Kosaken." Ist Tolstojs Anarchismus religiös fundiert, so predigt Bakunin den Antitheologismus: Wenn Gott existiert, ist der Mensch Sklave. Da der Mensch jedoch frei sein kann und muß, existiert Gott nicht. Mit der Autorität der Kirche fällt aber die des Staates. Die neue Gesellschaft kann nicht durch Reformen, sondern nur durch den

---

[1]) Diehl, Art. Anarchismus. Hdb. d. Staatsw. S. 277, 281.

[2]) Michail Bakunin, geb. am 8. Mai 1814 in Prjamuchino, entstammt russischem Uradel. Zunächst Offizier, lebte er seit den 40er Jahren in Westeuropa, beteiligt sich an mehreren revolutionären Putschen, wird von Österreich an Rußland ausgeliefert, entflieht 1861 aus Sibirien, beteiligt sich abermals schriftstellerisch und handelnd an der anarchistischen Bewegung, bis er sich 1874 nach Lugano zurückzog. Er starb am 1. Juli 1876 in Bern. (Bakunin, Hdw. d. Staatsw. Bd. 2, S. 122 ff.; Bakunin, Art. in Russ. Bibliogr. Wörterbuch Bd. 2.)

„Umsturz von Grund aus" aufgebaut werden. **Bakunin** erstrebt, wie **Masaryk**[1]) betont, die totale Desorganisation, die Entorganisation, den politischen Amorphismus, das Chaos, in der Hoffnung, die Zukunftsgesellschaft werde sich spontan von unten herauf von selbst bilden. Nur eine Autorität erkennt **Bakunin** an, nämlich „die des kollektiven und öffentlichen Geistes einer auf gegenseitiger Achtung aller ihrer Glieder begründeten Gesellschaft[2])". Hier klingt **Bakunins** kollektivistische Auffassung der Gesellschaftsordnung an. Gerade diesen Gedanken vertritt er oft und mit großem Nachdruck; dabei versucht er die Begriffe Kollektivismus und Kommunismus scharf zu trennen. „Ich verabscheue den Kommunismus, ruft er einmal aus, weil er die Verneinung der Freiheit ist und ich nichts Menschliches begreifen kann, ohne die Freiheit. Ich bin kein Kommunist, weil der Kommunismus alle Kräfte im Staat konzentriert und von ihm absorbieren läßt, weil er notwendigerweise auf die Zentralisation des Eigentums in den Händen des Staates hinausläuft, während ich vielmehr die Abschaffung des Staates will — die radikale Ausrottung des Autoritätsprinzips und der Vormundschaft des Staates ... Ich will die Organisation der Gesellschaft und des kollektiven und sozialen Eigentums von unten nach oben durch das Mittel der freien Assoziation und nicht die von oben nach unten durch Vermittlung einer Autorität. Indem ich die Abschaffung des Staates verlange, will ich die Abschaffung des individuell erblichen Eigentums, daß nur eine Einrichtung des Staates, nur eine Folge des Staatsprinzips selbst ist[3])." **Bakunin** denkt sich, das Prinzip der freien Assoziationen am ehesten auf russischem Boden verwirklichen zu können. Der Mir ist die Zelle, auf dem sich die Förderation aufbauen kann. Die russische Vorstellung, daß der gesamte Grund und Boden dem „Volk" allein gehört, birgt alle sozialen Revolutionen in sich und steht doch gleichzeitig in Einklang mit der individualistischen Freiheit. Die Russen sind aus Instinkt kollektivistisch und von Natur revolutionär, deshalb werden sie die Weltförderation zu verwirklichen suchen[4]), die sich auf einer allgemeinen Vereinigung freier landwirtschaftlicher und industrieller Genossenschaften aufbaut[5]).

Noch weitergehend sind die Lehren und Forderungen des Fürsten **Krapotkin**[6]). Während **Bakunin** das Kollektiveigentum

[1]) Masaryk a. a. O. II, S. 31.
[2]) Zoccoli, Die Anarchie. Übertragung von S. Nacht. Leipzig 1908. S. 162.
[3]) Zitiert bei Georg Plechanov, Anarchismus und Sozialismus, S. 44 f.
[4]) Masaryk, a. a. O. S. 25, 27.
[5]) Diehl, Kommunismus, a. a. O. S. 125.
[6]) Fürst Krapotkin, geb. 1842 zu Moskau, entstammt dem Geschlecht der Ruriks. In jungen Jahren wurde er Hofpage, Kavallerieoffizier und Kammerherr der Zarin. Auf seinen Reisen lernte er die Bakuninschen Ideen kennen. 1873 wurde er auf der Peter-Paulsfestung interniert, floh 1876 in die Schweiz, wurde in Frankreich verurteilt, doch 1886 freigesprochen und lebte seitdem in London. (Diehl, Kommunismus usw. S. 130.)

nur an Produktionsmitteln erstrebte, fordert es Krapotkin an Produktions- und Konsumptionsmitteln. In seinen Memoiren schildert er das Bild der Idealgemeinschaft: Die gleichgestellten Gesellschaftsmitglieder können „ihre Kenntnisse und Fähigkeiten zielbewußt der Produktion zuwenden im Rahmen eines Organismus, der vermöge seines Aufbaues alle auf die Gewinnung des größtmöglichen Gesamtbetrages der allgemeinen Wohlfahrt gerichteten Bestrebungen zusammenfaßt und dabei für die individuelle Initiative vollen Spielraum läßt". Dieser Organismus soll nach Bakuninschem Vorbild auf der Vielheit der Einzelassoziation aufgebaut sein, die in freier gegenseitiger Vereinbarung zusammenwirken und die einzelnen Zweige der Produktion betreiben. „Es besteht volle Freiheit zur Entwicklung neuer Formen in der Produktion, Erfindung und Organisation; die individuelle Initiative findet Anregung und Unterstützung, während der Neigung zur Gleichförmigkeit und Vereinheitlichung entgegengearbeitet wird [1])". Die Arbeitsfähigen finden sich je nach Veranlagung und Neigung in bestimmten Arbeitsgruppen zusammen. Dadurch werden die notwendigen Arbeiten verrichtet. Die restliche freie Zeit dient der Befriedigung der Luxusbedürfnisse [2]).

So etwa denken sich Bakunin und Krapotkin den Zukunftsstaat. Ihre Anschauungen sind am chesten als Nihilismus zu charakterisieren. Kampf aller Autorität, jeder Unterordnung, dem Gedanken, daß neben und über dem Einzelnen eine Gemeinschaft steht, der wir dienen müssen.

Im russischen sozialistischen Anarchismus ist eine Seite des russischen Charakters besonders scharf herausgearbeitet: der individualistische Grundzug. Diese Welt ist nicht nur ungerecht und daher schlecht, sondern darüber hinaus gewährt die Gesellschaftsordnung dem Individuum nicht die Möglichkeit, sich voll zu entfalten. Diesem Gedanken werden wir bei Besprechung des „Russischen Sozialismus" wiederholt begegnen.

Der Bakuninsche und Krapotkinsche Anarchismus wird sodann durch ein zweites Moment gekennzeichnet, das ebenfalls der gesamten russischen sozialökonomischen Literatur eigen ist. Das mangelnde Bestreben, die bestehende Gesellschaftsordnung, die Wirklichkeit zu verstehen. Allen Untersuchungen und Lehren liegt das Dogma zugrunde: die Welt ist schlecht! Es lohne daher gar nicht der Mühe, sie zu erkennen, zu untersuchen, zu analysieren. Es werden nicht auf Grund eingehender wissenschaftlicher Beobachtungen positive Reformvorschläge gemacht, sondern ein Idealzustand postuliert und dieser wird dann propagiert. Die russischen Sozialökonomen sind überwiegend Publizisten, Agitatoren, Politiker, Menschheitsapostel — nur keine Wissenschaftler im Sinne

[1]) Krapotkin, Memoiren, II, S. 239; zitiert bei Diehl, a. a. O. S. 132 f.
[2]) Diehl, a. a. O. S. 135.

Westeuropas. Daher die verblüffende Naivität, mit der alle Probleme angefaßt und gelöst werden. Folgender Ausspruch Krapotkins spricht für sich: „Alles wird durch das Volk selbst geschehen. Laßt das Volk nur die Ellenbogen frei haben, und in acht Tagen wird die Lebensmittelversorgung mit bewundernswerter Regelmäßigkeit vor sich gehen. Man muß nie das arbeitende Volk an der Arbeit gesehen, man muß sein ganzes Leben lang die Nase in Papierrollen gesteckt haben, um daran zu zweifeln [1]."

Der Russische Sozialismus.

Die von Bakunin angeschlagenen Töne werden im „Russischen Sozialismus" wiederaufgenommen und in eigenartiger Weise um- und weitergebildet. Er beherrschte nicht nur die Volkswirtschaftslehre der ausgehenden nikolaitischen und der ganzen alexandrinischen Periode, sondern hat auch die Ausgestaltung des Marxismus in Rußland nicht unerheblich beeinflußt.

Bei Betrachtung des Russischen Sozialismus haben wir scharf zu trennen zwischen seiner sozialphilosophischen Fundamentierung und seiner wirtschaftshistorischen Theorie. Beide zusammen führen zu bestimmten sozialpolitischen Forderungen, die den Russischen Sozialismus überhaupt erst zu einem eigenartigen System erheben. Uns interessiert vornehmlich die sozialphilosophische Grundeinstellung, doch darf die wirtschaftshistorische Theorie nicht übergangen werden, nicht etwa weil sie für uns von Interesse ist, — in vorstehender allgemeiner Charakteristik der russischen Sozialökonomie ist es notwendig von jeder Spezialtheorie nach Möglichkeit abzusehen —, sondern weil die Art der Problembehandlung bezeichnend ist, und bei Besprechung des Wert- und Kapitalzinsproblems mutatis mutandis wiederkehren wird.

Der literarische, soziale und philosophische Führer der Generation der zweiten Jahrhunderthälfte ist Vissarion Grigorevič Belinskij [2]. Soweit seine sozialpolitischen Ideen in Frage stehen, hat er sie selbst treffend charakterisiert: „Sozialität — das ist mein Losungswort!". Ihm war der Sozialismus wie er an anderer Stelle ausführt, „die Idee der Ideen, das Sein des Seins, die Frage der Fragen, das Alpha und Omega des Glaubens und Wissens [3]".

---

[1] Zitiert bei Plechanov, a. a. O. S. 62.

[2] V. G. Belinskij ist am 30. Mai 1811 in Sveaborg geboren. Nach freudloser Jugend begann er 1829 in Moskau das Studium in der philosophischen Fakultät. Wegen amtlich mißliebiger Anschauungen wurde er 1832 von der Universität ausgeschlossen. Seit 1834 war er in Nadeždins „Teleskop" kritisch literarisch tätig. Nachdem er kurze Zeit sich an der Herausgabe des „Moskauer Beobachters" beteiligt hatte, siedelte er 1839 nach Petersburg über, wo er an den „Vaterländischen Annalen" mitarbeitete, später (seit 1846) am „Zeitgenossen". In den genannten Zeitschriften hat Belinskij seine sozialpolitischen Ideen niedergelegt. Er ist nach längerem Kränkeln am 28. Mai 1848 gestorben.

[3] Mazaryk, a. a. O. S. 315.

Saint Simon, Fourier aber auch Proudhon, Cabet und andere waren seine Lehrer. Vom westlichen Sozialismus übernahm er jedoch die Grundsätze der Revolution als solche, ohne sich seine ökonomischen Lehren zu eigen zu machen. Vielmehr hat er stets die Ansicht vertreten, daß die Probleme Westeuropas und ihre theoretische Fundierung nicht ohne weiteres auf Rußland und die hier ganz anders gearteten Verhältnisse zu übertragen sind. „Unsere Probleme und ihre Lösung müssen bei uns, in uns und um uns gesucht werden", ruft er aus [1]). So will er in Rußland letzten Endes das soziale Ideal nicht nach westlicher Schablone, sondern auf neuen Wegen durchführen. Er ist der Vater des „Russischen Sozialismus".

Hatte Belinskij den prinzipiellen Gegensatz zwischen westlichem und russischem Sozialismus erstmalig betont, so versuchte sein großer Zeitgenosse Alexander Herzen [2]) den spezifisch Russischen Sozialismus näher zu formulieren und theoretisch auszubauen [3]). Auch er lehnt, wie Belinskij, den ökonomischen Materialismus ab und bekennt sich als Anhänger des sozialen Ideals. Das große Gesellschaftsproblem liegt für ihn im Gegensatz zwischen Egoismus und „Soziabilität" begründet. Beide in harmonischen Einklang zu bringen ist möglich, aber allgemeingültige Normen, wie dies zu geschehen habe, können nicht gegeben werden. Die Zusammenfassung der Gegensätze wird zeitlich und örtlich verschieden vor sich gehen müssen [4]). Als praktische Schlußfolgerung dieses allgemeinen Satzes tritt uns die Ansicht von dem Wesensunterschied Rußlands und Europas entgegen, der eine ungleichartige Entwicklung zum Sozialismus hier und dort erwarten läßt. Europa wird beherrscht durch die Bourgeoisie, die als besitzende Minderheit eine nichtbesitzende Mehrheit ausbeutet, die durch ihr Streben nach Gewinn, Reichtum und wirtschaftlicher Macht das ganze Leben materialisiert hat [5]). Der wissenschaftliche Ausdruck der modernen Geistesverfassung ist die Nationalökonomie, die

---

[1]) Pypin, a. a. O. S. 467.

[2]) Alexander Herzen ist als unehelicher Sohn eines reichen Gutsbesitzers am 25. März 1812 geboren. Von Jugend auf freiheitsschwärmend, begrüßte er als Student der Moskauer Universität mit Begeisterung die Julirevolution. Damals vertiefte er sich auch in die Lehren Saint Simons und anderer Sozialisten. 1834 wurde er verhaftet, nach Perm und sodann nach Vjatka verbannt. 1840 nach Moskau zurückgekehrt, trat H. mit Belinskij in Beziehungen. Außer den Schriften Hegels beeinflußten ihn vor allem Cabet, Fourier, Proudhon und L. Blanc. Nach dem Tode seines Vaters verließ H. 1847 auf immer Rußland. Zunächst lebte er in Paris, dann in Nizza, 10 Jahre in London, wo er seit 1857 seine berühmte Zeitschrift „Die Glocke" (Kolokol) herausgab. 1864–67 weilte H. in Genf. Er starb am 9. Januar 1870 in Paris.

Über sein literarisches Schaffen siehe Brockhaus und Efron Bd. 16 S. 567 f.

[3]) Von ihm stammt die Bezeichnung „Russischer Sozialismus", siehe Masaryk, a. a. O. S. 362.

[4]) Sperber, a. a. O. S. 39.

[5]) Ebenda, a. a. O. S. 50 ff.

Lehre vom Volkswohlstand, die den Nichtbesitzenden nichts zu bieten vermag, es sei denn die harte Lehre: heirate nicht, zeuge keine Kinder, wandere nach Amerika aus, arbeite 12, 14 Stunden am Tage, sonst mußt du Hungers sterben. Sie füge noch etwa die menschenfreundliche Sentenz hinzu, daß nicht jeder zum Gastmahl des Lebens eingeladen sei und obendrein die boshafte Ironie, daß jeder seinen freien Willen habe und die gleichen Rechte besitze[1]). Von dieser Bourgeoisie erwartet Herzen nach der „kläglichen" Revolution von 1848 nichts. Die bestehende Gesellschaftsordnung hat sich überlebt und muß daher durch eine neue ersetzt werden, die, frei von jedem Klassengeist, das Wohl der Gesamtheit vertritt. Die notwendige Voraussetzung ist eine geistige Neueinstellung, der freie, aller Autorität entbundene Mensch[2]).

Allein in Rußland finden sich Keime jener neuen Gesellschaftsordnung, an die Herzen mit unerschütterlicher Festigkeit glaubt. Im Mir, der russischen Dorfgemeinschaft, sieht er die entwicklungsfähige Keimzelle des Sozialismus; deshalb ist ihm die soziale Frage zugleich die russische Frage[3]). Der Mir gibt dem Einzelnen die Möglichkeit, seine Persönlichkeit zu entfalten und zwingt ihn zugleich, auf die Gesamtheit Rücksicht zu nehmen. Innerhalb des Mir erfolgt die wirtschaftliche Betätigung frei, doch in Form eines engen Zusammenschlusses, des Artel[4]). In ihm sieht Herzen den besten Beweis für den Hang des Slaventums zum Sozialismus.

Wie ersichtlich, trägt Herzens Sozialismus eine Reihe selbständiger Züge. Er ist erst in zweiter Linie ökonomisch begründet. Das Schwergewicht wird auf die sozialphilosophische Seite gelegt. Für Herzen handelt es sich in der Hauptsache um einen Neubau der gesamten Gesellschaftsverhältnisse. Die starke Betonung des russischen Mir, der von ihm als Keimzelle und Ausgangspunkt des Sozialismus betrachtet wird, unterscheidet ihn grundlegend von den Sozialisten des Westens, obgleich einige von ihnen, wie Saint-Simon und Robert Owen, ebenso wie der Anarchismus Proudhons auf ihn stark eingewirkt haben[5]).

Den bedeutendsten Vertreter des Russischen Sozialismus

---

[1]) Sperber, S. 58.

[2]) Ebenda, S. 66 ff.

[3]) Ebenda, a. a. O. S. 89.

[4]) Artel ist nach Preyer, Hdw. d. Staatsw., IV. Aufl., Bd. 1, S. 1045, eine Personenvereinigung, die Einzelzüge von Genossenschaften und Gewerkschaften aufweist, ohne sich mit einer von ihnen zu decken. Die gleichberechtigten Genossen schließen sich zur Erreichung wirtschaftlicher Ziele zusammen und unterwerfen sich den Anordnungen eines gewählten Führers. Die ganze Verbindung trägt patriarchalischen Charakter.

[5]) Darüber berichtet sehr eingehend Sperber, a. a. O. S. 71 ff. Dagegen ist Herzen stets ein Gegner Louis Blancs gewesen, dessen Prinzip der staatlichen Zentralisation seinen organisch-föderalistischen Idealen in keiner Weise entsprechen.

haben wir in Nikolaus Gavrilovič Černyševskij [1]) zu erblicken. Sein Einfluß auf die Entwicklung der russischen Volkswirtschaftslehre ist so stark, daß er fälschlicherweise oft [2]) als Begründer des Sozialismus in Rußland angesehen wird. Černyševskij ist schwer einer bestimmten sozialökonomischen Richtung einzuordnen. Turgenev nennt seine Grundeinstellung „Nihilismus"; doch scheint mir gerade diese Charakteristik bei ihm nicht zuzutreffen. Černyševkij übernimmt wesentliche Bestandteile der klassischen Schule und verarbeitet sie mit den Lehren eines Fourier und Louis Blanc, sowie denjenigen von Belinskij und Herzen zu einem neuen, geschlossenen System.

In Widerspruch zu seinen russischen Vorgängern steht Černyševskij anläßlich der Beurteilung des Egoismus als des treibenden Moments im menschlichen Leben [3]). Er ist durch und durch Materialist, doch nicht Anhänger der marxistischen, materialistischen Geschichtsauffassung; deshalb ist ihm der Sozialismus ausschließlich Überzeugungssache [4]). Im Gegensatz zu Marx hat Černyševskij Ethik und Moral nie aufgegeben, diese vielmehr wissenschaftlich beweisen wollen und ihre Grundlage im „Utilitarismus" gefunden. Obgleich er, als Realist, Individualismus und Egoismus als gegebene Grundlage der bestehenden Wirtschaftsordnung anerkennt, sucht er aus sozialphilosophischen Erwägungen zum Sozialismus zu gelangen. In seinen Roman „Was tun?" beantwortet er die von ihm gestellte Frage folgendermaßen: Die Gesellschaft sozialisieren und kommunistisch einrichten und zwar sollen diese Einrichtungen den Idealen Fouriers entsprechen: erreicht werden diese Ideale durch genossenschaftliche Einrichtungen à la Louis Blanc. Auch Robert Owens Gedanken haben Černyševskij beeinflußt. Letzten Endes handelt es sich also auch bei Černyševskij um den Versuch, eine Syntese zwischen Individual- und Sozialprinzip zu finden. Den Klassikern macht er zum Vorwurf, daß sie bei allen ihren volkswirtschaftlichen Untersuchungen immer nur „die Privatwirtschaften von Einzelindividuen, nie die ganze Volks-

---

[1]) N. G. Černyševskij ist am 12. Juli 1828 in Saratov geboren. Seit 1846 studierte er an der Petersburger Universität und wurde bereits hier nachhaltig von den französischen Sozialisten, besonders Fourier, beeinflußt. Als Leiter des „Sovremennik" begann er in den 50er Jahren eine rege literarische Tätigkeit zu entfalten, die ihn späterhin (seit 1858) auf das Gebiet der politischen Ökonomie brachte. 1858—62 schrieb er seinen berühmten Kommentar zu J. S. Milss „Politische Ökonomie". 1862 wurde er nach Sibirien verbannt, zunächst zu sieben Jahren Zwangsarbeit im Nerčinsker Gebiet verurteilt, dann zur Zwangsansiedlung in Viljuisk bei Jakutsk. Seit 1883 durfte er sich in Astrachan aufhalten, wo er am 16. Oktober 1889 starb. (Brockhaus und Efron Bd. 76, S. 672—678.)

[2]) So. u. a. von W. Mautner, Der Bolschevismus. S. 73.

[3]) Masaryk, a. a. O. Bd. 2, S. 40.

[4]) Ebenda, S. 60.

[5]) Ebenda, S. 77.

wirtschaft im Auge gehabt", sich mithin nicht über den einseitig individualistischen Standpunkt erhoben hätten[1]).

Aus denselben Quellen, wie die bisher betrachteten, schöpfen zwei weitere Vertreter des Russischen Sozialismus, Peter Lavrov und Nikolaus Michajlovskij.

Peter Lavrovič Lavrov[2]) lehnt wie seine russischen Vorgänger den historischen Materialismus ab und begründet den Sozialismus ethisch. Deshalb ist ihm die Geschichte die Entwicklung ethischer Bestrebungen[3]). Die Ideen der Menschlichkeit und Menschenwürde, die seinem System zugrunde liegen, lassen ihn die beiden Forderungen nach Wahrheit und Gerechtigkeit aufstellen; sie bestehen in „der gleichen Achtung vor der eigenen und fremden Würde der Persönlichkeit[4])". Gleich Herzen und Černyševskij stellt sich Lavrov die Zukunft als Föderation der Gemeinden und Artels vor.

Die von Lavrov angeschlagenen Töne werden von Nikolaus Konstantinovič Michajlovskij[5]) weiter ausgeführt. Mit allem Nachdruck betont er, daß der Sozialist sich für den Sozilismus und Kommunismus aus ethischen Erwägungen entscheide; von einem naturnotwendigen Eintreten der sozialistischen Wirtschaft könne keine Rede sein. Nur dann, wenn die Menschen der Gegenwart sich aus irgendwelchen Gründen für den Kommunismus entscheiden, kann der Historiker den Beginn der kommunistischen Epoche geschichtlich konstatieren[6]). Ebenso wie Lavrov erweist sich Michajlovskij als überzeugter Subjektivist. Die Gesellschaft hat nur dann Wert, wenn sie der Befriedigung der Bedürfnisse des

---

[1]) Artikel „Černyševskij" in Brockhaus und Efron, Bd. 76, S. 685. Auf dieser grundsätzlich verschiedenen Auffassung beruht letzten Endes seine ganze Kritik, die er an Smith und seiner Schule übt. Es ist bei dieser summarischen Zusammenfassung von Černiševskijs sozialökonomischen Anschauungen nicht möglich, näher auf seine Kritik von Mills Politischer Ökonomie einzugehen, so interessant die Polemik auch im einzelnen ist. Es sei daher auf den zitierten Artikel im Brockhaus und Efron hingewiesen.

[2]) P. L. Lavrov ist 1823 geboren. Die Bekanntschaft mit der deutschen Philosophie und dem französischen Sozialismus bestimmten seine sozialphilosophischen Anschauungen. Wegen illegaler literarischer Tätigkeit wurde er 1867 in Vologda interniert. Von hier schrieb er seine „Historischen Briefe" (Buchausgabe 1870), die bald das Evangelium jedes russischen Revolutionärs wurden. 1870 entfloh er nach Paris. Seit 1872 gab er in Zürich den „Vorwärts" heraus, seit 1883 den „Boten des Volkswillens". 1888 begann sein Lebenswerk zu erscheinen: „Versuch einer Geschichte der Gedankenarbeit der Neuzeit", das ihm mit Recht den Ruf eines gewissenhaften Gelehrten eintrug. Lavrov ist im Jahre 1900 in Paris gestorben (Masaryk, a. a. O. Bd. 2, S. 133. Die neue Zeit, 1892/93, II, S. 325).

[3]) Masaryk, a. a. O. II, S 142.

[4]) Ebenda, S. 142.

[5]) N. K. Michajlovskij ist 1842 im Gouvernement Kaluga geboren. Bereits 18 jährig begann er sich literarisch zu betätigen und entfaltete seitdem eine überaus große Tätigkeit. Seine wichtigsten Werke sind im Art. „Michajlovskij" Brockhaus und Efron Bd. 38 S. 491 ff. aufgeführt.

[6]) Masaryk, a. a. O. II, S. 155.

Einzelindividuums dient [1]). Und weil er das größte Übel des Kapitalismus in der Unmöglichkeit erblickt, die Persönlichkeit voll zur Entfaltung zu bringen, wird er zum Sozialisten. Einmal [2]) sagt er: „Sittlich gerecht und vernünftig ist nur das, was die Ungleichartigkeit der Gesellschaft verringert und dadurch selbst die Vielseitigkeit ihrer eigenen Mitglieder vergrößert.“ Mit vollem Recht betont Masaryk (S. 195), daß im Grunde Michajlovskijs Sozialismus die konsequente Anwendung der humanistischen Moral darstellt: „Der Mensch, die Menschlichkeit ist das Alpha und Omega“ seines Lehrgebäudes. In der Beurteilung des Mir schließt er sich seinen Vorgängern an [3]).

Der ökonomischen Entwicklung Rußlands schenkt eine Richtung erhöhte Aufmerksamkeit, die man unter dem Namen Narodničestvo zusammenfaßt. Ihr ausgesprochenster Repräsentant, Vasilij Pavlovič Voroncov [4]), definiert es folgendermaßen: „Ziel sind die Interessen des Volkes. Mittel ist die Gesellschaftsform, die der kollektive Volksgeist geschaffen hat (Mir, Artel; d. Verf.) oder die seinem Willen entspricht; Hebel der sozialen Evolution ist die Selbständigkeit des Volkes [5])“. Das sogenannte Narodničestvo ruht auf zwei Pfeilern; auf der Betonung der Bedeutung der Einzelpersönlichkeit im historischen Fortschritt, die unter anderem bereits von Michajlovskij vertreten wurde, und auf dem Glauben an die Eigenart der ökonomischen Entwicklung Rußlands. Der Kapitalismus ist nach jener Richtung für Rußland nicht nur schädlich, sondern auf Grund der gesellschaftlichen und wirtschaftlichen Struktur undurchführbar.

So steht die Frage, ob der Kapitalismus in Rußland übersprungen werden kann, im Vordergrund des Interesses.

Während Voroncov der Ansicht ist, daß der Kapitalismus nach Rußland künstlich verpflanzt ist und sich hier nur dank eines ausgesprochenen Schutzzollsystems halten kann, ist Nikolaj On [6]), der zweite bedeutende Vertreter des Narodničestvo, der

---

[1]) Simkovič, Die sozialökonomischen Lehren der russischen Narodniki, Jahrb. f. N. u. St., III. Folge, Bd. 14, S. 646.

[2]) Zitiert bei Simkovič, a. a. O. S. 646.

[3]) Masaryk, a. a. O. II, S. 168 ff. Gleichwohl darf er nicht als Narodnik im eigentlichen Sinne angesehen werden. (Olenev, „Die sogen. Krisis des Marxismus“, S. 120 ff.) Er selbst hat sich auch nicht als solcher betrachtet.

[4]) V. P. Voroncov ist 1847 geboren. Zunächst als Arzt tätig, wandte er sich 1879 der Nationalökonomie zu. Sein bedeutendstes Werk erschien 1882 unter dem Titel „Die Schicksale des Kapitalismus in Rußland“. Es folgte eine große Anzahl von Aufsätzen und kleinen Abhandlungen in der Fachliteratur, die sich ausnahmslos mit Spezialfragen der russischen Volkswirtschaft, mit dem Agrarproblem, dem bäuerlichen Kustargewerbe und der Antithese Rußland — Kapitalismus — befassen. (Brockhaus und Efron, Art. Voroncov.)

[5]) Simkovič, a. a. O. S. 641.

[6]) Nikolaj-On (Danielson) ist 1844 in Moskau geboren und war von Jugend auf ein Anhänger von Marx, dessen „Kapital“ er in das Russische übersetzte. Bekannt wurde er 1880 durch seine Studie „Grundzüge unserer

Meinung, daß der Kapitalismus in Rußland sich auf die Dauer nicht behaupten könne. Die sozialistisch organisierte Produktion muß und wird sich durchsetzen und festigen. Die landwirtschaftliche und gewerbliche Gütererzeugung muß durch den Mir und Artel in den Händen des unmittelbaren Produzenten konzentriert werden [1]).

Das Narodničestvo und mit ihm der Russische Sozialismus sind durch den in den 70er Jahren eindringenden Marxismus in kurzer Zeit aus ihrer beherrschenden Stellung verdrängt worden. Als einflußlose Gruppe treten die Narodniki jedoch noch im XX. Jahrhundert auf. Sehr beachtenswert scheint mir die Tatsache, daß der Russische Sozialismus in neuerer Zeit auf die russischen marxistischen Revisionisten einen unverkennbaren Einfluß ausgeübt hat [2]). Auf sie greifen ferner die Sozialrevolutionäre zurück. Masaryk [3]) charakterisiert sie folgendermaßen: „Die Sozialrevolutionäre gehen in der Philosophie und Soziologie von Lavrov und ganz besonders von Michajlovskij aus, aber auch Černyševskij und Herzen bleiben ihre Autoritäten, und sie sind ökonomisch und geschichtsphilosophisch Narodniki." Der pol-. tische und literarische Führer dieser Richtung ist Victor Černov. Seine 1907 erschienenen „Philosophischen und soziologischen Studien" stellen einen Versuch dar, eine Brücke von Marx zur ethisch-soziologischen Schule (Lavrov und Michajlovskij) zu schlagen.

Fassen wir die Entwicklung der russischen Sozialökonomie von Belinskij bis Nikolaj-On zusammen, so ergibt sich ein einheitliches, geschlossenes Bild. Allen Theoretikern sind zwei Grundgedanken gemeinsam: der Sozialismus wird nicht durch die materialistische Geschichtsauffassung begründet, sondern ethisch. Die russischen Sozialisten dieser Zeit erstreben das soziale Ideal der ungebunden Persönlichkeit, die, frei von allen ungerechten Fesseln, sich selbst zu vervollkommnen und der Gesamtheit zu dienen vermag. Das Zentralproblem ist letzten Endes die Synthese zwischen Individual- und Sozialprinzip.

Zum andern: der Sozialismus muß in Rußland anders in Erscheinung treten, als in Westeuropa, da die wirtschaftliche Entwicklung beider Länder verschieden verlaufen ist. Rußland ist in der glücklichen Lage, einerseits noch keine Bourgeoisie zu besitzen; der künstlich importierte Kapitalismus befindet sich hier im ersten schüchternen Entwicklungsstadium und ist zum Absterben verurteilt, wenn Mir und Artel bestehen bleiben.

Diese beiden Fundamentalgedanken drücken dem Russischen Sozialismus sein eigentümliches Gepräge auf und gestatten, ihn

---

vorreformatorischen Volkswirtschaft" die 1899 unter dem Titel „Die Volkswirtschaft in Rußland nach der Bauernemanzipation" auch deutsch erschien. (Vgl. Brockhaus und Efron, III. Ergänzungsband, 1906, S. 283f.).

[1]) Simkovič, a. a. O. S. 655.

[2]) Darüber siehe unten S. 34.

[3]) Masaryk, a. a. O. II, S. 351.

als eigenes sozialistisches System zu fassen, das in der Geschichte der sozialen Theorien einen selbständigen Platz beanspruchen kann[1]).

Im Russischen Sozialismus findet sich vieles, das uns in anderer Ausprägung und in Verbindung mit ähnlichen sozialphilosophischen Gedankengängen bereits beim sozialistischen Anarchismus entgegengetreten ist. Beiden Systemen liegt das Dogma von der Unzulänglichkeit der herrschenden Zustände zu Grunde: Gerechtigkeits- und Zweckmäßigkeitserwägungen vermischen sich in eigenartiger Weise, das soziale Ideal nimmt eine überragende Stellung ein, der Gedanke des russischen „Messianismus" findet sich wiederholt ausgesprochen oder angedeutet. Die russischen Sozialisten sind aus diesem Grunde weniger wissenschaftliche Forscher als Sozialreformer und Publizisten. Ihre Anschauungen sind in hohem Maße wirklichkeitsfremd und einseitig. Kann man Belinskij und Herzen, selbst Černyševskij aus der Hervorhebung der ökonomischen Eigenart Rußlands keinen Vorwurf machen, weil in den 50er Jahren tatsächlich die wirtschaftlichen Verhältnisse Rußlands von denen Westeuropas erheblich — allerdings nur graduell — abwichen, so mußte der Augenschein die späteren Narodniki eines anderen belehren. Seit den 70er Jahren begann der moderne Kapitalismus auch in Rußland sich allenthalben auszubreiten. Andererseits wurde der Mir durch die Bauernbefreiung de facto, wenn auch nicht de jure, schwer erschüttert. Seine endgültige Beseitigung war im Höchstfalle eine Frage von einigen Jahrzehnten. Die patriarchalischen Verhältnisse der nikolaitischen Periode waren zum Untergang verurteilt. Mit Recht ist darauf hingewiesen worden, daß der Mir schon vor der Stolypinschen Agrarreform nur noch eine Gemeinde in administrativem Sinne war, eine Personengruppe, die zwangsmäßig durch solidarische Haftung verbunden wurde. Die späteren Vertreter des Russischen Sozialismus legten mithin dem Mir Eigenschaften bei, die er entweder nie besessen hatte, oder die er seit der Bauernbefreiung in weitem Umfange einbüßte. Auf ähnlichen ungenauen Vorstellungen beruht die Vorliebe für das russische Artel, das angeblich einem Umsichgreifen der Lohnarbeit entgegenzuwirken berufen schien[2]). Die Lohnarbeit hat in Rußland lange vor Einführung der kapitalistischen Produktionsweise bestanden. Gerade im sehr stark verbreiteten Kustargewerbe (Hausindustrie) findet es sich regelmäßig. Man kann nach dem Gesagten den Vertretern des Russischen Sozialismus den Vorwurf nicht ersparen, daß sie, die Wirklichkeit außer Acht lassend, die Verhältnisse nicht so sahen, wie sie waren, sondern wie sie nach ihrer Auffassung

[1]) Die Bezeichnung Russischer Sozialismus ist nicht neu, sie findet sich beispielsweise bei Masaryk (II, S. 292); der Begriff ist aber auch von ihm nicht klar gefaßt und umrissen worden, da er gleichzeitig mit den Begriffen Westtum, Nihilismus und Narodničestvo arbeitet. Als selbständiges sozialistisches System ist der „Russische Sozialismus" bisher nicht erkannt worden.

[2]) Simkovič, a. a. O. S. 665.

sein sollten. Sie erkannten nicht, daß sie die Zukunft auf einer absterbenden Wirtschaftsordnung aufbauen wollten, daß sie im Grunde, wie Peter Struve mit Recht betont hat, Ideologen der Naturalwirtschaft waren [1]). Es wird hierdurch erneut ein charakteristischer Zug des russischen sozialökonomischen Denkens bestätigt: die Außerachtlassung der konkreten Wirklichkeit. Man schwelgte in dem Gedanken durch den Ausbau der altrussischen Institutionen des Artel und Mir nicht nur Rußland vor dem verhaßten Kapitalismus bewahren, sondern auch die ganze Menschheit von ihm befreien zu können und vergaß darüber, die Berechtigung des Kapitalismus sowie die Tragfähigkeit der „neuentdeckten" altertümlichen Fundamente der Wirtschaftsordnung überhaupt zu untersuchen; man gewahrte nicht und wollte auch nicht erkennen, daß diese Fundamente in Wirklichkeit nicht existierten und soweit sie bestanden hatten, durch die wirtschaftliche Entwicklung durchlöchert, unterhöhlt, ja abgetragen waren.

Der Marxismus in Rußland.

Die großen Schwächen dieses Agrarsozialismus wurden denn auch bald erkannt. Nach der uneingeschränkten Herrschaft des Russischen Sozialismus übernahm in den 70er Jahren der Marxismus die Führung. Daß bereits Ende der 80 Jahre die ganze junge Intelligenz der neuen Richtung huldigte [2]), beruhte darauf, daß sie in Rußland philosophisch durch den Russischen Sozialismus vorbereitet war: Hegel, Feuerbach, der französische und englische Positivismus, nicht zuletzt der Materialismus (Černyševskij) hatten seit langem Fuß gefaßt.

Immerhin dauerte es mehr als zwei Jahrzehnte nach dem Bekanntwerden des Marxismus in Rußland, bis er den Kampf mit dem Russischen Sozialismus aufnehmen konnte. Die „Kritik der Politischen Ökonomie" (1859) blieb noch völlig unbekannt. 1862 hatte Bakunin das Kommunistische Manifest übersetzt, 1865 lehrte Tkačev den historischen Materialismus in Marxscher Formulierung, 1872 übertrug Nikolaij-On den I. Band des „Kapital" (die beiden anderen folgten 1885 und 1896), doch erst in dieser Zeit wurde der Marxismus durch Nikolaj Ivanovič Ziber [3]) popularisiert und wirklich verbreitet. Sein Lebenswerk: „David Ricardo und Karl Marx", dem 1871 die „Theorie des Werts und

---

[1]) Angeführt bei Simkovič, a. a. O. S. 665.

[2]) Mautner, Der Bolševismus. S. 90.

[3]) N. J. Ziber ist 1844 geboren. Er besuchte das Gymnasium in Simferopol (Krim) und absolvierte die juristische Fakultät der Kiever Universität. Nach vorübergehender Tätigkeit als Friedensrichter in Wolhynien, erhielt er auf Grund der Dissertation „Theorie des Werts und Kapitals von David Ricardo usw." die Würde eines Magisters der politischen Ökonomie (1871) und lehrte dieses Fach seit 1873 an der Vladimir-Universität. 1875 zog er sich in die Schweiz zurück, von wo aus er in der russischen Fachpresse schrieb. Er starb 1888 in Jalta (Brockhaus und Efron, Art. Ziber).

Kapitals von Ricardo im Zusammenhang mit späteren Erklärungen und Vervollständigungen" vorausging, hat der russischen Nationalökonomie neue Wege gewiesen und die späteren Generationen auf das stärkste beeinflußt. Ziber ist durch seine Werke, wie Manuilov treffend hervorhebt, der Vorkämpfer des Marxismus in Rußland geworden. Ohne auf seine sich eng an Marx anlehnenden Gedankengänge näher einzugehen [1]), sei hier nur betont, daß er die Lehren von Marx als Fortbildung der Smithschen und Ricardoschen darstellt [2]). Damit drückt er der russischen Richtung ihr typisch-eigenartiges Gepräge auf. Manuilov glaubt in diesem Zusammenhang sogar von einem Rußland eigentümlichen Ricardo-Marxschen System sprechen zu können. Das ist m. E. nicht möglich. Die russischen Orthodoxen erwähnen Ricardo zwar stets mit gewisser Hochachtung, doch folgen sie in der Hauptsache Marx bis in alle Einzelheiten und kopieren ihn so getreu, daß die nationalökonomische Literatur jener Periode (etwa bis in die Mitte die 90er Jahre) ein einschläfernd monotones Gepräge aufweist. An Stelle selbständigen Forschens ist blinder Autoritätenglaube getreten, jeder originelle Gedanke wird mit dem Hinweis auf die Unvereinbarkeit mit den Lehren des Meisters abgetan oder — totgeschwiegen.

Es wird hierdurch der russischen sozialökonomischen Literatur eine neue Note hinzugefügt, die mit allem Nachdruck hervorgehoben zu werden verdient. Die Unselbständigkeit des Denkens, die restlose Abhängigkeit vom Vorbild und bewunderten Meister machen, wie wir in den beiden Hauptabschnitten dieser Studie sehen werden, geradezu einen integrierenden Bestandteil der wirtschaftstheoretischen Forschung seit den 80er Jahren aus. Nötzel [3]) trifft durchaus richtig das Wesen der russischen marxistischen Forschung, wenn er ausführt: Bei ihr „handelt es sich im großen und ganzen um Denknuancen, um die unter Begehung endloser logischer Elementarschnitzer sich ein hoffnungsloses Dickicht naiver und nicht naiver Sophismen schlingt: das Ganze eingetaucht in den gehässigsten Inquisitorenton. Man muß in dieser furchtbaren, ausschließlich polemischen Literatur geblättert haben, um einen Begriff zu erhalten von den grotesken Selbstverstümmlungen, deren der Menschengeist fähig ist, aus Angst vor dem Geiste. Denn hinter allem steht doch die eine Todesangst, um die Wahrheit der Lehre des Meisters".

Zu den oben bereits festgestellten Eigentümlichkeiten der russischen Sozialökonomie tritt somit ein neues Moment hinzu, das jedoch in derselben Richtung wirkt. Es wird die Wirklichkeitsfremdheit gesteigert, die von Gefühlen und Idealen beeinflußte

---

[1]) Seine Wertlehre charakterisiere ich im folgenden Abschnitt.
[2]) Masaryk, a. a. O. II, S. 281.
[3]) Nötzel, Die Grundlagen des geistigen Rußlands. S. 203.

aprioristische Einstellung noch mehr unterstrichen als bisher. Man will nicht erkennen und erforschen, sondern es werden Glaubenssätze, Axiome, Dogmen aufgestellt von denen selbst zugegeben wird, daß sie Postulate sind.

Aus dem Gesagten erhellt, daß die russische Nationalökonomie der marxistisch-orthodoxen Epoche in ihrem theoretischen Teil völlig unfruchtbar ist und uns kein weiteres Interesse abzunötigen vermag. Daran ändert auch nichts die übergroße Zahl russischer Theoretiker, denen man plötzlich begegnet. Zu erwähnen sind hier neben dem tüchtigen Gelehrten A. J. Čuprov (1842—1908), N. Ivanjukov (1844—1912), V. V. Voroncov (geb. 1847), N Kablukov (geb. 1849), A. A. Isaev (geb. 1851), A. Manuilov (geb. 1861), A. Bogdanov (1863), V. Zeleznov, A. Borovoj (geb. 1876), Oganovskij, M. Filippov, A. Finn, P. Neždanov, V. A. Kossinskij und viele andere. Sie alle haben bis zum Kriege den Chorus der russischen Marxisten gebildet. Ich kann mich begnügen, bei vorliegender allgemeiner Charakteristik der russischen Volkswirtschaftslehre sie erwähnt zu haben, zumal uns die meisten bei Besprechung des Wert- und Kapitalrentenproblems wieder begegnen werden.

Auf die Kontroverse mit dem Subjektivismus Michajlovskijs und die Auseinandersetzung mit dem Russischen Sozialismus in der Ausprägung des Narodničestvo kann hier nicht eingegangen werden. Diese Polemik, die u. a. von Plechanov und Peter Struve geführt wurde, vermag bloß die materialistische Einstellung des Marxismus überhaupt näher zu beleuchten, nicht aber für die Beurteilung der typisch-russischen Geisteseinstellung neue Gesichtspunkte aufzudecken. Es sei nur erwähnt, daß die Auseinandersetzung mit größter Intensität geführt wurde. An ihr beteiligten sich nicht nur eine große Zahl russischer Theoretiker, sondern auch weite Kreise der Intelligenz [1]). Die Kontroverse endete mit dem Rückdrängen der Narodniki auf der ganzen Linie. Der orthodoxe Marxismus steht auf der Höhe seiner alles überragenden Position!

Auf die Ausgestaltung des Marxismus kurz vor, während und nach dem Kriege einzugehen, ist hier nicht der Ort. Da der Leninismus auf dem Gebiet der ökonomischen Theorie keine neuen Resultate gezeitigt hat, kann er hier völlig außer acht gelassen werden. Er ist, soweit die nationalökonomische Theorie in Frage kommt, reiner Marxismus. Die Grundlagen des Systems bilden Marx' materialistische Geschichtsauffassung, seine Evolutions- und Revolutionstheorie, die Lehre vom Wert, vom Mehrwert, der Ausbeutung usw., die so vollständig und restlos übernommen werden, daß selbst die Erörterung dieser Probleme als überflüssig angesehen wird [2]). Insofern unterscheiden sich die Bolševiken in nichts von

[1]) Masaryk, a. a, O. II, S. 295.

[2]) M. Hirschberg. Bolševismus. Archiv für Sozialwissenschaft und Sozialpolitik Bd. 48, 1920—21, S. 3.

den orthodoxen oder selbst den gemäßigten Marxisten. Es genügt festzustellen, daß auch dem Leninismus der blinde Autoritätenglaube eigen ist, der den orthodoxen Marxismus charakterisiert.

Der ethische Sozialismus. Revisionismus.

Schon früh begann die Kritik innerhalb des russischen Marxismus wach zu werden. Wohl konnte mit den Mitteln des historischen Materialismus das Narodničestvo zurückgedrängt und widerlegt werden, aber der Marxismus war „unfähig die Geschichte Rußlands in einem seiner wichtigsten Momente zu begreifen..."[1]). Der russische Revisionismus, geführt von Peter Struve, N. Berdjaev, M. I. Tugan-Baranovskij, Bulgakov u. a. tritt auf die Bühne des literarischen Kampfes.

Die Auseinandersetzung mit dem orthodoxen Marxismus bewegt sich vornehmlich auf zwei Gebieten. Es wird einerseits die Wirtschaftstheorie selbst widerlegt. Vor allem bilden die Arbeitswerttheorie und das Kapitalzinsproblem Gegenstand jahrelanger heftiger Polemiken, von denen die russischen Zeitschriften etwa bis zur Revolution von 1905 angefüllt sind. Für andere Fragen der allgemeinen Volkswirtschaftslehre fehlt jegliches Verständnis. Der Kampf um diese beiden wichtigsten Pfeiler der marxistischen Theorie bildet den Gegenstand dieser Studie. Es sei an dieser Stelle daher nur mit einigen Worten das innere Wesen jener erbitterten Polemiken gekennzeichnet. Daß gerade die Wert- und Kapitalzinsprobleme im Mittelpunkt der Erörterung standen, hat seinen guten Grund, und Bulgakov hat treffend das Wesen der ganzen russischen theoretischen Nationalökonomie erkannt, wenn er hervorhebt, daß man sich über das soziale Ideal, letzten Endes, so merkwürdig es klingen mag, über die idealen Aufgaben des menschlichen Lebens stritt, indem man über die Arbeitswerttheorie polemisierte. Jeden denkenden Geist mußte diese Art theoretischer Forschung anwidern und so ist es psychologisch verständlich, wenn auch nicht zu billigen, daß so mancher Gelehrte „zu einer radikalen Lösung der Frage über die theoretische Nationalökonomie kam". Bulgakov selbst vertrat die Ansicht, daß sie „mit ihrer ganzen scholastischen Bagage über Bord der politischen Ökonomie geworfen werden" müsse. „Indem wir der politischen Ökonomie den Charakter einer streng empirischen Wissenschaft verleihen, tun wir einen Schritt zu der historischen Richtung der Volkswirtschaftlehre. Der Fortschritt der ökonomischen Wissenschaft muß sich in der Richtung einer Synthese der sozialpolitischen Forderungen des Marxismus und des wissenschaftlichen Empirismus der historischen Schule vollziehen[2])." Das heißt, das Kind mit dem

[1]) Marasyk, a. a. O. II, S. 314.

[2]) Bulgakov, „Vom Marxismus zum Idealismus", S. 336, 346 f. Zitiert bei Olenev, a. a. O. S. 148, 156.

Bade ausschütten. Die meisten russischen Forscher sind deshalb Bulgakov nicht gefolgt. Sie versuchen, neue Wege in der Theorie zu beschreiten. Die folgenden Teile dieser Arbeit werden zeigen, wie sich seit den 90er Jahren neben der objektivistischen Wertlehre immer mehr die subjektivistische durchsetzt und schließlich in Rußland zur Ausbildung einer eigenartigen Richtung führt, die eine Verschmelzung zwischen der österreichischen Grenznutzenlehre und der marxistischen Arbeitswerttheorie erstrebt. Die bedeutendsten Vertreter jener Schule sind Peter Struve, Michail Ivanovič Tugan-Baranovskij[1]), S. Frank, Leo Buch, Vl. K. Dmitriev[2]) und andere.

Die russischen Revisionisten begnügten sich mit Recht nicht mit der bloßen Widerlegung einzelner Lehrsätze, selbst wenn dies mit den Waffen des erfolgreichsten und scharfsinnigsten Kritikers des Marxismus geschah, Böhm-Bawerks. Der Marxismus kann nur dann endgültig zur Strecke gebracht werden, wenn die Fundamente, auf denen er ruht, zerstört sind. Deshalb setzen die Revisionisten der objektivistischen materialistischen Geschichtsauffassung den Subjektivismus des sozialen Ideals entgegen und erfüllen dieses mit den Gedanken des Russischen Sozialismus. In der neuesten russischen Sozialphilosophie vermischen sich demnach Bestandteile der Systeme von Herzen und Michailovskij, Marx und Engels und von — Kant Es ist in hohem Maße interessant zu verfolgen, wie sich auf russischem Boden allmählich der marxistische Materialismus in einen sozialistischen Idealismus umgebildet hat.

Diese Wandlung entspricht in jeder Beziehung der Tradition der russischen Intelligenz, der Trägerin des sozialen Fortschritts. Es sind im Grunde dieselben Ideen, die die russische Sozialökonomie seit jeher beherrscht haben und die numehr in neuem Gewande

---

[1]) M. J. Tugan-Baranovskij ist 1865 geboren. 1888 beendete er in Charkov das Studium der Rechtswissenschaft und Volkswirtschaftslehre und erlangte 1894 an der Moskauer Universität den Grad eines Magisters der politischen Ökonomie, vier Jahre später den Doktor auf Grund der Schrift: „Die russische Fabrik in Vergangenheit und Gegenwart". Seit 1895 war T.-B. Privatdozent an der Petersburger Universität, mußte die Stellung jedoch 1899 auf höheren Befehl aufgeben. T.-B. hat sich seitdem hervorragend wissenschaftlich betätigt und ist auch in Deutschland nicht unbekannt geblieben. Er gilt u. a. als einer der ersten Krisentheoretiker der Gegenwart und hat sich auch um die Erforschung der russischen Wirtschaftsgeschichte verdient gemacht. Seine Arbeiten auf dem Gebiete der theoretischen Nationalökonomie werden unten angeführt werden. (Brockhaus und Efron, Bd. 34, S. 30 f.)

[2]) Dmitriev ist 1868 geboren. Nach dem Studium in Moskau wurde er Akzisebeamter, erkrankte 1896 unheilbar und führte seitdem ein auch materiell schweres Leben. Seine 1897 vollendeten „Ökonomischen Skizzen" wurden 1904 veröffentlicht; sie zeigten Dmitriev als hervorragenden Theoretiker — Struve nennt ihn einen „logisch und mathematisch durchdachten und überprüften Ricardo". Körperlich gebrochen, starb Dmitriev am 1. Oktober 1913. (Der russische Gedanke, 1913, X.)

herrschend werden. Befreit von den Schlacken des wissenschaftlich unhaltbaren Agrarsozialismus, verdrängen die alten Ideale einer gerechten Gesellschaftsordnung, in der die Persönlichkeit sich zur höchsten Vollkommenheit auszubilden vermag, den naturgesetzlichen ökonomischen Determinismus des Marxismus. Zugegeben, daß im Marxismus neben dem Gedanken der naturnotwendigen Ausbildung der sozialistischen Wirtschaftsordnung auch ein anderer sich vorfindet, daß nämlich auch der Wille des Menschen eben diese Wirtschaftsordnung herbeizuführen imstande ist (Evolutionismus — Revolutionismus), daß ihm mithin ideales, soziales Wollen nicht fremd ist, daß auch hier das Verhältnis des Bestehenden zum Seinsollenden eines der wichtigsten Probleme ist — so leitet er doch sein soziales Ideal aus dem Bestehenden her, während es für den sozialistischen Idealismus eine völlig selbständige Kategorie darstellt [1]. Dem Russen war es auf die Dauer nicht möglich, wie es Marx getan hat, „das sozialökonomische Leben der Menschheit dem Gebiet der physischen Erscheinungen gleichzusetzen" [2]. G. Markelov, ein typischer Verfechter der neuen Richtung, ist der Ansicht, daß der Standpunkt der Ursächlichkeit wohl bei den Naturwissenschaften genügt, daß aber das Wirtschaftsleben vom Standpunkt der Ursächlichkeit und der Gerechtigkeitsidee betrachtet werden müsse. „Wir wollen — ruft derselbe Autor aus —, daß der Marxismus nicht nur eine sozialökonomische Doktrin, sondern auch eine sozialphilosophische, geschlossene Weltanschauung werde, aus der jeder seine Ideale schöpfen kann." „Marx auf der einen und der kategorische Imperativ Kants auf der anderen Seite!" [3]) Allgemein bricht sich die Erkenntnis Bahn, daß der Mensch in zwei Welten lebt: nicht nur in der streng gesetzmäßigen der Erscheinungen, sondern gleichzeitig in der Welt der Ziele. Dieses Endziel kann nur ethisch sein. Es äußert sich in sittlichen Forderungen und innerhalb des Gesellschaftslebens in der Festsetzung einer Rechtsnorm, die durch die Gerechtigkeitsidee bestimmt wird. Sie hat der Erforschung der Sozialphänomene zugrunde zu liegen und führt zur Anerkennung der teleologischen Gesetzmäßigkeit innerhalb der Sozialerscheinungen [4].

Ein anderer Gedankengang, der zur Ablehnung des Marxschen Systems führte, hat die Stellung des Menschen als Persönlichkeit zum Gegenstand. Sah der orthodoxe Marxismus den Menschen als ein willenloses Wesen, als „ein gesellschaftliches Atom an, das keinen Wert hat, sofern man es gesondert außerhalb

---

[1] Ratner, Probleme des Idealismus, in „Der russische Reichtum", 1903, VIII, S. 5 f.

[2] Markelov, Idealismus und Marxismus, in Die Welt Gottes, 1902, V, S. 233.

[3] Ebenda, S. 234.

[4] Ebenda, S. 239. Derselben Ansicht ist Olenev, a. a. O. S. 174.

einer Klasse oder sozialen Gruppe betrachtet", so sucht der russische Neo-Kantianismus den Menschen als Selbstzweck hinzustellen [1]). „Die historische Kräft des neuen sozialen Ideals, sagt Tugan-Baranovskij ist nicht nur auf seiner Übereinstimmung mit den Klasseninteressen der Arbeiter, sondern auch auf seiner Übereinstimmung mit den moralischen Idealen unserer Zeit, der Gleichheit jeder menschlichen Persönlichkeit, gegründet" [2]). Dieser „ethische Individualismus" ist, wie es in dem wissenschaftlichen Organ der neuen Richtung heißt, „die einzige theoretische Grundlage, die wir unserer sozialen Politik zugrunde legen".

Vom religiös-philosophischen Standpunkt formuliert Berdjaev diesen Gedanken folgendermaßen: „Der Geist, den der Idealismus bewegt, ist ein Geist der Freiheit, ein Geist des Lichts; er ruft den Menschen zum Kampf auf, sich unendlich zu vervollkommnen. ... Die neue idealistische Richtung, zu der ich mich mit Stolz zähle, erzeugt die Notwendigkeit des befreienden Kampfes für das „natürliche Recht" aus dem geistigen Hunger einer intelligenten Seele. ... Man muß Mensch sein können, und das Recht auf das Vorbild Gottes darf uns für keine Güter der Welt feil sein. .... Wir müssen die Anerkennung und Sicherung der menschlichen Rechte auf Selbstbestimmung und Entwicklung aller unserer geistigen Potenzen fordern. Dazu ist vor allem die Achtung zum Menschen erforderlich. Sie allein führt zur Freiheit!" [3]) Die hier anklingende religiöse Stimmung steigert sich bei Bulgakov zum Mystizismus. In dem Aufsatz „Die Grundprobleme der Theorie des Fortschritts" führt er aus, daß dem Menschen bei seinem Streben die Wissenschaft allein nicht genügen kann. Metaphysik und Religion bilden die notwendige Ergänzung. „Wir müssen uns — dies ist sein Zentralsatz — vom Bestehen einer objektiv sittlichen Weltanschauung überzeugen, vom Reich sittlicher Ziele, in dem auch unser bescheidenes Leben einen Platz findet [4])." Wie Bulgakov an anderer Stelle ausführt, wird für ihn das soziale Ideal immer mehr ein religiös-metaphysisches Problem. Unhaltbar ist es freilich, wenn Bulgakov nicht nur einen Gegensatz zwischen Glaube und Wissenschaft herausarbeitet, sondern so weit geht, die Wissenschaft dem Glauben und der Religion unterordnen zu wollen.

Die russischen Idealisten sind also bestrebt, der modernen sozialen Bewegung „sittliche Kraft und religiösen Enthusiasmus zurückzugeben und sie auf die Höhe einer sittlichen Aufgabe zu heben [5])." Man beabsichtigte keineswegs, die praktischen Forde-

[1]) Markelov, a. a. O. S. 240 f.
[2]) Tugan-Baranovskij, Die theoretischen Grundlagen des Marxismus. S. 116.
[3]) A. A. — Kritische Bemerkungen, in „Die Welt Gottes", 1903, II, S. 11 f.
[4]) Ebenda, S. 3 f.
[5]) Ebenda, S. 3.

rungen der Arbeiterschaft zu vernachlässigen, aber die Revisionisten waren der hohlen Formeln und Schlagworte überdrüssig. Sie empfanden das Bedürfnis nach dem Glauben an etwas Höheres und Weiterliegendes als die Fragen des Arbeitslohnes, der Alters- und Krankenversicherung usw. Es ist die große Idee, die sie verkünden und von der sie die Lösung der sozialen Frage erhoffen [1]). Selbst Tugan-Baranovskij, der zwischen Marxisten und Idealisten eine vermittelnde Stellung einnimmt [2]), gibt zu, daß die Menschheitsgeschichte etwas unvergleichlich Höheres ist, als ein einfacher Kampf gesellschaftlicher Gruppen um den Lebensunterhalt [3]).

Ohne auf die Grundgedanken des neueren russischen ethischen Sozialismus kritisch einzugehen, sei seine Bedeutung für die nationalökonomische Theorie kurz hervorgehoben. Der durch den Marxismus in die russische Wirtschaftswissenschaft hineingetragene Autoritätenglaube, der jeden Fortschritt verhinderte oder doch wenigstens erschwerte, wird allmählich überwunden. Und schon beginnt ein lebhaftes Sichregen der Geister. Die Zeit vom Ende der 90er Jahre bis zum Ausbruch des Weltkrieges stellt den Höhepunkt der sozialwissenschaftlichen Forschung Rußlands dar. Auf der ganzen Linie entbrennt der Kampf zwischen Materialismus und Idealismus. Daß der Idealismus, als wissenschaftliche Richtung, nicht Sieger blieb, ist auf dieselben Gründe zurückzuführen, die den Russischen Sozialismus zur Strecke brachten. Er war nicht imstande, seine Thesen zu beweisen. Tugan-Baranovskij, das Haupt jener neuen sozialökonomischen Schule, war ebensowenig in der Lage, seine Theorien wissenschaftlich zu erhärten, wie ehedem ein Bakunin, ein Herzen oder Vorocov. Auch die russischen Neo-Kantianer gehen von der Unzulänglichkeit des Bestehenden aus, auch ihnen ist die heutige Gesellschaftsordnung ungerecht, weshalb sie einen gerechten Zustand, einen Idealzustand erstreben; sie erkennen nicht, daß die sozialen Gesetze keinen Anspruch auf

---

[1]) Diese Gedanken sind in dem 1902 erschienenen Sammelwerk „Probleme des Idealismus", herausgegeben von Novgorodcev, niedergelegt. U. a. finden sich Abhandlungen von Bulgakov, „Die Grundprobleme der Theorie des Fortschritt"; Fürst Trubeckoj: „Zur Charakteristik der Lehre von Marx und Engels, über die Bedeutung der Idee in der Geschichte"; Kistjakovskij: Die russische soziologische Schule und die Kategorie der Möglichkeit bei der Lösung sozialethischer Probleme; Berdjaev: Das ethische Problem im Lichte des philosophischen Idealismus; endlich S. Frank über „Nietzsche".

[2]) Tugan-Baranovskij, a. a. O. S. 121, sagt: „Die materialistische Geschichtsauffassung sieht in den materiellen Faktoren der Wirtschaft den bestimmenden Faktor in der gesellschaftlichen Entwicklung; ich halte diese Theorie nur für teilweise richtig — um ganz richtig zu sein, verlangt sie m. E. eine sehr einschneidende Einschränkung: die Anerkennung dessen, daß die Vorherrschaft der materiellen Bedingungen der Wirtschaft in dem Maße an Bedeutung verliert, wie die allgemeine Entwicklung vorwärtsschreitet."

[3]) Tugan-Baranovskij, a. a. O. S. 115, 122.

Allgemeingültigkeit erheben können, weil die sozialen Ideale stets auf der subjektiven Weltanschauung jedes einzelnen beruhen.

Diese geistige Einstellung beeinflußt denn auch die theoretische Forschung auf das Stärkste. Die modernen russischen ethischen Sozialisten sind zwar viel mehr als ihre Vorgänger und die russischen Marxisten bestrebt, Wissenschaft in westeuropäischem Sinne zu treiben, sie bemühen sich, die Forschungsergebnisse des Westens aufzunehmen, — neben der abstrakten Theorie Böhm-Bawerks hat vornehmlich Werner Sombarts historische Einstellung die neueren russischen Nationalökonomen nachhaltig beeinflußt, — aber es ist ihr Verhängnis, daß auch sie die gefühlsmäßige Einstellung bei Behandlung sozialökonomischer Probleme nicht zu überwinden vermögen. Bis zu einem gewissen Grade wird dem Verstand freier Spielraum gewährt und dann ausgeschaltet. Mit der klaren Erkenntnis der Unzulänglichkeit der ökonomischen Theorie des Marxismus verbindet sich das Streben, seine soziale Theorie „zu retten", deshalb die Vorliebe „Synthesen" zu finden. Ricardo und Marx, Marx und Böhm-Bawerk sollen in einem in sich geschlossenem System zu einer Einheit verschmolzen werden. So interessant diese Versuche für den Dogmenhistoriker sind, so wenig positiv Brauchbares zeitigte der ethische Sozialismus auf dem Gebiet der ökonomischen Theorie, letzten Endes deshalb, weil man an die zu erforschenden Probleme mit vorgefaßten Meinungen, mit einer aprioristischen sozialpolitischen Einstellung heranging. Es sind dieselben Momente, denen wir bei unserer Darstellung schon des öfteren begegnet sind.

Die Kiever Richtung.

Wir haben bisher die charakteristischen Merkmale der russischen Sozialökonomie besonders scharf, ja in gewissem Grade einseitig hervorgehoben, da es von mir nicht beabsichtigt ist, eine Geschichte der Nationalökonomie in Rußland zu schreiben, sondern lediglich eben die Eigentümlichkeiten der russischen Entwicklung hervorzuheben. Die Berechtigung zu dieser Einseitigkeit leite ich aus der Tatsache ab, daß es zwar zu allen Zeiten in Rußland Nationalökonomen gegeben hat, die, von den bestehenden Verhältnissen ausgehend, die Wirklichkeit zu erklären suchten, ohne sich in Idealkonstruktionen zu verlieren, daß jene Theoretiker aber nicht im Stande waren, der russischen Sozialökonomie ihren Stempel aufzudrücken. Wenn wir Moskau, Petersburg und Kiev als die Mittelpunkte des russischen wissenschaftlichen Geisteslebens ansprechen, so sind Moskau und Petersburg die Hochburgen der bisher charakterisierten sozialistischen Einstellung, Kiev nimmt eine Sonderstellung ein. Auf den Kathedern der Kiever Vladimir-Universität knüpfte man in den 70er Jahren des 19. Jahrhunderts an die Traditionen der deutschen Nationalökonomen in Rußland und an Turgenev an und blieb in enger Fühlung mit der westeuropäischen Volkswirtschaftslehre. Man spricht deshalb im Gegensatz zu der im übrigen Rußland herrschenden Richtung von der „Kiever Schule russischer Nationalökonomen“ [1]).

Zu ihr gehören neben Vernadskij vor allem N. Ch. Bunge [2]), seine Schüler D. I. Pichno [3]) und N. M. Cytovič [4]) sowie der Schüler Pichnos A. D. Bilimovič [5]). Eine Reihe von Schülern genannter Nationalökonomen, wie N. Ziber, V. Ja. Železnov und M. V. Bernackij sind nicht als Vertreter der Kiever Richtung anzusprechen; sie gehören in jeder Beziehung der Moskau-Petersburger Sphäre an [6]).

Der Begründer der Kiever Schule ist N. Ch. Bunge, seiner methodischen Einstellung nach ein Anhänger der deutschen historischen Schule. Hieraus resultiert einerseits seine Ablehnung des Sozialismus, bei gleichzeitiger Anerkennung der Notwendigkeit sozialer Reformen, andererseits sein Interesse für Fragen der praktischen Wirtschaftspolitik. Besonders eingehend beschäftigte er sich mit den Problemen der Papierwährung und der russischen Währungsreform, die unter Graf Witte durchgeführt wurde [7]). „Man kann mit Bestimmtheit sagen — meint Bilimovič — daß der

---

[1]) Inwieweit die Bezeichnung „Kiever Schule“ haltbar ist, bleibe hier unerörtert. Es kommt lediglich darauf an, den Gegensatz zu der in Moskau und Petersburg herrschenden Richtung hervorzuheben. — Die Werke der Kiever Nationalökonomen sind mir zum überwiegenden Teil bedauerlicherweise nicht zugänglich. Wenn ich trotzdem in die Lage versetzt worden bin, jene Forscher zu charakterisieren und zu berücksichtigen, so habe ich dies der großen Liebenswürdigkeit Professor Bilimovičs zu verdanken, der mir einen selbstverfaßten Überblick über die Kiever Schule in Manuskriptform freundlichst zur Verfügung gestellt hat. Ohne seine gütige Unterstützung wäre meine Studie, wie ich zugeben muß, der Einseitigkeit verfallen. Der angedeutete Tatbestand zwingt mich jedoch, die mir mitgeteilten Fakta unkommentiert wiederzugeben, da eine kritische Stellungnahme meinerseits naturgemäß unmöglich ist.

[2]) Gest. 1905.

[3]) Gest. 1913.

[4]) Gest. 1919.

[5]) Gegenwärtig ordentlicher Professor der Pol. Ökonomie in Laibach (Jugoslavien).

[6]) Železnov hat nur kurze Zeit in Kiev gewirkt, Bernackij, politisch Sozialdemokrat, siedelte nach Petersburg über, wurde hier Professor am Polytechnikum, war unter der Zeitweiligen Regierung 1917 Finanzminister; lebt gegenwärtig in Paris. Sein engeres Forschungsgebiet ist das Geld- und Finanzwesen.

[7]) Er übersetzte Ad. Wagners „Die russische Papierwährung“, schrieb einen „Kursus des Polizeirechtes“ (ins Französische übertragen) und „Grundzüge der politisch-ökonomischen Literatur“. — Bunge betätigte sich wiederholt als praktisch-tätiger Wirtschaftspolitiker, so nahm er an der Durchführung der Bauernbefreiung teil, wirkte an der Witteschen Finanzreform mit, wurde selbst zum Finanzminister ernannt und ergriff die Initiative zur Schaffung der ersten russischen Arbeiterschutzgesetze von 1882, 1885 und 1886.

von Graf S. Ju. Witte verwirklichte Übergang von der Papier- zur Goldwährung von Bunge stimuliert, durchdacht und vorbereitet war in Gemeinschaft mit seinem Schüler D. J. Pichno, mit denen Witte dauernde persönliche Fühlung nahm". Die historisch-realistische Einstellung Bunges und seine Abneigung gegenüber allen sozialistischen Bestrebungen bestimmten endlich seine Stellungnahme zum Mir, zu der halb-kommunistischen Dorfgemeinschaft. Er sah in ihr ein Übel, das keinesfalls zu konservieren, vielmehr so schnell wie möglich zu beseitigen sei. So stellte sich Bunge in allen wesentlichen Grundfragen der theoretischen Forschung wie der Wirtschaftspolitik in schroffsten Gegensatz zu der herrschenden russischen Nationalökonomie.

Sein Schüler und Nachfolger D. J. Pichno [1]) stand methodisch unter dem Einfluß Karl Mengers; zwar verkannte er nicht die Bedeutung der induktiven und historisch-beschreibenden Forschung, doch glaubte er, der abstrakt-deduktiven Methode eine beherrschende Stellung zuerkennen zu müssen. Auf ihr fußend, entwickelte er das Gesetz von Angebot und Nachfrage, mit dessen Hilfe er die Grundprobleme der Wirtschaft zu lösen versuchte. Mit großem Erfolg wandte er jenes „Gesetz" auch auf dem Gebiet der Tarifforschung an; sein großes Werk über Eisenbahntarife gehört zu den grundlegenden der russischen Tarifliteratur und hat auf die praktische Ausgestaltung des russischen Tarifwesens größten Einfluß gehabt. Auch um die Durchführung der Witteschen Währungsreform hat Pichno sich Verdienste erworben. Er trat als Anhänger der Metallwährung auf und „verfocht im Streit der russischen Bimetallisten und Monometallisten mit Entschiedenheit eine allein auf Gold basierende Währung". Über seine wissenschaftliche Stellungnahme hinaus hat er als Berater des Grafen Witte einen entscheidenden Einfluß auf den Gang der Reform selbst ausgeübt. Auf dem Gebiet der Agrarpolitik folgte Pichno ganz den Gedankengängen Bunges.

„Wenn die Moskauer Nationalökonomen, an ihrer Spitze A. J. Čuprov mit dem ihm folgenden Landschafts-Statistikern, den Standpunkt des Narodničestvo vertraten und die Hauptursache der Rückständigkeit der russischen Landwirtschaft in dem ungenügenden Landbesitz erblickten, so erscheint Pichno als Vertreter der westlerischen Richtung, die den wichtigsten Hinderungsgrund einer gedeihlichen bäuerlichen Entwickelung in der Feld-

---

[1]) Die schriftstellerische Betätigung Pichnos war überaus vielseitig. Als Herausgeber der Zeitschrift „Kievljanin" hat er in Aufsatzform fast alle Probleme der russischen Volkswirtschaft beleuchtet, insbesondere zu den Agrarproblemen und der Währungsreform Stellung genommen. In Buchform erschienen: Die Tätigkeit der Staatsbank. — Unternehmeraussperrungen. — Das Gesetz von Angebot und Nachfrage. — Eisenbahntarife (1888). — Grundlegung der politischen Ökonomie (1890/1899).

gemeinschaft und denjenigen Beschränkungen erblickte, die den Bauern an seiner freien wirtschaftlichen Betätigung hinderten". Diese Einstellung der Kiever Nationalökonomen resultiert wohl in erster Linie aus der persönlichen Kenntnis der im Südwestgebiet überwiegend anzutreffenden Einzelhofverfassung und der auf sie zurückzuführenden, im Verhältnis zu Großrußland günstigen Lage der Landwirtschaft. Es tut sich hier wieder der wirtschaftliche Realismus der Kiever Volkswirschaftler kund, die, allen vorgefaßten Doktrinen abhold, die konkreten Verhältnisse untersuchen und die diesen entsprechenden Konsequenzen ziehen.

Der Schüler beider genannter Vertreter der Kiever Schule, N. M. Cytovič, Professor des Polizeirechtes, der neben Verwaltungsrecht vor allem die Volkswirtschaftslehre behandelte, wandte sein Augenmerk überwiegend Fragen der Wirtschaftspolitik zu. Soweit Cytovič sich mit Problemen der Theorie befaßt hat, vertrat er einen durchaus realistischen Standpunkt. „Er unterstrich beispielsweise die Eigenart und die vielgestaltige Zusammensetzung des Unternehmergewinns und Zinses und gab eine eingehende Analyse der einzelnen sie bildenden Elemente". Bei Behandlung wirtschaftspolitischer Fragen huldigte Cytovič ebenfalls einem durchaus gesunden Realismus: stark sozial empfindend „war er ein glühender Vorkämpfer sozialer Reformen und einer Sozialpolitik, wie sie in Deutschland etwa vom ‚Verein für Sozialpolitik' vertreten wurde." In seinem „Kurs des Polizeirechtes" betonte er die Unzulänglichkeit der russischen Sozialgesetzgebung und forderte entschiedenes Vorgehen auf diesem Gebiet. Freilich stand er in schroffstem Gegensatz zum Sozialismus, wie er von der Mehrheit der russischen Nationalökonomen vertreten wurde, eben gerade weil die russischen Sozialisten praktisch Unmögliches forderten. Cytovičs Anschauungen über das russische Agrarproblem decken sich mit denen Bunges und Pichnos. Auch er sieht in dem Mir die Wurzel des Übels und fordert eine Angleichung der russischen Bauernwirtschaften an den Typus der westeuropäischen.

Der heute noch lebende Vertreter der Kiever Richtung, ebenfalls ein Schüler Pichnos, ist A. D. Bilimovič, gegenwärtig Professor an der Laibacher Universität, vor dem Bolševikenumsturz Nachfolger Pichnos in Kiev [1]). Methodologisch nimmt Bilimovič

---

[1]) Er publizierte in Buchform: Der Warenverkehr auf den russischen Eisenbahnen (1902). — Das Ministerium der Finanzen 1802—1902, ein historischer Überblick (1903). — Das Kriegsjahr und unsere Finanzen (1905). — Ein deutscher Gelehrter über den russisch-japanischen Krieg und die russischen Finanzen (1906). — Die Lage der Angestellten auf den staatlichen Eisenbahnen Rußlands und Deutschlands (1906). — Die Aufgaben der Landeseinrichtung und deren Gesetzgebung in Rußland (1907). — Die deutsche Agrargesetzgebung Bd. I (1908). — Die Steigerung der Warenpreise in Rußland (1909). — Analyse des Gesetzes betreffend die Landeinrichtung (1910). — Zur Frage der Wertung wirtschaftlicher Güter, Teil I (1914). — Die soziale

einen vermittelnden Standpunkt ein: er verkennt zwar keineswegs den hohen Wert der idiographischen Darstellung und empirisch-induktiven Forschung, erkennt sogar innerhalb gewisser Grenzen die Forderung auf Statistifizierung der Sozialökonomie an, betont jedoch mit Nachdruck die Bedeutung der wirtschaftlichen Nomographie in ihrer abstrakt-theoretischen Form, wie die Polemik mit Peter Struve in jüngster Vergangenheit zeigt. Bilimovič vertritt die Ansicht, daß das schwerstwiegende Argument für die theoretische Betrachtung darin besteht, daß sie das idiographische und statistische Vorgehen bei Untersuchung des wirtschaftlichen Prozesses überhaupt erst ermöglicht.

„Bei der theoretischen Analyse des Wirtschaftslebens, auch der gegenwärtigen Tauschwirtschaft, gehe ich von einer individualistischen Konzeption aus und habe in diesem Sinne gegen die universalistische Konzeption O. Spanns polemisiert.“ In seiner Schrift „Gesellschaft, Staat und Wirtschaft“ [1]) stellt Bilimovič ähnlich wie Peter Struve die Gesellschaft als System vom Menschen dem Staat als Einheit von Menschen gegenüber. Die konkreten Volkswirtschaften von heute stellen eine Verbindung von System und Einheit dar. „Aber der vermittelst der abstrakten Theorie zu erforschende soziologische Typus der Wirtschaft ist die freie Verkehrswirtschaft, und zur Erklärung der Erscheinungsformen dieser Wirtschaft ist es notwendig, von der individualistischen, nicht von der universalistischen Konzeption der Wirtschaft auszugehen.“ In dieser Forderung tritt Bilimovičs realistische Einstellung ebenso deutlich zutage, wie bei seiner Stellungnahme zu der mathematischen Schule der angelsächsischen Nationalökonomen. Auch hier verbindet sich das Bestreben, exakt allgemeingültige Formeln zu erhalten, mit der Erkenntnis, daß das mathematische Vorgehen, konsequent durchgeführt, zu unhaltbaren Ergebnissen gelangt. Er hält deshalb die psychischen Größen für nicht meßbar, — sie gestatten nur eine „Skalierung“, — wohl aber die physischen, die meßbar sind und die Anwendung der Zahl und zahlenmäßige Operationen zulassen [2]). Des Näheren auf Bilimovičs theoretische Spezialunter-

---

Theorie der Verteilung (1915). Die Teilung Südrußlands in Oblasti (1919). — Revolution, Bolševiken und die Wirtschaft Rußlands (1919).

Von den vielen Aufsätzen Bilimovičs seien hervorgehoben: Zur Frage der Bewertung der wirtschaftlichen Güter (Zeitschrift für Volksw., Sozialpol. und Verwaltung. XX. Bd. Wien 1911. — Krieg, Papiergeld und Anleihen (1917). — Der Weltpapiergeldverkehr (1921/22). — Eigentum und Bauernbewegung (1921). — Sovètwirtschaft und Wirtschaftsaufbau Rußlands (1922). — Gottsucher, Eurasier und materielle Kultur (1922). — Die universalistische Wirtschaftskonzeption O. Spanns. — Vgl. die im Anhang angegebene Literatur. Daneben hat Bilimovič mehrere Studien auf Serbisch geschrieben.

Die nachfolgende Charakteristik Bilimovičs ist auf Grund seiner im Anhang angegebenen Schriften und des oben erwähnten Manuskriptes abgefaßt.

[1]) Slovenski pravnik, Laibach 1924.

[2]) Zur Frage der Wertung wirtschaftlicher Güter (russ.).

suchungen einzugehen, wird sich bei Besprechung des Wertproblems die Gelegenheit bieten.

Hier sei nur noch mit einigen Worten auf seine Einstellung gegenüber der Wirtschaftspolitik eingegangen. Neben währungspolitischen Problemen, die Bilimovič hauptsächlich in der Kriegszeit beschäftigten, haben ihn vornehmlich die Fragen der russischen Agrarverfassung und Landwirtschaft interessiert. Seine diesbezüglichen Studien entsprechen ganz dem Geist der übrigen Kiever Nationalökonomen, denn auch für Bilimovič ist die Ursache der russischen Agrarkrisis in erster Linie nicht Landmangel, sondern die betriebstechnische Rückständigkeit, die in der herrschenden Mirverfassung wurzelt. Soweit eine Vergrößerung des Bauernlandes notwendig war, trat er für stärkere Heranziehung und Betätigung der Bauernagrarbank ein, die allein große Landkomplexe wirklich tüchtigen Kleinwirten zukommen lassen könne, ohne einen Bruch der ganzen agraren Verhältnisse herbeizuführen. Auf Grund der nach der Revolution von 1905 gesammelten Erfahrungen hat Bilimovič auch konkrete Vorschläge zur Reorganisation der Bauernagrarbank gemacht. Mit besonderem Nachdruck wandte er sich jedoch der Frage der Feldgemeinschaft zu. Bereits 1896 untersuchte er die Ergebnisse der Zerlegung ganzer Dörfer in Einzelhöfe, die in Wolhynien unter dem Einfluß deutscher Kolonisten erfolgte. Eingehende Studien der deutschen Landeskulturgesetzgebung, zu der er auch wissenschaftlich Stellung nahm, machten ihn zu einem glühenden Verteidiger und Vorkämpfer der Stolypinschen Agrarreform, was ihn vor einer Kritik im einzelnen nicht abhalten konnte. Jene Einstellung zu dem großen Reformwerk Stolypins, die sich etwa mit der Serings und Auhagens deckte, setzte Bilimovič naturgemäß in starken Gegensatz zu der Moskauer „volkstümlich" eingestellten Richtung.

Fassen wir das Gemeinsame der Kiever Nationalökonomen zwecks Gegenüberstellung zur herrschenden sozialistisch-„volkstümlichen" Richtung, zusammen, dann sind folgende Besonderheiten festzustellen. In der Methodik ist ein Gegensatz nicht vorhanden; nach N. Ch. Bunge, dem Vertreter der historischen Schule, wenden sich die Kiever Nationalökonomen immer mehr der abstrakt-deduktiven Methode zu, ohne freilich die Bedeutung der wirtschaftlichen Idiographie und historisch-empirischen Betrachtung zu leugnen. Dieser entschieden realistische Zug hat bei allen Vertretern der Kiever Richtung zu der Ablehnung der einseitigen absoluten Arbeitswerttheorie geführt; Bunge und Pichno vertraten die Theorie von Angebot und Nachfrage in ihrer ursprünglich-primitiven Form, Bilimovič bildete jene Lehre in Anlehnung an die neuere mathematische Richtung weiter fort. Durch die Anwendung des Gesetzes von Angebot und Nachfrage auf die Theorie der Einkommensbildung, stellte sich die Kiever Schule weiterhin in schroffsten Gegensatz zu der herrschenden Ausbeutungstheorie, womit ihre Einstellung zum Sozialismus aller Schattierungen gegeben war. Auf dem Boden der Wirklichkeit stehend, verfochten die Kiever Volkswirtschaftler eine positive Sozialpolitik nach deutschem Vorbild, dieser Politik bald eine mehr individualistische (Pichno) bald eine mehr sozialisierende (Cytovič) Note verleihend. Diese allgemeine Einstellung gegenüber dem Problem „Sozialismus" ist das eigentliche Charakteristikum der Kiever Richtung und unterscheidet sie auf das Schärfste von fast allen in Rußland maßgebenden Sozialökonomen und ihrem publizistischen Anhang. Nicht Schwärmerei für unerfüllbare Ideale, nicht Unterordnung des Forschers unter starre Dogmen, sondern Erforschung der Wirklichkeit mit allen ihren Vor- und Nachteilen, und das Bestreben, entsprechend eben jener realen Welt und den erreichbaren Möglichkeiten, an dem wirtschaftlichen und sozialen Fortschritt positiv mitzuarbeiten, — diese Grundauffassung zeichnet die Kiever Richtung aus.

So haben denn auch Bunge und Pichno nicht nur die Probleme des Geldverkehrs eingehend theoretisch-wissenschaftlich analysiert, sondern darüber hinaus an der Neuordnung der russischen Währung unter Witte, — einer der wichtigsten wirtschaftspolitischen Aufgaben des ausgehenden 19. Jahrhunderts, — tätigen Anteil genommen. Pichno hat sich ferner um das russische Eisenbahntarifwesen Verdienste erworben. Wenn es endlich unter Stolypin zu Beginn unseres Jahrhunderts zu einer grundlegenden Reform der agraren Verhältnisse gekommen ist, so gebührt auch hier den Kiever Nationalökonomen der Ruhm, fruchtbare Vorarbeit geleistet zu haben. Die Betonung der Notwendigkeit bäuerlichen Individualeigentums bedingte den Gegensatz zu den sozialistisch-„volkstümlichen" Anschauungen insbesondere der Moskauer Volkswirtschaftler, die, wie wir sahen, den Mir nicht nur nicht auflösen, sondern sogar befestigen und zur Grundlage der russischen Landwirtschaft zu machen bestrebt waren. Nicht zwangsweise Enteignung der Großgrundbesitzer, sondern organische Erweiterung und Vermehrung des Bauernlandes wurde bis zur Revolution von 1917 von Pichno, Bilimovič und Cytovič gefordert, vor allem aber die Hebung der Betriebsmethoden auf Grund der Beseitigung des Mir angestrebt. Es sind dies alle jene Elemente, die Stolypin praktisch durchzuführen bestrebt war und die die Kiever Nationalökonomen, an ihrer Spitze Bilimovič, seit 1905 gegen die Anhänger der Feldgemeinschaft mit Energie und Erfolg verteidigt haben[1]). Auf der ganzen Linie erkennen wir somit einen sehr stark

[1]) Nach dem Umschwung von 1917 haben Bilimovič und Cytovič ihren Standpunkt teilweise den veränderten Verhältnissen entsprechend revidiert. Sie traten nunmehr für eine zwangsweise Landabtretung an die Bauernschaft ein.

ausgeprägten Wirklichkeitssinn, eine durch und durch realistische Einstellung gegenüber dem wirtschaftlichen und sozialen Leben, die in lebhaftem Gegensatz zu der herrschenden geistigen Einstellung der überwiegenden Mehrzahl der russischen Sozialökonomen steht.

Methodisch und ihrer wirtschaftspolitischen Einstellung nach haben seit den 70. Jahren des vorigen Jahrhunderts noch eine Reihe von Gelehrten ähnliche Gedankengänge vertreten wie Bunge, Pichno und ihre Schüler, ohne jedoch direkt zu der Kiever Richtung gezählt werden zu können. Am nächsten kommt jenen Nationalökonomen der Finanzminister Graf S. Ju. Witte selbst, der mit den Kiever Gelehrten in engen Beziehungen stand. Er hat sich als direkter Schüler Fr. Lists bekannt, und kann somit als Anhänger der älteren historischen Schule gelten [1]). Gerade dem Grafen Witte ist es zu einem nicht geringen Teil zuzuschreiben, daß die Kiever Richtung auf die russische Wirtschafts- und Finanzpolitik einen so maßgeblichen Einfluß auszuüben in der Lage war. Bei aller Betonung des positiven Nutzens und des großen praktischen Einflusses der Kiever Nationalökonomen auf die russische Wirtschaftspolitik des letzten halben Jahrhunderts darf aber nicht verkannt werden, daß die Bedeutung jener realistischen Forschergruppe innerhalb der russischen sozialökonomischen theoretischen Wissenschaft nicht als groß zu bezeichnen ist. Die Zentren des Geisteslebens der „Intelligenz" waren fast ausschließlich Moskau und Petersburg; und auf den Kathedern jener Universitäten lehrten mit wenigen Ausnahmen Sozialökonomen, deren Mentalität, wie unsere Darstellung gezeigt hat, durchaus anders geartet war. Hier wurde der Nachwuchs herangebildet, der literarisch-publizistisch sozialistische Gedanken in endlosen Variationen verbreitete und popularisierte. Kein Wunder, daß weitaus der größte Teil der russischen sozialökonomischen Literatur einen grundlegend anderen Geist atmet als er in Kiev vertreten wurde. Hieran vermögen auch einzelne Namen nichts zu ändern, wie die Georgievskijs, Ludwig Slonimskijs und Zalesskijs [2]). Das Schicksal V. F. Zalesskijs, der zwar kein großer Systematiker doch aber ein selbständig denkender Kopf war, und dessen Forschungsergebnisse totgeschwiegen wurden [3]), zeigt, wie alles beherrschend bis zur ersten Revolution von 1905 der wissenschaftliche Einfluß der sozialistisch-dogmatisch orientierten Sozialökonomen war.

---

[1]) Seine wirtschaftstheoretischen und politischen Ansichten hat er in den „Vorlesungen über Volks- und Staatswirtschaft" niedergelegt.

[2]) Eine Charakteristik genannter Forscher erübrigt sich an diesem Ort, da wir ihren wirtschaftstheoretischen Gedankengängen bei Erörterung der Wert- und Kapitalrentenprobleme begegnen werden.

[3]) Zalesskij wird, wie mir scheinen will, auch von den ihm sonst nahestehenden russischen Nationalökonomen erheblich unterschätzt.

Erst seit der Revolution von 1905 setzt sich in steigendem Maße das Bestreben durch, sich von der gefühlsmäßigen Einstellung bei Behandlung ökonomischer Theorien zu befreien. Nach einem Jahrhundert des Kampfes um das soziale Ideal, um die Verwirklichung des Grundsatzes der „Sozialität" mündet nunmehr die eigentlich typische russische sozialökonomische Wissenschaft in den breiten Strom wissenschaftlicher Kausalforschung ein: nicht das Geltende erneuern, nicht der Welt neue Heilswahrheiten verkünden, sondern verstehen, begreifen, erfassen. Inwieweit die Kiever Richtung auf diesen inneren Umwandlungsprozeß von Einfluß gewesen ist, bedarf noch einer eingehenden Untersuchung; ihr diesen Einfluß ganz abzusprechen, dürfte ungerechtfertigt sein, aber ausschlaggebend wirksam ist wohl in erster Linie die direkte Berührung mit der westeuropäischen Wissenschaft gewesen.

So beginnt der Typus des russischen „intelligenten" Publizisten und Sozialreformers zu verschwinden; an seine Stelle tritt der Forscher, der gleichzeitig Politiker sein kann, aber sich dessen bewußt ist, daß seine beiden Betätigungen selbständig und unabhängig von einander ausgeübt werden müssen. Diesen Weg hat von den ehemaligen Marxisten Peter Struve betreten [1]). Seine Forschungsmethode ist die der westlichen Wissenschaft. Wir werden sehen, daß die Ergebnisse, zu denen er gelangte, objektiv unendlich viel fruchtbarer sind, als die der Marxisten und ethischen Sozialisten; aber zugleich vermißt der Dogmenhistoriker bei den „bürgerlichen"

---

[1]) Peter Struve stammt aus einer deutschen Familie, ist am 26. Januar 1870 in Perm geboren, wurde erzogen in Stuttgart und Petersburg, besuchte sodann die naturwissenschaftlich-mathematische Fakultät und studierte auch in Westeuropa Staatswissenschaften. Seine literarisch-wissenschaftliche Tätigkeit begann er 1890. 1894 erschienen die „Kritischen Bemerkungen zur Frage der ökonomischen Entwicklung Russlands", die ihn mit einem Schlage bekannt machten. Als Marxist trat Struve vorübergehend mit Plechanov, V. J. Zasulič und Lenin in Beziehungen. In den ersten Jahren des 20. Jahrhunderts trennt sich jedoch Struve vom orthodoxen Marxismus und vertritt in seiner Stuttgarter Zeitschrift „Osvoboždenie" (Befreiung) revisionistische Anschauungen. Nach der Revolution von 1905 tritt er der Konstitutionell-demokratischen Partei (Kadeten) bei und bekämpft in seinem Organ „Russkaja Mysl'" (Der russische Gedanke) Sozialdemokratie und Marxismus. Gleichzeitig wendet er sich mit Entschiedenheit der rein wissenschaftlichen Tätigkeit zu: 1907/08 ist er Privatdozent an dem Petersburger Polytechnikum, 1908—1913 etatsmäßiger Dozent, 1914—1917 a. o. Professor, seit 1917 ordentlicher Professor dortselbst. In dieser Zeit entstand Struves bedeutendstes Werk der theoretischen Nationalökonomie „Chozajstvo i cena" (Wirtschaft und Preis). Der Revolution von 1917 stand er ablehnend gegenüber, doch stellte er sich in den Dienst des Vaterlandes, arbeitete mit Miljukov im Ministerium des Inneren, wirkte bei der Aufstellung der „Freiwilligen Armee" unter Kornilov mit, widmete sich unter Wrangel der russischen Außenpolitik usw. Gegenwärtig lebt er in Prag, wo er als Professor der russischen juristischen Fakultät zu den Führern der bürgerlichen russischen Nationalökonomen zählt. In einer Reihe von Aufsätzen hat er sein in „Wirtschaft und Preis" erstmalig aufgestelltes System ausgebaut.

Nationalökonomen jenes reizvolle russische Kolorit, das die russische Sozialökonomie dem Forscher so interessant macht. Es ist nicht ein Zufall, daß diese Gruppe russischer Forscher gegenwärtig fern der Heimat in Westeuropa ihren Wirkungskreis gefunden hat.

Zusammenfassung.

Wir fassen die bisher gewonnenen Erkenntnisse zusammen.

Es ist sehr bezeichnend für den russischen Volkscharakter, daß die Nationalökonomie, seitdem und soweit sie selbständig von Russen behandelt wird, das soziale Moment in den Vordergrund rückt. Wie gewaltig ist der Unterschied der Epochen bis 1850 und von da ab! Die deutschen Gelehrten der alexandrinischen Zeit suchten volkswirtschaftliche Kausalzusammenhänge zu erforschen, die russischen wissenschaftlichen Publizisten, — diesen Charakter hat der Gelehrte in Rußland bis in die Gegenwart nicht ganz abgestreift, — waren von Beginn an bestrebt, die bestehende Wirtschaftsordnung nicht etwa zu analysieren und zu verstehen, sondern sie in Grund und Boden zu kritisieren und zu negieren. Als grundsätzliche Bekämpfer des Kapitalismus kannten die russischen Intelligenten nur ein Menschheitsziel: die Einführung des Sozialismus. Hierin waren alle einig, nur in dem Wie trennten sich die Geister. Nötzel sagt einmal mit Recht, „daß der Sozialismus hätte für den Russen erfunden werden müssen, wenn er nicht schon längst für ihn fertig dagewesen wäre“ [1]). Die Kiever Richtung der russischen Nationalökonomie, deren Bedeutung für die russische Wirtschaftspolitik auch an dieser Stelle nochmals mit Nachdruck hervorgehoben sei, muß als ein ihrem Wesen unrussischer Fremdkörper der russischen Sozialökonomie betrachtet werden.

Einen gewissen Aufschluß, warum der Russe gerade den sozialen Problemen solch erhöhte Aufmerksamkeit schenkt, gibt uns Michajlovskij, wenn er sagt: „Es ist dem russischen Menschen angeboren, sich voll und ganz in sittliche Fragen zu vertiefen. Das ist übrigens verständlich. Es handelt sich nämlich um solche Fragen, deren richtige Lösung von den widrigen äußeren Umständen unabhängig ist. Ja, der schwere äußere Druck kann sogar mit besonderer Stärke die Versenkung in das Innenleben bewirken und das gesamte geistige Interesse auf die moralische Frage konzentrieren“ [2]). Die Unzulänglichkeit der bestehenden Gesellschaftsordnung, der zentnerschwere Druck des selbstherrlichen Zarentums, die Unmöglichkeit, fortschrittliche Gedanken zu vertreten, das Elend der breiten Volksmassen erzeugten als radikale Reaktion das Dogma vom Sozialismus, der allein fähig sei, das Gerechtigkeits-

---

[1]) Nötzel, a. a. O. S. 193.

[2]) Ratner a. a. O. S. 8.

ideal zu verwirklichen. Und dieses Dogma hielt die russische Intelligenz auch dann noch aufrecht, als wesentliche Mißstände beseitigt waren. Deshalb spielt im Vergleich zu den sozialistischen Richtungen die „bürgerliche Nationalökonomie" als geschlossene, auf eigener Weltanschauung beruhende Lehrmeinung eine nur untergeordnete Rolle. Die russische Sozialökonomie wird voll und ganz durch die alles beherrschende Stellung des Sozialismus (in ethischer und materialistischer Ausprägung) charakterisiert.

Es ist ohne weiteres klar, daß die Nationalökonomie als Wissenschaft unter dieser geistigen Einstellung schwer zu leiden hatte. Die Zeit des „Russischen Sozialismus" ist für die Volkswirtschaftstheorie völlig unfruchtbar. Aber auch die marxistische, den Marxismus selber analysierende Forschung, hat erstaunlich wenig Positives geleistet, obgleich sie nirgends so geblüht hat, wie in Rußland[1]). Daß der neuere ethische Sozialismus seiner ganzen geistigen Einstellung nach die theoretische Forschung wohl angeregt nicht aber eigentlich gefördert hat, haben wir gesehen. Allein die realistische Einstellung der Kiever Richtung und der ihr nahestehenden Forscher bildet eine wohltuende Ausnahme. In neuerer Zeit ist Peter Struve dann ebenfalls den westeuropäischen Traditionen gefolgt.

Wie der Kampf der Geister sich auf dem Gebiet der sozialökonomischen Theorie abspielte, soll an der Hand zweier Probleme, die die russischen Volkswirtschaftler vor allem beschäftigten, des Wert- und Kapitalrentenproblems, gezeigt werden, und zwar dergestalt, daß, — da eine lückenlose Vollständigkeit der Wiedergabe aller Lösungsversuche und Polemiken unmöglich ist, — einzelne Beispiele jeder in Rußland vertretenen Richtung in den beiden folgenden Abschnitten zur Darstellung gelangen[2]).

---

[1]) Nötzel a. a. O. S. 203.

[2]) Von den orthodoxen Marxisten wähle ich u. a. L. Buch, Bulgakov, Isaev, Nikolaj-On, Rubin, Ziber; von den Revisionisten: Borovoj, Frank, Maslov, Struve, Tugan-Baranowskij, Zeleznov; von den Kiever Nationalökonomen und den ihnen nahestehenden Forschern sowie den jüngeren Realisten: Bilimivič, Georgievskij, Kon, Struve, Zalesskij.

Die Lehre vom Wert.

Die Lehre vom Grenznutzen wird nie zerstört werden, aber sie ist auch — die österreichische Schule in allen Ehren! — ein ganz kleines Ding gegenüber dem Marxschen System; ein solider Baustein gegenüber einem herrlichen hochragenden Bau.

Peter Struve.

Für die russische Nationalökonomie ist das Interesse für das Verteilungsproblem charakteristisch. Zugegeben und nichtzugegeben, bewußt und unbewußt gehen die russischen Volkswirtschaftler von dem Gedanken aus, daß die kapitalistische Wirtschaftsordnung mit ihren beiden Grundpfeilern des individuellen Gewinnstrebens und des Privateigentums an Produktionsmitteln eine gerechte Verteilung des Nationalprodukts ausschließt. Die unter Marx Einfluß stehenden Theoretiker können und wollen als Anhänger des ökonomischen Materialismus und Determinismus das Moment der Gerechtigkeit bzw. Ungerechtigkeit im Wirtschaftsleben nicht betonen, daß sie aber von jenem Begriff ausgehen, zeigt die Fragestellung, die sie ihren Untersuchungen zugrunde legen. Das gilt nicht nur von den Anhängern des ethischen Sozialismus, sondern in gleichem Maße von den Marxisten der 70er bis 90er Jahre und teilweise auch von denjenigen Gelehrten, die sich nicht auf den Boden einer der herrschenden sozialistischen Richtungen stellen. Das Objekt des Angriffs ist die Kapitalrente, derjenige Gewinn des Unternehmers, den er scheinbar im Produktionsprozeß auf Kosten der Arbeiter auf Grund der geltenden Wirtschaftsordnung sich anzueignen in der Lage ist. Um die Unhaltbarkeit der Aneignung des Kapitalzinses durch den Unternehmer wissenschaftlich zu begründen, griff man auf die Wertlehre zurück [1]). Der enge Zusammenhang beider Theorien ist den Russen fast ausnahmslos eigentümlich.

Wie weit die starke Betonung des Wertproblems zu rechtfertigen ist, soll hier nicht untersucht werden. Sie ist in hohem Maße durch eine weitgehend individualistische Grundauffassung der Volkswirtschaft bedingt, von der sich Marx ebensowenig freigehalten hat, wie seine russischen Schüler und Weiterbildner. Alle volkswirtschaftlichen Erscheinungen stets durch die Brille des weitgehend subjektliv fundierten Werts (Güter haben — hierin hat Menger recht — Wert stets für bestimmte wirtschaftliche

---

[1]) Bei der Darstellung muß ich mir aus räumlichen Gründen eine Beschränkung auferlegen: es ist im Rahmen der Arbeit nicht möglich, auf die einschlägige nichtrussische Literatur hinzuweisen, geschweige denn näher einzugehen. Dies erschien mir um so eher möglich, als ich keinesfalls eine kritische Würdigung des Wertproblems überhaupt zu geben beabsichtige, sondern eine Charakteristik der Behandlung der Wertlehre ausschließlich innerhalb der russischen Volkswirtschaftstheorie.

Subjekte) erklären, heißt den Einfluß dieses Moments überschätzen. Die in Rußland von P. Struve vertretene Ansicht, daß der Preis als wirtschaftliche Realität, zu dessen Erklärung, neben anderen Faktoren, auch der Wert herangezogen werden muß, von zentraler Bedeutung ist, scheint mir zum Verständnis der Wirklichkeit besser geeignet, als die übertriebene Betonung des Wertproblems. Doch war die gemeinsame Behandlung beider Probleme in vorliegender Studie um so eher möglich, ja geradezu geboten, als bei dem Vorherrschen der absoluten Marxschen Arbeitswertstheorie, Kapitalzins und Mehrwert notwendig für ein und dieselbe Erscheinung angesehen wurden. Mehrwertstheorie und Ausbeutungstheorie sind die beiden Seiten einer Medaille, Mehrwert und Zins fallen zusammen, der Unterschied besteht nur darin, daß in dem einen Fall das Phänomen mit den Augen des Arbeiters, im anderen mit den Augen des Kapitalisten angesehen wird.

Die Arbeitswerttheorie[1]).

Die orthodoxen Marxisten, aber auch ein Teil der Russischen Sozialisten, soweit sie sich mit der abstrakten Theorie beschäftigen (Nikolaj-On), stehen auf dem Boden der Arbeitswerttheorie[2]). Sie übernehmen diese Lehre unverändert von Marx und lehnen jede Weiterbildung und Widerlegung mit der Begründung ab, daß die Preisgabe der Arbeitswerttheorie ein Aufgeben des gesamten Lehrgebäudes, u. a. auch der Lehre vom Kapitalzins, bedeuten würde. Da sie von der Ungerechtigkeit des gegenwärtig bestehenden Verteilungssystems tief innerlich überzeugt sind, können sie ein Untergraben des Fundaments, auf dem ihr Bau steht — auch in scheinbar nebensächlichen und geringfügigen Fragen — nicht zulassen. Das ist vollkommen logisch gedacht. Der Wert der Untersuchungen jener älteren russischen Marxisten für die moderne Nationalökonomie ist aber deshalb a priori als gering anzuschlagen. Jeder wissenschaftliche Fortschritt ist unmöglich, wenn man mit wohleinstudierter Verlegenheitsgebärde auf eine Autorität hinweist, mag sie nun Smith, Marx oder Böhm-Bawerk heißen! Die russischen orthodoxen Marxisten haben den Glauben an die Stelle des Wissens gsetzt; deshalb wurde, von wenigen Ausnahmen abgesehen, gar nicht der Versuch unternommen, die Arbeitswerttheorie auf ihre Tragfähigkeit hin zu untersuchen.

Aus dem Angedeuteten geht hervor, daß es, um einen Einblick in die Wertlehre der älteren Marxisten zu erlangen, genügt, gleichsam stichprobenartig, einige Beispiele zur Erläuterung herauszugreifen. Ich wähle die Darstellung A. A. Isaevs, S. Bulgakovs, Zibers und J. J. Rubins, die die Arbeitstheorie besonders klar und prägnant formuliert haben, obgleich ihre Wirkungszeit in eine spätere Periode fällt, für die die unmodifizierte Arbeitswertlehre nicht mehr als herrschend und daher typisch zu gelten hat.

Für Isaev ist das Wertproblem die Grundlage der Lehre vom Güteraustausch, denn die Tauschfähigkeit der Waren wird durch

---

[1]) In diesem Abschnitt wird nur die eigentliche Arbeitswerttheorie behandelt, die mit ihr in engem Zusammenhang stehende Lehre vom Mehrwert soll im folgenden Abschnitt eingehend dargestellt werden.

[2]) Vgl. das einleitende Kapitel.

ihren Wert erlangt. Alle Waren besitzen zwei Eigenschaften: sie sind nützlich und sie sind durch Arbeit entstanden. Nützlich sind sie, da sie die Fähigkeit besitzen, die verschiedenartigen menschlichen Bedürfnisse zu befriedigen. Andererseits erfordert jede Ware, die auf den Markt kommt, Aufwendungen menschlicher Kraft, „jede Ware ist eine Vergegenständlichung menschlicher Arbeit" [1]). Die Arbeit ist nach Isaev die einzige objektive Grundlage der wechselnden Erscheinungen im Wertbildungsprozeß [2]). Das haben bereits die Klassiker erkannt und das Arbeitsmoment ihrer Wertlehre zugrunde gelegt, doch erst Marx hat die Arbeitswerttheorie ihrer Vollendung entgegengeführt und bewiesen, daß die Arbeit der einzige Wertbildner ist [3]). Das Wertmaß ist die Arbeitsmenge, die bei der Warenproduktion aufgewendet und die durch die Arbeitszeit gemessen wird[4]). Nur dadurch, daß den Waren etwas gemein ist, kann zwischen Produktion und Konsumption ein Ausgleich ermöglicht werden, denn „jede Wirtschaft muß von anderen soviel Güter erhalten, um ihre Bedürfnisse decken zu können und gibt als Tauschgegenleistung für jedes Gut nur eine bestimmte Gütermenge, die eine bestimmte vom Menschen aufgewandte Arbeitsmenge enthält", wobei komplizierte Arbeit auf einfache zurückgeführt wird [5]). Die Gleichstellung von qualifizierter und einfacher Arbeit erscheint durchaus möglich: „Wie verschieden auch die konkreten Arbeitsarten sein mögen, sie alle sind ein Ausfluß der Tätigkeit des menschlichen Organismus — des Gehirns, der Muskeln, der Nerven, und deshalb stellen alle in der Form verschiedenen Arbeitsarten eine Manifestation menschlicher Kraft dar und können in diesem Sinne als menschliche Arbeit schlechthin aufgefaßt werden [6]). Deshalb ist auch nicht jede konkrete Arbeit für den Wert von Bedeutung, sondern nur die typische, mittlere [7]); ferner eine solche Arbeitszeit, in der eine Quantität von Produkten hergestellt wird, die der gesellschaftlichen Nachfrage ent-

---

[1]) Isaev: Grundzüge der politischen Ökonomie. Petersburg, 1908, S. 430.

[2]) Ebenda, S. 448.

[3]) Es ist für die Vorliebe der Russen zu mathematischen Formeln bezeichnend, daß W. K. Dmitriev es unternommen hat, das Arbeitswertgesetz algebraisch zu beweisen. Ich verweise auf den Aufsatz von Bortkiewicz, „Wertrechnung und Preisrechnung im Marxschen System", Archiv für Sozialwissenschaft und Sozialpolitik, 1907, Bd. XXV, S. 34 ff.

[4]) Auf anderem Standpunkt steht P. Neždanov, Der Wert und die Produktivkraft der Arbeit vom Standpunkt der Reproduktionsbedingungen. Das Leben. 1900, V, S. 155—160. Er sucht zu beweisen, dass man, um die quantitativen Bedingungen der Produktion vermittelst abstrakter Arbeit ausdrücken zu können, sie als Bedingungen der Reproduktion auffassen muß, insofern als „der Wert durch die Arbeitsmenge bestimmt wird, die notwendig verwendet werden muß, um ein Produkt zu reproduzieren, aber nicht durch die Arbeitsquantität, die wirklich auf die Produktion verwandt worden ist." (S. 161.)

[5]) Isaev, a. a. O. S. 450.

[6]) Ebenda, S. 450.

[7]) Ebenda, S. 451.

spricht, d. h. die gesellschaftlich notwendige Arbeit. Der Güterwert ist jedoch nicht nur durch Gegenwartsarbeit bedingt, sondern im gleichen Maße durch vorgetane, die in den Produktionsmitteln vergegenständlicht ist [1]). Aber stets handelt es sich um die in der Produktion aufgewendete Arbeit. „Güter haben nicht deshalb Wert, weil sie getauscht, sondern weil sie produziert werden [2]).“

Nicht minder typisch als Isaev, ist für die russische Arbeitswerttheorie Bulgakov, dessen Wertlehre besonders krass die auf Grund a priori gewonnener Deduktionen gestützte Voreingenommenheit der russischen marxistischen Theoretiker verdeutlicht. Bulgakov geht von dem Axiom aus, daß als Wertsubstanz abstrakte Arbeit anzusehen sei, die durch die Arbeitszeit gemessen werden kann. „Die Arbeitsmenge, die zur Erzeugung einer bestimmten Ware benötigt wird, bestimmt ihren Wert“ [3]). Daraus resultiert die Lehre vom Mehrwert und Kapitalgewinn. Faktisch werden aber die Waren nicht nach dem Arbeitsaufwand getauscht; daher widersprechen sich formal der 1. und 3. Band des „Kapital“. Es kommt jedoch bei der Theorie nicht so sehr auf die restlose Übereinstimmung mit der Wirklichkeit an, als darauf, die wirtschaftlichen Erscheinungen wissenschaftlich zu verstehen und zu analysieren. Hierfür ist aber die Arbeitswerttheorie „das einzig mögliche und unbedingt notwendige Mittel". Alle Nicht-Arbeitstheorien, insbesondere die Wertlehre, die sich auf den Grenznutzen der Güter stützt, und die auf sie aufgebaute Kapitalrententheorie, sind „für die Wirtschaftswissenschaft bedeutungslos und als ökonomische Theorie vollkommen unzulänglich“ [4]). Die politische Ökonomie sucht die gesellschaftlichen Beziehungen der Menschen zu ergründen.

Der Mensch erwirbt sich aber innerhalb der Gesellschaft die zum Leben notwendigen Güter durch Arbeit: sie ist für den Menschen eine ewige Notwendigkeit. Damit sind die Grundelemente unserer Wissenschaft gegeben: „Die Spezialaufgabe der theoretischen Nationalökonomie ist die Erforschung der Typen und Gesetzmäßigkeiten historischer Tatsachen und der historisch sich verändernden gesellschaftlichen Beziehungen der Menschen, die auf Grund gesellschaftlicher Arbeit entstehen. Die Arbeit aber ist zur Befriedigung materieller Bedürfnisse, d. h. zwecks Schaffung von Gebrauchswerten notwendig [5]). Mithin ist das konstitutive Merkmal

---

[1]) Ebenda, S. 453.

[2]) Ebenda, S. 454. Vergl. A. Bogdanov, Neue Gesichtspunkte in der Wirtschaftswissenschaft. Wissenschaftliche Rundschau, 1900, VIII, S. 1443.

[3]) Bulgakov: Über einige Grundbegriffe der politischen Oekonomie. Wissenschaftliche Rundschau 1898, II, S. 331.

[4]) Ebenda, S. 333. Es ist für die orthodoxen Marxisten Rußlands bezeichnend, daß sie, von axiomatischen Thesen ausgehend, einschneidende Behauptungen aufstellen, ohne den geringsten Versuch zu unternehmen, einen wissenschaftlichen Beweis für die Richtigkeit ihrer Sätze zu erbringen.

[5]) Ebenda, S. 336.

der gesellschaftlichen Verbindungen die Arbeit. Umgekehrt sind auch alle Fälle, die nicht eine direkte oder indirekte Beziehung zu gesellschaftlich verbundener Arbeit aufweisen, keine wirtschaftlichen Erscheinungen[1]). Nachdem Bulgakov auf diese Weise die überragende Bedeutung der Arbeit für die ökonomischen Phänome festgelegt hat, geht er zur Analyse des Wertbegriffs über. Der Wert ist für ihn eine bestimmte gesellschaftliche Beziehung, aus der sich auch seine Bedeutung als Tauschregel ergibt. „Der Tauschwert ist eine menschliche Beziehung, die jedoch durch ein Sachgewand verdeckt ist [2])". Ist der Wert eine ökonomische Kategorie und gleichzeitig eine gesellschafliche Beziehung, so muß die Arbeitswerttheorie a priori als logisch richtig anerkannt werden, da sie nur einen Spezialfall der allgemeinen Erkenntnis gesellschaftlicher Beziehungen von einem bestimmten, dem wirtschaftlichen Standpunkt betrachtet, darstellt. „Sie ist ein notwendiger Bestandteil ökonomischer Erkenntnis; mit anderen Worten: Wert und Arbeitswert sind Synonyme" [3]).

Obgleich Bulgakov auf Grund der angeführten Deduktion schon vor der Analyse des Werts sich zum Arbeitswert bekennt, hält er eine „objektiv-logische Untersuchung dieses historischen Faktums" mit Rücksicht auf die Kritik Böhm-Bawerks dennoch für notwendig. Marx habe bewiesen, daß die einzelnen Arbeitsarten nur dann meßbar sind, wenn man von dem Begriff der abstrakten Arbeit ausgeht. Der metaphysische Begriff „abstrakte Arbeit" findet im Gelde einen empirischen Ausdruck [4]). „Die Analyse der Entwicklung des Wertes bis zu seiner kristallisierten Geldform, als Vergegenständlichung des abstrakten Charakters der Arbeit, die in der Ware enthalten ist, ist eine der größten Taten des menschlichen Geistes". Dieses Urteil wird dadurch nicht umgestoßen, daß wir mit Hilfe des abstrakten Arbeitsbegriffs die mannigfachen Arbeitsarten nicht exakt messen können. Die jeweiligen gesellschaftlichen Beziehungen führen zu einem irrationalen Ausdruck. Es komme aber auch gar nicht darauf an an, daß die Arbeitswerttheorie sich mit der Wirklichkeit deckt. Zur wissenschaftlichen Erkenntnis der Warenwirtschaft ist das Maß „abstrakte Arbeit" ausreichend. Bulgakov übernimmt die These, daß qualifizierte Arbeit aus mehreren Einheiten einfacher Arbeit besteht [5]), wobei es auch hier nicht darauf ankommt, ob in der Praxis diese Umwandlung wirklich vorgenommen werden kann. „Ich wiederhole es: die Irrationalität bestimmter Elemente

---

[1]) Ebenda, S. 337.
[2]) Ebenda, S. 338.
[3]) Ebenda, S. 339.
[4]) Ebenda, S. 340.
[5]) Ebenda, S. 342.

ist kein Fehler einer wissenschaftlichen Theorie; sie liegt in den zu erforschenden gesellschaftlichen Beziehungen selbst beschlossen" [1]). Daß Marx zum Gegenstand seiner Analyse nur die Waren gewählt hat, die uns als Vergegenständlichung menschlicher Arbeit entgegentreten, erklärt Bulgakov mit dem Bestreben, nicht die Praxis des Marktes an sich, sondern ausschließlich die auf dem Markte in Erscheinung tretenden gesellshaftlichen Beziehungen, bestimmte wirtschaftliche durch Arbeit charakterisierte Beziehungen, zu analysieren [2]).

Einen weniger apologetischen Charakter verleiht N. J. Ziber seiner Darstellung der Werttheorie. Er ist, im Gegensatz zu den bisher besprochenen Arbeitswerttheoretikern, bestrebt, das Problem selbständig zu behandeln. In der eigentlichen Wertlehre folgt freilich auch er Marx bis in alle Einzelheiten, doch geht er von originellen methodologischen Voraussetzungen aus. Ziber unterscheidet zwischen privater kapitalistischer Einzelwirtschaft und der Gesamtwirtschaft der bourgeoisen Gesellschaft als ganzes [3]). Dementsprechend wird der Wert von ihm zunächst in der „isolierten Wirtschaft", sodann in der Tauschwirtschaft untersucht und analysiert. Er geht von der Voraussetzung aus, daß Güter nur dann einen Wert besitzen können, wenn eine Beziehung zwischen Mensch und Sache vorliegt. „Dinge, mit denen der Mensch nicht in Berührung gekommen ist, haben keinen Wert" [4]). In der isolierten Wirtschaft, die „die Unterhaltsmittel nur für sich produziert", kann die Beziehung zwischen Mensch und Sachgut dreifacher Art sein, die Gegenstände werden gebraucht, produziert und in Besitz genommen.

Sie werden gebraucht, weil sie nützlich sind. Ziber nimmt hier Gelegenheit, sich mit der Frage auseinanderzusetzen, wieweit bei der Wertbeurteilung das subjektiv- persönliche Moment von Einfluß ist oder „in wieweit die Güterauswahl nur eine Sanktion der objektiven Eigenschaften der Dinge" darstellt. Er kommt zum Schluß daß in einem gegebenen mittleren Moment alle nützlichen Gegenstände ihre Aufgabe gleich gut erfüllen, da jedes Bedürfnis gleich vollkommen befriedigt werde [5]). „Aber wenn die Bedeutung aller Güter gleich ist, dann wird die relative Dringlichkeit der Bedürfnisse gleich Null und die Beziehung der Gegenstände zu den Personen, soweit die Nützlichkeit der Güter in Frage steht, beschränkt sich ausschließlich auf die objektive Eigenschaft

[1]) Ebenda, S. 344.
[2]) Ebenda, S. 347.
[3]) Filippov: Zeitgenössische russische Wirtschaftstheoretiker. Wissenschaftliche Rundschau 1899, VIII, S. 1543.
[4]) Ziber: David Ricardo und Karl Marx. Petersburg 1897, III. Aufl. S. 28.
[5]) Ebenda, S. 29.

der Güter, nötigenfalls verwendbar zu sein". Die subjektive Beurteilung der Güter wird also dadurch bestimmt, daß die einen mehr Einheiten der bedürfnisbefriedigenden Materie enthalten als andere. Diese quantitative Verschiedenheit ist ein so objektives Moment, „daß von der Persönlichkeit, von der eigenen freien Wertung keine Rede sein kann" [1]). In einem gegebenen mittleren Moment sind Stecknadeln, Gabeln und Messer genau so notwendig, wie Holz, Kohle und Brot, deshalb sei eine Klassifizierung der Gegenstände nach dem Dringlichkeitsprinzip nicht durchführbar. Die Dringlichkeit ist immer nur vorübergehender Natur, und um sie auszuschalten, bedarf es nur „eines ganz groben Wirtschaftsplanes, ohne den keine menschlich Gesellschaft auskommen kann". Ziber ist der Ansicht, daß „solch eine Dringlichkeit, die andauernd und nicht nur zeitweilig in den Augen der Verbraucher die Bedeutung der von ihnen benötigten Güter erhöhe und dadurch die Bedeutung anderer herabdrücke... in jeder wie immer gearteten Wirtschaft undenkbar" sei [2]).

In der isolierten Wirtschaft werden die Güter ebenso wie in der Verkehrswirtschaft durch Arbeit geschaffen. Da die Güter zu ihrer Herstellung verschiedener Arbeitsmengen bedürfen, wird „denen ein Vorzug gegeben, die mehr Arbeit enthalten."

Drittens befinden sich die Güter innerhalb derselben Wirtschaft, in der sie erzeugt und für die sie bestimmt sind [3]). Dies ändert sich mit dem Übergang zur Verkehrswirtschaft. Die Güter werden zur Ware und gehen in andere Hände über. Auch jetzt bleibt in einem mittleren Moment die Bedeutung aller Nutzgüter, „unter der Voraussetzung genügender Versorgung, für die Konsumenten dieselbe" [4]). Der Grad der relativen Dringlichkeit der Bedürfnisse bleibt wie in der isolierten Wirtschaft einflußlos, „weil die Bedeutung der in Tausch tretenden Produkte für beide tauschenden Parteien dieselbe ist" [5]). Aus allem resultiert, daß die nützliche Arbeit das einzige Element des Gebrauchswerts ist, ebenso wie die „von ihren Besonderheiten gereinigte allgemeine menschliche Arbeit" der bestimmende Faktor des Tauschwerts ist [6]).

Auf diese Weise gelangt Ziber über den Umweg der isolierten (d. h. autarken) Wirtschaft zu einer rein objektivistischen Wertlehre.

Als Versuch, das Wertproblem selbständig zu behandeln, erhebt sich die Zibersche Arbeit, trotz ihrer schweren Mängel, über die literarischen Erzeugnisse seiner Nachfolger, die sich in den

---

[1]) Ebenda, S. 30.
[2]) Ebenda, S. 33 f.
[3]) Ebenda, S. 35.
[4]) Ebenda, S. 37.
[5]) Ebenda, S. 40.
[6]) Ebenda, S. 47.

ausgefahrenen Geleisen bewegen, die ich an Hand des Isaevschen Beispiels in aller Kürze dargelegt habe.

Daß auch die Marxisten bolševistischer Richtung ganz und gar in den skizzierten Gedankengängen befangen sind, führt uns ein typischer Repräsentant, J. J. Rubin, mit aller Deutlichkeit vor Augen.

Den Verfasser interessierten bei Analyse des Wertproblems nur die „Gegenstände", deren Regulierung auf dem Markt indirekt in bestimmter Weise die Arbeitstätigkeit der Warenproduzenten beeinflußt. Solche Gegenstände sind aber durchweg Arbeitsprodukte [1]). In Konsequenz dieser Grundeinstellung vertritt Rubin die Ansicht, daß „Grund und Boden zwar einen Preis hat, d. h. den geldlichen Ausdruck des Werts, aber keinen „Wert" im Marxschen Sinne, d. h. er stellt im Tauschverkehr nicht die funktionelle gesellschaftliche Verbindung dar, die den Wert der Arbeitsprodukte mit der Arbeitstätigkeit unabhängiger Warenproduzenten verbindet", woraus ferner allgemein resultiert, daß „ein Gegenstand formal einen Preis besitzen kann, ohne einen Wert zu haben" [2]). Infolgedessen stellen die Preis- und Wertbildungen der nichtreproduzierbaren Güter (Naturgüter) keine Ausnahme des Arbeitswertgesetzes dar, sondern nur Grenzfälle jener Theorie, die sie sich selbst als soziologische Theorie gezogen hat, die ausschließlich die in der Produktion geschaffenen Werte der Warenwirtschaft untersucht und zum Gegenstand hat [3]). Es ist diese Auffassung für den orthodoxen Marxismus überaus bezeichnend, aber auch notwendig, wenn der Satz aufrecht erhalten werden soll, daß „die politische Ökonomie bestimmte dingliche Kategorien untersucht, soweit sie mit gesellschaftlichen Produktionsbeziehungen verbunden sind" [4]). Wie sehr die absolute Arbeitswertlehre ein Ausfluß vorgefaßter Ideen ist, sagt uns Rubin selbst mit aller Deutlichkeit, indem er von dem grundsätzlichen Verbundensein der Erscheinungen „Wert" und „Arbeit" spricht. Unumwunden gibt er zu, daß der Ausgangspunkt der Arbeitswerttheorie nicht der Wert, sondern die Arbeit ist. „Es wäre verfehlt, sich die Sachlage derart vorzustellen, als ob Marx von den Werterscheinungen ausgegangen wäre und von deren sachlichem Ausdruck und, sie analysierend, zum Schluß gelangt ist, daß das Gemeinsame der getauschten und gewerteten Dinge nur Arbeit sein könne. Der Marxsche Gedankengang ist in Wirklichkeit umgekehrt verlaufen.... Die Eigenart von Marx' Arbeitswertlehre besteht darin, daß er sie nicht auf dem „Wert" sondern auf der „Arbeit"

---

[1]) I. I. Rubin, Grundzüge der Marxschen Wertlehre, Staatsverlag, Moskau 1923. S 7.
[2]) Ebenda, S. 17.
[3]) Ebenda, S. 55.
[4]) Ebenda, S. 19.

in der Warenwirtschaft aufbaut"[1]). Allerdings handelt es sich nicht um Arbeit als Produktionsfaktor, sondern um die menschliche Arbeitstätigkeit als Grundlage jedes gesellschaftlichen Lebens. Die Analyse eben dieser durch Arbeitsbeziehungen charakterisierten gesellschaftlichen Wirtschaft zeige aber, daß die durch Arbeit gegebene Verbindung der Produzenten sich nur im Markttausch äußere und in der vergegenständlichten Form des „Wertes" der Arbeitsprodukte. Es ist dasselbe Ergebnis, dem wir bereits oben begegnet sind: Wert und Arbeitswert sind Synonyme.

Die absolute Arbeitswerttheorie wurde in Rußland neben den drei Genannten von Plechanov, Bogdanov, Stepanov, Skvorcov, A. Bach, Finn, Filippov, Neždanov, Nikolaj-On, Vasilev u. a. m. vertreten[1]).

---

[1]) I. I. Rubin, a. a. O.

Kritik der Arbeitswertlehre.

Bei der Kritik der russischen Arbeitswerttheorie haben wir von zwei Gesichtspunkten auszugehen. Zunächst soll den russischen Kritikern das Wort erteilt werden. Sie wenden sich in der Regel gegen die Marxsche Arbeitswerttheorie selbst und vernachlässigen mehr oder weniger die spezifisch russische Ausgestaltung derselben, wie sie uns bei den drei angeführten Autoren entgegen tritt. Deshalb ergibt sich die Notwendigkeit, abschließend eben gerade diese Sonderausprägung einer allgemeinen Würdigung zu unterziehen.

Die russische Kritik der Marxschen Arbeitswertlehre erfolgte von den verschiedensten Seiten und ist daher keineswegs von einheitlichen Gesichtspunkten geleitet. Teils richtet sie sich gegen die objektivistische Grundtendenz, teils gegen einzelne Sätze der Theorie, teils gegen ihre Einseitigkeit. Daneben wird der Begriff Arbeitswert noch exakter und eindeutiger herausgearbeitet, als es Marx getan hat.

Zu diesen letzten Kritikern ist Leo Buch zu rechnen, den Bernstein zu den Theoretikern zählt, die eine organische Synthese der objektiven und subjektiven Wertlehren herbeizuführen bestrebt sind[1]). Buch ist nicht einseitiger Arbeitswerttheoretiker. Er sucht in einer schärferen Trennung der Wertbegriffe, als der bisher geltenden, das Problem zu lösen. Die Werteigenschaft der Güter wird nach ihm durch zwei Hauptmomente bedingt: Kosten und Verlangen. Arbeitswert und Nutzwert treten an die Stelle des Tausch- und Gebrauchswertes. Der Nutzwert ist die subjektive Seite der Wertbestimmung[2]). Da aber „Nützlichkeit und Tausch wohl eine Proportion, aber kein Maß für die Höhe der Proportionsglieder" sind, wird die Bestimmung eines objektiven Wertmaßes notwendig, und dieses findet er in der Menge menschlicher Arbeit, die sich in den Waren verkörpert. Diesen Arbeitswert versucht Buch von allen Momenten zu reinigen, „die tatsächlich zum Markt-

---

1) Bernsteins Vorwort zu L. Buchs: Die Grundelemente der politischen Ökonomie. Petersburg 1902. S. XXIV.

2) Ebenda, S. XVI, XVII. In der Analyse des Nutzwertes ist Buch geneigt, den Grenznutztheoretikern zu folgen. In seinen „Grundelementen" hat er allerdings nur den objektiven Wert behandelt. Buchs Stellung zu beiden Wertlehren behandelt Bernstein in obengenanntem Vorwort eingehend.

oder Schätzungswert gehören oder zu diesem hinüberleiten" [1]), er will die objektiven Wertbestandteile von allen verschwommenen subjektiven befreien, die ihnen teilweise bei der Marxschen Darstellung noch anhaften, und damit geht er, soweit der objektive Arbeitswert in Frage steht, über diesen hinaus, wird zu seinem Kritiker.

Zunächst erklärt Buch den Begriff der menschlichen Arbeit, die als Grundfaktor aller ökonomischen Erscheinungen angesehen und von rein physikalischem Standpunkt betrachtet wird. Sie stellt sich ihm als einen Umwandlungsprozeß potentieller Energie eingeatmeten Sauerstoffs und aufgenommener Nahrung dar. Der physiko-chemischen Gesetzen unterworfene menschliche Organismus gleicht in seinen Funktionen deshalb einer thermodynamischen Maschine [2]). Da sich aber der menschliche Organismus unter mannigfachen Einflüssen leicht verändert, ist seine Leistungsfähigkeit sehr verschieden. „Daraus folgt, daß einfache Arbeit, z. B. die Arbeit eines Tagelöhners intensiver sein kann, als komplizierte, falls sie in verhältnismäßig günstigere Verhältnisse versetzt wird" [3]). Die Arbeitsintensität, die als Verhältnis der aufgewendeten menschlichen Energiemenge und der Zeit des Aufwandes gefaßt wird, kann durch die Quantität der mechanischen Arbeit, die in einer bestimmten Zeiteinheit geleistet ist, gemessen werden [4]). Eine möglichst allseitige Befriedigung der Bedürfnisse des Arbeiters und die Festsetzung eines dem menschlichen Organismus entsprechenden Normalarbeitstages steigern die Arbeitsintensität. Das Optimum an Leistungsfähigkeit nennt Buch „Grenzintensität" [5]). Je weiter sich die tatsächliche Wirtschaftslage der Arbeiter von den wünschenswerten Vorbedingungen entfernt, desto geringer ihre Arbeitsintensität, oder mathematisch ausgedrückt: die tägliche Arbeitsintensität ist direkt proportional den Anteilen der Arbeiter an den von ihnen geschaffenen Werten und umgekehrt proportional der Länge des Arbeitstages. Auf Grund dieser Formel ist man in der Lage, vermittelst einer Proportionalberechnung theoretisch die relative Höhe der

---

[1]) Ebenda, S. XXI.

[2]) Buch: Die Grundelemente der politischen Ökonomie. S. 21—25. Was ist eine thermodynamische Maschine? Wir können sie uns begrifflich vielleicht mehr oder weniger vorstellen. Aber den Menschen können wir uns nicht als thermodynamische Maschine vorstellen! Der in mehr als einer Hinsicht grundlegende Unterschied zwischen menschlicher und mechanischer Arbeitskraft beruht ja eben auf der Wesensverschiedenheit von menschlichem Organismus und der Maschine.

[3]) Derselbe, Intensität der Arbeit, Wert und Preis der Waren. S. 148 ff.

[4]) Buch, Die Grundelemente, S. 27. Auf die Arbeitsintensität sind von Einfluß: Boden, Klima, physische und psychische Vererbungen, die wirtschaftliche Lage der Arbeiterklasse und die Arbeitsbedingungen (Arbeitspausen usw.), S. 30—43.

[5]) Ebenda, S. 97.

Arbeitsintensität zu berechnen, wenn man die tägliche Grenzintensität der Arbeit als Einheit auffaßt [1]).

Mit diesen Begriffen ausgerüstet beginnt Buch die Kritik der Marxschen Wertlehre. Er stimmt mit diesem in der Auffassung überein, daß die Waren, als Werte, kristallisierte Arbeit darstellen. Die Arbeit ist auch ihm die einzige wertbildende Substanz. Aber eine Scheidung in einfache und komplizierte Arbeit ist aus dem Grunde unstatthaft, da es sich bei der Werttheorie überhaupt nur um Arbeit in abstraktem Sinne handelt [2]), um Arbeit, die entstanden ist durch den Umwandlungsprozeß potentieller Energie von eingeatmetem Sauerstoff und zusichgenommener Nahrung. Die Verschiedenheit der Arbeiten wird bloß durch die ungleiche Intensität bedingt, die in nichts anderem besteht, als in einer größeren oder geringeren Menge geleisteter abstrakter Arbeit. „Aus diesem Grunde ist die Arbeit eines gemeinen Arbeiters, an welcher, zufolge K. Marx, der Wert der Waren gegenseitig bemessen ist, ihrer Intensität nach äußerst verschieden, und zwar sowohl im allgemeinen wie auch innerhalb der Grenzen eines einzelnen Landes. Daher kann die „einfache" Arbeit nicht als Maß der relativen Arbeitsintensität angenommen werden". Der Marxsche Begriff der einfachen und komplizierten Arbeit ist keine Abstraktion, sondern nur eine Klassifikation [3]). Daraus folgt, daß die Höhe des Warenwerts nur durch die Länge und Intensität der Arbeit gemessen werden kann, die auf die Produktion verwendet worden ist; und zwar ist die Höhe des Werts direkt proportinal der Intensität der in den Waren vergegenständlichten Arbeit [4]).

Aus denselben Gründen wie die Einteilung in einfache und komplizierte Arbeit, lehnt Buch den Begriff der Durchschnittsarbeit ab. „Wie verführerisch die Idee einer durchschnittlich-intensiven Arbeit auch sein möge, immerhin ist und bleibt sie unter aller Kritik. In der Tat, was ist denn eigentlich durchschnittlich-intensive Arbeit? Um die Größe der durchschnittlich-intensiven Arbeit zu ermitteln, d. h. um zu bestimmen, wieviel mechanische Arbeit in einer Zeiteinheit ein dieses Zaubermittel innehabender Arbeiter leistet, müßte man die Arbeiter des ganzen Erdballes in Betracht ziehen, alsdann berechnen, wieviel mechanische Arbeit ein jeder unter ihnen in einer Zeiteinheit leistet, darauf die erhaltenen Zahlen addieren, die Summe durch die Zahl aller Arbeiter dividieren, und die sich hieraus ergebende Zahl würde uns endlich das durchschnittliche, auf einen jeden Arbeiter in einer gegebenen

[1]) Ebenda, S. 101 f.

[2]) Ebenda, S. 149 f.

[3]) Ebenda, S. 151.

[4]) Ebenda, S. 153.

Zeiteinheit entfallende Quantum Arbeit darstellen“ [1]). Buch ersetzt den Ausdruck Durchschnittsarbeit, in der Eigenschaft als Meßschlüssel der relativen Arbeitsintensität, durch den Begriff Grenzintensität der Arbeit.

Auch die „gesellschaftlich notwendige Arbeitszeit“ ist nach Buchs Arbeitsbegriff überflüssig und nur geeignet, die Klarheit der Begriffe zu verschleiern. Da unter relativer Arbeitsintensität die relative Quantität abstrakter in den Waren in einer Zeiteinheit vergegenständlichten Arbeit verstanden wird, kann die Höhe des Kostenwerts der Waren nicht durch die Länge der Arbeitszeit (selbst im Sinne gesellschaftlich notwendiger Arbeit), sondern nur durch die Arbeitsintensität, die in ihnen vergegenständlicht ist, gemessen werden [2]). „Um die in den Waren enthaltene abstrakte Arbeit zu messen, müssen zwei Faktoren bekannt sein: die Energiemenge, die vom Arbeiter in einer Zeiteinheit in mechanische Arbeit umgesetzt wird, und die Länge der Arbeitszeit, die er zur Warenproduktion verwendet [3]). Buch kommt zu dem Ergebnis, daß die Höhe des Kostenwerts der Waren in einem proportionalen Verhältnis zu der Arbeitsintensität und -Dauer steht, die zu ihrer Herstellung notwendig sind [4]). Im Gegensatz zu Marx wird also der Wert durch zwei Faktoren bestimmt: Intensität und Dauer der Arbeit [5]).

---

[1]) Buch, Intensität der Arbeit usw. S. 158.

[2]) Derselbe: Die Grundelemente usw. S. 165 f.

[3]) Ebenda, S. 167.

[4]) Ebenda, S. 168. Dieses Ergebnis nennt Bernstein (Zur Geschichte und Theorie des Sozialismus, S. 376) „einen bemerkenswerten Versuch, den Arbeitswert in eine theoretisch meßbare Größe umzubilden“. Wenn er die Buchsche Theorie auch „nicht für einwandfrei“ hält, — worin ihr Mangel besteht, wird bezeichnenderweise nicht angeführt, — so doch „für einen von scharfer Analyse zeugenden Schritt auf dem rechten Wege, die . . . . Lücke“ der Marxschen Werttheorie „zu überbrücken“. Ebenda, S. 371 f.

[5]) Buchs Versuch, die Marxsche Arbeitswerttheorie dadurch zu retten, daß er bei Behandlung des objektiven Wertes marxistischer als Marx auftritt — muß als gescheitert angesehen werden. Gegen ihn sind zum Teil dieselben Argumente anzuführen, die von Seiten der Marxkritiker gegen diesen geltend gemacht werden. Sie finden sogar auf Buch erhöhte Anwendung: der rein physiko-chemisch gefaßte abstrakte Arbeitsbegriff ist als Wertmaß für die vielgestaltige Wirklichkeit noch unzulänglicher als der Marxsche, der durch die Einführung von gesellschaftlich notwendiger, einfacher bezw. komplizierter und durchschnittlicher Arbeit den realen Verhältnissen immerhin nähergebracht werden sollte. Arbeit, so weitgehend abstrakt gefaßt, wie es Buch vorschlägt, ist überhaupt kein Maß mehr. Daran ändert auch nichts die Einführung des Begriffs „Grenzintensität der Arbeit“, mit dessen Hilfe Buch die relative Höhe der Arbeitsintensität berechnen zu können glaubt. Mit Recht hebt Diehl hervor, daß der Satz, die Arbeitsintensität verhalte sich umgekehrt proportional zur Arbeitsdauer und direkt proportional zur Lohnhöhe, „höchstens in bestimmten Fällen und in engen Grenzen Gültigkeit, nie aber Allgemeingültigkeit beanspruchen“ kann. Andererseits faßt Buch durch Einbeziehung des Arbeitslohnes in die Berechnung des Arbeitswertes die Aufgabe der Wertlehre weiter als zulässig. Die Arbeitsdichtigkeit oder Intensität läßt sich mit den von

In der Anmerkung S. 64 haben wir in Kürze zu den Ausführungen Leo Buchs Stellung genommen und die Unhaltbarkeit jener Konstruktion angedeutet. Darüber hinaus scheint es mir jedoch, daß Buch in seinem Versuch, Marx zu übertrumpfen, vom marxistischen Standpunkt insofern nicht in die Irre geht, als er hierdurch sich nicht von Gedankengängen entfernt, die wesentlich für das Marxsche System sind. In dieser Hinsicht sind die Ausführungen I. I. Rubins über den Marxschen Begriff der abstrakten Arbeit von Interesse. Er hält der Kritik von Buch eine zweite weniger marxistische aber darum nicht minder originelle Auffassung entgegen. Rubin ist der Überzeugung, daß die meisten Kritiker den tiefsten Sinn des Begriffs abstrakter Arbeit, wie ihn Marx formuliert hat, gar nicht erfaßt hätten. Marx, führt Rubin aus, hat immer wieder den rein gesellschaftlichen Charakter der Wertgegenständlichkeit betont; hieraus folgt, daß auch die wertschaffende abstrakte Arbeit von uns nur als soziale Kategorie begriffen werden kann. Es ist deshalb grundfalsch, abstrakte Arbeit physiologisch aufzufassen [1]); dies kann nur bezüglich der konkreten Arbeit geschehen. Während diese ein Ausdruck natürlich-technischer Betätigung ist, ermöglicht die abstrakte Arbeit die Bestimmung der gesellschaftlichen Form der Organisation der menschlichen Arbeit [2]). Arbeit wird eine gesellschaftliche Erscheinung durch den Akt des Markttausches, d. h. durch Gleichsetzung von Produkten der verschiedensten Arbeitsarten abstrakter Arbeit [3]). So definiert denn auch Rubin abstrakte Arbeit als wichtigstes gesellschaftliches Band zwischen den einzelnen Warenproduzenten, wobei von den konkreten Arbeitsarten abstrahiert werden muß. Die soziale Natur der ausschließlich der Warenwirtschaft eigenen abstrakten Arbeit erblickt Rubin in der Gleichheit der in den einzelnen Produktionszweigen aufgewendeten konkreten Arbeit, in dem Ausgleich der Arbeit zwischen diesen Produktionszweigen, in dem „Streben der Arbeitsreservoire der Gesellschaft zu der gleichen Höhe“ [5]). Es ist von diesen Gedankengängen nur ein kleiner Schritt zu der These, daß abstrakte Arbeit durch den Tausch geschaffen werde, und daß aus diesem Grunde mit der Ausweitung der tausch- und weltwirtschaftlichen Beziehun-

---

Buch angegebenen Mitteln ebensowenig feststellen und berechnen, wie es möglich ist, qualifizierte Arbeit aus einfacher abzuleiten. Bernstein sagt im Vorwort zu Buchs Werk: „Gäbe es ein Maß, die Intensitätsgrade festzusetzen, so wäre die Schwierigkeit, den Arbeitswert der Produkte zu bestimmen, behoben.“ Aus der Unmöglichkeit, diesen Schlüssel für jede konkrete Arbeit zu finden, resultiert die Unzulänglichkeit der Buchschen Konstruktion, deren Originalität und logische Geschlossenheit gleichzeitig anerkannt werden muß.

[1]) I. I. Rubin, Grundzüge der Marxschen Wertlehre S. 77

[2]) Ebenda, S. 78

[3]) Ebenda, S. 79.

[4]) Ebenda, S. 80.

[5]) Ebenda, S. 81

gen „diejenigen eigentümlichen Besonderheiten der Arbeit verstärkt in Erscheinung treten, die wir abstrakte Arbeit nennen“ [1]).

Die Rubinsche „soziologische Theorie der abstrakten Arbeit“ steht in der Tat in stärkstem Widerspruch zu den Ergebnissen, zu denen Leo Buch gelangt ist. Dessen durch und durch physiologische „mechanische“ Auffassung ist mit der soziologischen Theorie Rubins nicht zu vereinigen. Wer von beiden Theoretikern interpretiert Marx richtiger, wer von ihnen kommt seinem Gedankengang näher? Mir will es scheinen, Leo Buch. Bereits 1906 hat Peter Struve im Vorwort zu der russischen Ausgabe des „Kapital“ die Marxsche Wertlehre als „mechanisch-naturalistisch“ bezeichnet. Marx Arbeitsbegriff ist tatsächlich ausschließlich physiologisch, Arbeit ist für ihn abstrakte Verausgabung von Nerven und Gehirnenergie. Auch der Wertbegriff ist als vergegenständlichte, krystallisierte, „geronnene“ Arbeit rein materiell-physiologisch gedacht. Es bedeutet eine erhebliche Umbiegung Marxscher Gedanken, wenn Rubin, um seine Theorie aufrecht zu erhalten, den Meister derart auslegt, dieser habe nicht die Arbeit als solche, sondern nur die in bestimmter gesellschaftlicher Form organisierte Arbeit als wertbildend angesehen [2]). Arbeit und die gesellschaftliche Organisation der Arbeit werden identifiziert [3]), letztlich „die Gesellschaft“ als wertschaffend angesehen [4]).

Von einem anderen Gedanken geht Tugan-Baranovskij bei der Kritik des Arbeitswertgesetzes aus. Auch er sieht in der Arbeit den objektiven wertbestimmenden Faktor [5]), doch unterscheidet er (im Gegensatz zu Marx und seinen russischen Schülern) scharf zwischen dem objektiven Wert und den Arbeitskosten. Die Kosten sind für ihn eine selbständige logische Grundkategorie [6]); deshalb bezeichnet er die Arbeitskosten auch als absolute Kosten. Unter diesen sind nur die menschlichen, nicht etwa die tierischen Arbeitskosten zu verstehen. „In einer Gesellschaft von Pferden wären die einzigen Kosten die Pferdearbeit, und die menschlichen Arbeiten wären keine Kosten. Ebenso muß in der menschlichen Gesellschaft nur die menschliche Arbeit und nichts anderes als absolute Kosten bezeichnet werden“ [7]). Demgegenüber sind die relativen Kosten alle „jene, die nicht als Ziel, sondern als Mittel zur Erlangung eines anderen Wertes angesehen werden“ [8]), d. h.

---

[1]) Ebenda S. 82.

[2]) Ebenda S. 90.

[3]) Ebenda S. 94.

[4]) cf. „Die gesellschaftliche Theorie des Kapitalzinses“ von Georgievskij S. 160 ff.

[5]) Tugan-Baranovskij: Grundlagen der politischen Ökonomie. Petersburg 1909. S. 46, 49. Neben dem objektiven Faktor betont er aber als ebenso wichtig den subjektiven. Darüber unten S. 75 ff.

[6]) Vgl. Liefmann, Grundsätze der Volkswirtschaftslehre. S. 465 ff.

[7]) Tugan-Baranovskij, a. a. O. S. 51.

[8]) Ebenda, S. 52.

nicht Arbeit, wohl aber Materialien, Produktionsmittel usw., mit anderen Worten: Kosten die durch Produkte, nicht durch Arbeitskraft ausgedrückt werden. Die politische Ökonomie hat die Kategorie Arbeitskosten in ihrer reinen Form bisher ignoriert und nur dem Begriff „Produktivität der Arbeit" Aufmerksamkeit geschenkt. Unter Arbeitsproduktivität verstehen wir das Verhältnis der Menge der Produkte (b) zur Arbeitsmenge (a). Zahlenmäßig könnte die Arbeitsproduktivität ausgedrückt werden $\frac{b}{a}$, während die Arbeitskosten durch den Bruch $\frac{a}{b}$ darzustellen sind. „Mit anderen Worten: Produktivität der Arbeit und Arbeitskosten ist ein und derselbe ökonomische Begriff, nur anders ausgedrückt" [1]). Die Konstituierung der selbständigen Kategorie Arbeitskosten hält Tugan-Baranovskij für sehr wichtig, um die fehlerhaften Schlußfolgerungen zu vermeiden, die Marx aus seiner Wertlehre gezogen hat. „Der Fehler von Marx liegt darin begründet, daß er die selbständige Bedeutung der Kategorie Arbeitskosten nicht erfaßte und sie mit der Preistheorie zu verschmelzen suchte". Die Trennung der Begriffe Wert und Kosten" gewährt die Möglichkeit, den sozialen Inhalt der Marxschen Werttheorie beizubehalten und gleichzeitig die falschen ökonomischen Folgerungen fallen zu lassen, zu denen Marx auf Grund der unrichtigen Anschauung von Wert und Kosten gelangt war" [2]). Auf Grund dieser Scheidung gelangt Tugan-Baranovskij, wie bei der Ausbeutungstheorie näher ausgeführt werden wird, zu der Ersetzung des Mehrwerts durch die „Mehrarbeit".

Am fruchtbarsten ist die russische Kritik dort gewesen, wo sie auf die westeuropäische zurückgreift. Dabei fällt die überragende Autorität auf, die die Wiener Kritik, insbesondere Böhm-Bawerk, besitzt. Fast alle russischen Theoretiker berufen sich bei der Widerlegung der Arbeitswerttheorie auf Böhm, selbst wenn sie im übrigen mit ihm nur wenig übereinstimmen.

Eingehend hat sich Ludwig Slonimskij mit der Arbeitswertlehre befaßt [3]). Er lehnt mit Recht bereits den Ausgangspunkt der Marxschen Wertlehre ab. „Der Reichtum der Gesellschaften, in welchen die kapitalistische Produktionsweise herrscht, erscheint als eine ungeheure Warensammlung", sagt Marx einleitend in seinem „Kapital" [4]). Wenn dem Warenvorrat keine ent-

---

[1]) Ebenda, S. 54.

[2]) Ebenda, S. 70.

[3]) Ludwig Slonimskij: Versuch einer Kritik der Karl Marxschen ökonomischen Theorien. 1899. Zu den ersten Kritikern der bürgerlichen russischen Nationalökonomen zählt N. Ch. Bunge, dessen Werke mir nicht zugänglich sind. Er ist ein Anhänger der Lehre von Angebot und Nachfrage, deren Wirkung er auf dem Gebiet der Wert- und Preislehre verfolgt hat.

[4]) Vgl. A. Finn: Die Arbeitswerttheorie, Wissenschaftliche Rundschau, 1903, IV, S. 77. Nach Finn analysiert Marx die Waren, weil „Naturgüter vom

sprechende Nachfrage gegenübersteht, sprechen wir von einer Krise. Der Warenvorrat allein ist noch kein Zeichen des Reichtums. Aber selbst bei hinreichender „Nachfrage kann der Reichtum der Gesellschaft nicht an dem Quantum der produzierten Waren, sondern nur an dem Bestand der Produktionsmittel gemessen werden, die die Herstellung solcher Warenmassen ermöglichen“ [1]).

Der Wert der Waren wird nach Marx durch abstrakt-menschliche Arbeit bestimmt. „Der Begriff der Arbeit löst sich bei ihm von der Vorstellung der Ziele und Bedürfnisse los, um derentwillen die Arbeit vorgenommen wird, ebenso wie der von der Arbeit geschaffene Wert zur selbständigen inhärenten Eigenschaft der Waren wird, unabhängig von ihrer Nützlichkeit und ihrem Tauschwert“ [2]). Das wird deutlich durch Zurückführung der verschiedenen Arbeitsarten auf einfache, mittlere, gesellschaftlich notwendige Einheitsarbeit. Bei der Untersuchung des Warenwerts ist jedoch Marx' „Vorbehalt in Beziehung auf die gesellschaftlich notwendige Arbeitszeit und auf die sozialen Bedingungen der Produktion“ für eine befriedigende Erklärung unzulänglich. Vergegenwärtigen wir uns, daß die Einführung einer neuen Produktionsmethode nie gleich das ganze Gebiet der Produktion erfaßt, [3]) daß es daher „vom Standpunkt der Forderung der durchschnittlichen, gesellschaftlich notwendigen krystallisierten Arbeit unbegreiflich ist, warum der Wert der ganzen Handwebearbeit um die Hälfte sinken müßte, nachdem das Arbeitsquantum bei der Erzeugung eines gewissen Teils derselben Ware durch Maschinen um die Hälfte abgenommen hat“. Es wird sich nie ohne weiteres angeben lassen, welche sozialen Produktionsbedingungen als „normal“ anzusprechen sind, da es einen normalen Zustand im Wirtschaftsleben nicht gibt. Es liegt in diesem Fall bei Marx eine Verwechslung desjenigen Wertes, der der gesellschaftlich notwendigen Arbeit gleich sein soll, mit dem Marktwert der Ware vor [4]).

Grundsätzlich bedeutungsvoller ist Marx' Irrtum, daß in ausgetauschten Waren dasselbe Arbeitsquantum enthalten sei. Es steht nur das Eine fest, daß nämlich zu ihrer Herstellung eine gewisse Arbeit geleistet werden mußte. Die Einschränkungen, die im „Kapital“ durch Einbeziehung der Begriffe: durchschnittliche gesellschaftliche Arbeit, gesellschaftliche Produktionsbedingungen, sowie natürliche und soziale Nebenumstände, gemacht werden, heben die Arbeit als Wertmaß geradezu auf, denn unter Berück-

---

Standpunkt der gesellschaftlichen Produktion keine Reichtümer in erwähntem Sinn darstellen; an sich besitzen sie keinen Wert“.

[1]) Ebenda, S. 29.

[2]) Ebenda, S. 31.

[3]) Ebenda, S. 36.

[4]) Ebenda, S. 37.

sichtigung jener Einschränkungen kann in gleichwertigen Waren sehr wohl verschiedene Arbeit enthalten sein. Das wird durch die Überlegung verdeutlicht, daß in völlig gleichen Waren ungleiche Arbeitsquanten „vergegenständlicht" sein können, beispielsweise im Eisen eines reichen und eines armen, schwer abzubauenden Erzlagers, im Weizen einer guten und einer Mißernte, der ferner von schwerem oder leichtem B den gewonnen ist, Arbeitswert der Handweberei und Fabrikweberei [1]). Wir können demnach feststellen, daß wir eher die Verschiedenheit der Arbeitsquanta feststellen können, als ihre Gleichheit, daß wir aber nie in der Lage sind, diese Quanta selbst genau zu bestimmen [2]).

Slonimskij weist in Anlehnung an Böhm-Bawerk darauf hin, daß die Arbeitswerttheorie überhaupt nur einen Sinn bei Arbeitserzeugnissen besitzt. Wir werden mit ihrer Hilfe nicht ergründen können, warum Fasanen einen größeren Wert haben als Hühner, und Eichenholz teurer ist als Birkenholz? [3]) Marx untersucht nur Arbeitsprodukte und findet, daß ihnen allen Arbeit gemeinsam ist! Er ignoriert, daß alle Seltenheitsgüter nicht durch den Arbeitswert bestimmt werden können [4]). „Diese willkürliche durch nichts motivierte Anwendung des speziellen Standpunktes des Fabrikwesens bei allen Gegenständen, die überhaupt einen Tauschwert haben, ist einer der Marxschen Grundirrtümer, der allein schon die ganze Bedeutung seiner Werttheorie zu untergraben vermag" [5]).

Ebenso unhaltbar ist für Slonimskij die Zurückführung qualifizierter Arbeit auf einfache. „Keine Erfahrung lehrt oder kann etwas lehren, was nicht vorhanden ist. Es geht in der Wirklichkeit keine Umrechnung komplizierter und höherer Arbeits-

---

[1]) Ebenda, S. 41.

[2]) Vgl. auch Struve, Archiv für soziale Gesetzgebung 1899, S. 727. „Es gibt keine objektive Wertsubstanz, deren Quanta völlig vergleichbar und meßbar wären."

[3]) Slonimskij, a. a. O. S. 44.

[4]) Borovoj hebt hervor, daß auf dem Markt jungfräulicher Boden wie wild wachsender Wald mit Waren in Tauschverkehr treten können, die durch menschliche Arbeit geschaffen sind, obgleich in jenen nicht ein Atom Arbeit enthalten ist. „Es ist klar, daß die Arbeit nicht die von Marx gesuchte allgemeine Eigenschaft der Güter ist und deshalb nicht als die Grundlage ihres Tauschwertes dienen kann." (Populärer Kursus der politischen Ökonomie S. 197. Ähnlich Georgievskij: Politische Ökonomie, II. Bd., S. 196 f.)

[5]) Slominskij, a. a. O. S. 45. Gegen diese Auffassung wendet sich Finn. Nach Böhm-Bawerk und seinen Anhängern hätte Marx einen Kunstgriff vorgenommen: um zu zeigen, daß Arbeit allen Waren gemeinsam sei, habe er nur Arbeitsprodukte in den Kreis seiner Untersuchung gezogen. Diese Auffassung beruht auf einem völligen Mißverstehen. Böhm ist der Ansicht, daß Ware und Produkt der Arbeit identisch sind. „Es ist aber bekannt, daß eine Sache nützlich, ferner ein Arbeitsprodukt sein kann und doch keine Ware zu sein braucht." Marx sucht nun gerade das Gemeinsame der Produkte als Ware. Dieses Gemeinsame ist ihr Arbeitswert (a. a. O. S. 78).

formen in einfache vor sich und kann nicht vor sich gehen, weil bei der heute bestehenden Geldwirtschaft die einfache Lohnarbeit selbst unter dem Einflusse besonderer Umstände des Arbeitsmarktes verschieden geschätzt wird [1]". Der Wert einfacher Arbeit ist keine feste, unveränderliche Größe und kann deshalb nicht zum allgemeinen Maßstab des Warenwertes erhoben werden. Der Wert einfacher Arbeit ist in weitgehendem Maße von den Momenten abhängig, die wir zusammenfassend mit Angebot und Nachfrage zu bezeichnen pflegen. Zudem sind die besonderen Bedingungen nicht zu übersehen, unter denen die Arbeit vor sich geht. „Ein Tag einfacher Arbeit in der Fabrik hat eine andere Bedeutung als im Handwerk oder Landbau, eine andere in reichen Erzlagern als in armen, eine andere in Gegenden bei guten Ernten als in solchen bei Mißernten usw. Als Endergebnis verwandelt sich die Maßeinheit menschliche Arbeit in etwas Unfaßbares. Und nun dennoch sagen, daß der Wert einer Ware an der Menge der in ihr enthaltenen einfachen menschlichen Arbeit gemessen werde, heißt ebensoviel als — gar nichts sagen" [2]. Daß mit der Arbeitswerttheorie, wie sie im ersten Bande des „Kapital" formuliert ist, in der Wirklichkeit nichts angefangen werden kann, zeigt die Metamorphose im dritten Band. Während dort der Tauschwert auf Arbeit, und allein auf Arbeit, zurückgeführt wurde, weist Marx hier darauf hin, daß die Produktionskosten nicht durch den Arbeitsaufwand, sondern durch die Generalunkosten der Produktion zuzüglich des mittleren Kapitalgewinns bestimmt werden, daß die Abweichung der Preise vom Wert nicht eine zufällige, zeitweilige Erscheinung, sondern eine notwendige und ständige ist [3]. Mit Recht hat man wiederholt darauf hingewiesen, daß der mit hohen Erwartungen begrüßte dritte Band des „Kapital" die im ersten Band niedergelegte Arbeitswertlehre widerlegt [4].

---

[1] Ebenda S. 46. Daß die Arbeit in der Wirklichkeit kein Wertmaß sein kann, wird von einem überzeugten Arbeitswerttheoretiker, M. Filippov, (Abschluß der Polemik über den Wert. Wissenschaftliche Rundschau, 1900, X, S. 1794 f.) zugegeben. Er faßt die Arbeitswerttheorie nur als Postulat auf. Dagegen muß mit Nachdruck betont werden, daß man mit Hilfe eines Postulats nicht beweisen kann. Theorien sind zur Erklärung der Wirklichkeit da und nicht zwecks Denkgymnastik.

[2] Ebenda, S. 48.

[3] Borovoj, a. a. O. S. 200.

[4] Zum selben Schluß kommt Alexej Borovoj, der in der Kritik der Arbeitswerttheorie in allem Böhm-Bawerk folgt. „Wir sahen, daß nicht ein Pfeiler der grandiosen Marxschen Machination der geringsten wissenschaftlichen Kritik standhält. Seine Argumentationen sind entweder logisch unzureichend oder werden durch die Tatsachen der Wirklichkeit widerlegt." Trotz allem hält Borovoj — und das ist für die ganze russische Nationalökonomie bezeichnend — das „Kapital" für ein Monumentalwerk von Ewigkeitswert, denn die Fehler, die Marx im einzelnen begangen hat, verdanken ihre Entstehung der Tiefe und Weite der Auffassung und „gewähren überhaupt erst die Möglichkeit, das Problem in der Allseitigkeit und Vollständigkeit aufzuwerfen, wie das vor Marx' Schöpfungen unmöglich gewesen wäre."

Soweit die russische Kritik der absoluten Arbeitstheorie. Sie stützt sich teilweise auf Böhm-Bawerk, sucht jedoch andererseits neue Bahnen einzuschlagen. Gerade die Buchschen Argumentationen nötigen dem Dogmenhistoriker das größte Interesse ab, weil hier der beachtenswerte Versuch vorliegt, mit den Mitteln Marxscher Methodik die Arbeitswerttheorie neuartig zu fundamentieren. Daß auch dieser Weg nicht zum Ziel führen kann, wurde in der Anmerkung auf S. 64 dargelegt. Die Stellungnahme Leo Buchs ist für die russische Kritik ebenso bezeichnend, wie die Alexej Borovojs, der trotz der Unzulänglichkeit „der grandiosen Marxschen Machination" weit davon entfernt ist, die Konsequenz aus dieser Erkenntnis zu ziehen.

Es ist bedauerlich, daß die russische Kritik es mit verschwindenden Ausnahmen unterlassen hat, näher auf die Eigenart der spezifisch russischen Ausprägung der Arbeitswerttheorie einzugehen, es ist aus diesem Grunde notwendig, mit einigen Worten zu der Behandlungsweise und Ausprägung Stellung zu nehmen, die jene Lehre in Rußland erfahren hat[1]).

Für die russischen Arbeitswerttheoretiker ist zunächst die verblüffende Unselbständigkeit bezeichnend, mit der sie das Wertproblem behandeln. In den meisten Fällen begnügen sie sich, die entsprechenden Abschnitte des „Kapital" unkommentiert und sehr ausführlich wiederzugeben (Beispiel Isaev). Diese Theoretiker beherrschen die russische Literatur bis in die Mitte der 90er Jahre. Die Wissenschaft stagniert, jeder Fortschritt wird unterbunden.

In engstem Zusammenhang mit dem Hang zum Autoritären, den wir bereits in dem einleitenden Abschnitt kennen lernten, steht die aprioristische Einstellung der russischen Arbeitswerttheoretiker. Bei der Darlegung der Marxschen Theorie begnügen sie sich mit dem Hinweis auf den Meister, dem sie völlig unkritisch gegenüberstehen, weil sie weder fähig noch willens sind, an ihm Kritik zu üben. Wird ein Beweis angetreten, dann antizipiert man das gewünschte Ergebnis und baut auf einigen Grundbegriffen, in deren Definition die Beweisbeschlüsse bereits enthalten sind, eine Scheinkonstruktion auf. Die Darstellung von Isaev und Bulgakov sind für die Art und Weise, in der die russischen Arbeitswerttheoretiker vorgehen, bezeichnend. Sie zeigen uns mit Deutlichkeit, wie unwissenschaftlich die orthodox-marxistischen Theoretiker operieren. Zunächst wird eine Definition der theoretischen Nationalökonomie gegeben, die dieselben Elemente umschließt, wie die des Werts und daraus die Identität von Wert und Arbeitswert abgeleitet. Nach Bulgakov erforscht die Wirtschaftstheorie die gesellschaftlichen Beziehungen der Menschen, die auf Grund gesell-

[1]) Eine eingehende Kritik der Arbeitswerttheorie als solche zu geben, würde den Rahmen der Studie sprengen. Im großen und ganzen schließe ich mich der sich auf Böhm-Bawerk stützenden Kritik Slonimskijs an.

schaftlicher Arbeit entstehen, und folgert daraus, daß wirtschaftliche Erscheinungen stets eine direkte oder indirekte Beziehung zu gesellschaftlich verbundener Arbeit aufweisen müssen. Diese Formulierung der Aufgaben der Volkswirtschaftslehre ist viel zu eng gefaßt und deshalb unzureichend. Sie würde, konsequent durchgeführt, zu einer Lehre von der Gütererzeugung führen. Demgegenüber untersucht die Nationalökonomie die Ursachen und Wirkungen aller Erscheinungen des wirtschaftlichen Lebens, d. h. der auf die planmäßige Beschaffung und Verwendung von Gütern zur Bedürfnisbefriedigung gerichteten Tätigkeit. Die Arbeit ist wohl ein Faktor und zwar ein überaus wichtiger Faktor im Wirtschaftsleben, aber nicht der einzige. Unsere wirtschaftliche Tätigkeit wird in weitgehendem Maße durch soziale, rechtliche und natürliche Faktoren bestimmt. Ihr Zusammenwirken zu untersuchen, die Gesetzmäßigkeiten und kausalen Bedingtheiten im Wirtschaftsleben zu erfassen, Phänomene zu analysieren, die wie das Geld, der Preis u. a. mit dem Moment der Arbeit in erster Linie nicht in Verbindung gebracht werden können, dies alles ist die Aufgabe der allgemeinen Volkswirtschaftslehre. Wieweit der Faktor Arbeit bestimmend im Wirtschaftsleben ist, wollen wir ja gerade untersuchen. Seinen Einfluß als alleinbestimmend hinstellen, heißt das Problem lösen, ehe es in seiner Vielgestaltigkeit erfaßt, ja überhaupt in Angriff genommen ist. So wird mit Hilfe einer logisch unzureichenden Deduktion „bewiesen", daß Wert und Arbeitswert identisch sind, dann führt man eine Konstruktion auf, von der zugegeben wird, daß sie der Wirklichkeit nicht entspricht, aber tröstet sich mit dem Hinweis, daß nur die Arbeitswerttheorie gedanklich richtig sei und die Eigenart der Warenwirtschaft klarlegen könne.

Daß in der Wirklichkeit der Warenwert weder exakt noch annähernd durch Arbeit gemessen werden kann, wird entweder bestritten[1]), ohne freilich dafür einen Beweis zu liefern, oder mit dem Hinweis beiseite geschoben, daß es für die Theorie nicht nachteilig sei, nicht mit der Wirklichkeit übereinzustimmen. Die Arbeitswerttheorie wird zum Postulat[2]). Zwar kann es keinem verwehrt werden, die Arbeit als wünschenswertes Wertmaß anzusehen und hinzustellen, wohl aber steht uns das Recht zu, die Allgemeingültigkeit einer auf jener Grundlage konstruierten Theorie mit aller Bestimmtheit in Abrede zu stellen. Wir müssen Tugan-Baranovskij Recht geben, wenn er meint, daß es vom rein

---

[1]) Finn, a. a. O. S. 83.

[2]) Filippov, a. a. O. S. 1795. — P. Savickij konstatiert in seinem interessanten Aufsatz „Metaphysik der Wirtschaft" (Festgaben für P. B. Struve, Prag 1925) S. 143 ff., daß der Marxschen Arbeitswerttheorie etwas metaphysisches zu Grunde liegt (die Idee der wertbildenden Arbeit), daß es aber ein „Betrug" ist, wenn diese Metaphysik als strenge „Wissenschaft" ausgegeben wird. — Sie ist bestenfalls ein Postulat.

formalen Standpunkt hypothetisch möglich sei, eine Werttheorie zu konstruieren, die als einziges Wertmoment nur einen Produktionsfaktor (selbst bei Kenntnis der anderen) anerkennt. Man könnte z. B. eine Theorie ersinnen, nach welcher der Wert nicht durch männliche sondern nur durch weibliche Arbeit geschaffen wird [1]). Dieser Ausspruch charakterisiert die methodologische Einstellung der russischen Arbeitswerttheoretiker sehr zutreffend. Sie stehen auf dem Standpunkt, daß die Gesetze der theoretischen Nationalökonomie, als einer abstrakten Wissenschaft, mit den empirischen Erscheinungen niemals übereinzustimmen brauchen. „Was würde man dem Physiker sagen, der beweisen wollte, daß die Theorie des mathematischen Hebels deshalb falsch sei, weil de facto der mathematische Hebel mit dem physischen nicht nur nicht übereinstimmt, sondern gar nicht zusammenfallen kann?" [2])

Ich lasse die vielumstrittene Frage hier unerörtert, ob die allgemeine Volkswirtschaftslehre in dem angedeuteten Sinn eine exakte Wissenschaft ist oder nicht; zur Widerlegung des methodologischen Standpunktes der russischen Arbeitswerttheoretiker, daß man abstrakte Gesetze „konstruieren", „ersinnen" könne, genügt folgende Überlegung. Es sagt der gedanklich-logische Aufbau wissenschaftlicher Gesetze noch nichts über ihre Fähigkeit aus, die konkrete Wirklichkeit zu erfassen und zu erklären. Dies aber ist letzten Endes Sinn und Zweck aller induktiv oder deduktiv gewonnenen volkswirtschaftlichen „Gesetze". Sind die Voraussetzungen falsch gewählt, so bleiben die schönsten, logisch einwandfreien Deduktionen nutzlos. Die Voraussetzungen müssen der empirischen Wirklichkeit entsprechen, sie müssen „ein Resultat wissenschaftlicher Betrachtung und richtig durchgeführter Induktionen sein" [3]). Wer auf diesem Boden steht, muß die Unzulänglichkeit der russischen Arbeitswertlehre anerkennen. Es ist unmöglich, eine Theorie auf Postulaten aufzubauen, die erfahrungsgemäß mit den konkreten Verhältnissen nicht übereinstimmen. Die Theorie muß der Empirie entsprechen; die von der Wissenschaft aufgestellten Gesetze haben die Aufgabe, die unendliche Mannigfaltigkeit des vielgestaltigen, im Fluß befindlichen Lebens zu erklären, nicht aber weltfremde Hypothesen zu konstruieren.

Gegen diese Forderung verstößt, ebenso wie Bulgakov, Isaev und ihre Anhänger, einer der ersten bedeutenden russischen Arbeitswerttheoretiker, N. I. Ziber. Um zu beweisen, daß die Bedürfnisse, die aus der Dringlichkeit der Güter für den Verbraucher resultieren, eine rein objektive Kategorie darstellen, betrachtet er das Wertproblem ausschließlich unter dem Gesichtspunkt einer stati-

---

1) Filippov, a. a. O. S. 1794.
2) Finn, a. a. O. S. 84.
3) Manuilov, Politische Ökonomie, a. a. O. S. 193.

schen Wirtschaftslage und schaltet die wirtschaftliche Dynamik kurzerhand aus. Dieses Vorgehen ist, wie folgende Überlegung zeigt, fraglos unstatthaft. Zugegeben, daß in einem gegebenen Augenblick alle Nutzgüter ihre Aufgabe gleich gut erfüllen, so heißt das noch lange nicht, daß in einem anderen Zeitabschnitt die vorhandenen Güter den möglicherweise veränderten Bedürfnissen ebenfalls entsprechen. In der Dynamik befindet sich die Dringlichkeit dauernd im Fluß und kann durch „einen groben Wirtschaftsplan" nie und nimmer ausgeschaltet werden. Den Beweis, daß dies möglich ist, bleibt Ziber schuldig. Die konkreten Verhältnisse zeigen es uns auch, daß Bedürfnis und Dringlichkeit einerseits und der Gütervorrat andererseits sich nur ausnahmsweise die Wage halten, in der Regel jedoch nicht zusammenfallen. Und weil zwischen Vorrat und Bedarf stets ein Mißverhältnis besteht, sei es, daß der Gütervorrat den Bedarf übersteigt, sei es, daß er hinter dem Bedarf zurückbleibt, ist die „Dringlichkeit" ein wesentliches Moment bei der Wert- und Preisbildung. Daraus resultiert, daß die Bedeutung aller Güter für den Menschen in Wirklichkeit nicht gleich ist und sich nicht darauf beschränkt „nötigenfalls verwendbar zu sein". Neben dem objektiven Moment ist das subjektive, auf der ungleichen Dringlichkeit der Güter beruhende, mit allem Nachdruck zu betonen.

Peter Struve hat in einem seiner letzten Aufsätze [1]) darauf hingewiesen, daß, auch unabhängig von empirisch-realistischen Erwägungen, es unzulässig ist, den Begriff der Statik der ökonomischen Theorie zugrunde zu legen. Die Statik ist nach Kirchhof nur als Spezialfall der Dynamik aufzufassen. Die politische Ökonomie, die es mehr als andere Wissenschaften mit einer sich dauernd verändernden, fließenden Materie zu tun hat, muß die Dynamik in den Vordergrund stellen.

Je stärker der Einfluß der westeuropäischen Wissenschaft in Rußland wurde, je allgemeiner man die Arbeitswertlehre ablehnte, desto schneller vollzog sich auch in der russischen Nationalökonomie eine innere Umstellung. Zwar warf man nicht einfach jene Theorie zum alten Eisen, um sich einer der anderen herrschenden Lehren anzuschließen, doch zeigt sich deutlich das Bestreben, die Wirklichkeitsfremdheit der bis dahin schrankenlos herrschenden Richtung abzuschwächen und zu beseitigen. Immer mehr Gelehrte verließen den Standpunkt der unmodifizierten absoluten Arbeitswerttheorie und suchten ihre Grundelemente mit den Ergebnissen jener Richtung zu einem einheitlichen Lehrgebäude zu verschmelzen, die die Wertbestimmung auf völlig neuen Grundlagen aufzubauen bestrebt ist, der österreichischen Schule.

---

[1]) Peter Struve, Das wissenschaftliche Bild der ökonomischen Welt und der Begriff des „Gleichgewichts". Der Wirtschaftsbote 1923, I, S. 14f.

Die synthetische Richtung Tugan-Baranovskijs.

Der Entdecker der Lehre vom Grenznutzen für Rußland ist Michail Tugan-Baranovskij — einer der bedeutendsten Vertreter der neueren russischen Nationalökonomie [1]). Er ist zudem der einzige nicht orthodox-marxistische Theoretiker [2]), der es verstanden hat, eine eigene einflußreiche Schule zu begründen. In der von ihm gewiesenen Richtung bewegt sich seit der Jahrhundertwende zum großen Teil die fortschrittliche Volkswirtschaftslehre Rußlands.

Methodologisch schließt sich Tugan-Baranovskij Menger an. Die theoretische Nationalökonomie ist auch für ihn eine abstrakte Wissenschaft. Sie gewinnt ihre Gesetze vermittelst der Abstraktion, d. h. indem alle unwesentlichen Erscheinungen und Einflüsse ausgeschaltet werden. Die Ergebnisse, zu denen man auf diese Weise gelangt, sind gedanklich exakt richtig, können aber in der Wirklichkeit nur annähernd zutreffen [3]). Für ihn steht „die Unzulänglichkeit aller Versuche, eine wissenschaftliche ökonomische Theorie auf Grund induktiver Beobachtung wirtschaftlicher Erscheinungen und ihrer empirischen Mannigfaltigkeit aufzustellen" fest [4]). Es ist logisch einwandfrei, wenn die neuere exakte Theorie von einem vereinfachten Menschen ausgeht, der in vereinfachten sozialen Verhältnissen lebt, dessen Tätigkeit voll mit dem „wirtschaftlichen Prinzip" übereinstimmt und der alle jeweils in Betracht kommenden Umstände restlos zu erfassen in der Lage ist [5]). Auf dieser abstrakt-deduktiven Methode fußend, ist die Schule

---

[1]) In Deutschland sind bekannt geworden seine Geschichte der russischen Fabrik, Berlin 1900, und Die sozialen Wirkungen der Handelskrisen in England, Archiv für soziale Gesetzgebung, 1899; zudem gilt Tugan-Baranovskij als einer der bedeutendsten Genossenschaftstheoretiker Rußlands.

[2]) Vom Marxismus ausgehend, ist er zu immer größerer Selbständigkeit gelangt, ohne freilich je in das Lager der „bürgerlichen Nationalökonomen" überzugehen, wie Peter Struve. Tugan ist der Prototyp der neueren russischen ethischen Sozialisten.

[3]) Auf ähnlichem Standpunkt steht M. M. Vol'skij, Die Aufgabe der politischen Ökonomie und ihr Verhältnis zu den anderen Wissenschaften, S. 11 21 f., 99, 113.

[4]) Tugan-Baranovskij, Skizzen aus der neuesten Geschichte der politischen Ökonomie und des Sozialismus, S. 164; derselbe: Grundlagen der politischen Ökonomie, S. 31.

[5]) Derselbe, Grundlagen, a. a. O. S. 30.

Mengers „zu vollständig neuen und überaus wichtigen theoretischen Schlüssen gekommen. Sie hat eine neue Werttheorie geschaffen, die auf dem besten Wege ist, in der Wissenschaft allgemein anerkannt zu werden“ [1]). Ihr großes Verdienst besteht darin, daß sie „für immer den Streit über den Wert beendet hat, indem sie eine vollständig erschöpfende Erklärung aller Werterscheinungen, ausgehend von einem Grundprinzip, gibt“ [2]). Die österreichische Schule hat den „einzigen großen Fortschritt in der Theorie der politischen Ökonomie nach Ricardo“ herbeigeführt [3]). Bisher bestand bei der Erklärung des Mechanismus der Preisbildung eine Zäsur, insofern als zwischen dem objektiven Element des Angebots der Waren auf dem Markt und dem subjektiven Element der Bewertung in der Nachfrage „eine öde Leere“ klaffte. Die Grenznutzentheorie hat dieses Vakuum ausgefüllt, indem sie die psychischen Prozesse erklärte, deren Resultat der Preis ist [4]).

Nach Tugan-Baranovskij ist der Wert eine Form der Kategorie des Willens. Der Wille erstrebt etwas oder wird durch etwas abgestoßen. Wonach er strebt, hat positiven Wert, wodurch er abgestoßen wird, hat negativen Wert. „Außerhalb des Willens gibt es keinen Wert und außerhalb des Werturteiles keinen Willen“ [5]). Deshalb ist wirtschaftlicher Wert die Bedeutung, die wir einem Gegenstand in der Erkenntnis beilegen, daß von seiner Erlangung ein höherer oder geringerer Grad unseres wirtschaftlichen Wohlbefindens abhängt [6]). Der Wert beruht letzten Endes auf dem subjektiven Urteil der Einzelpersönlichkeit. „Der subjektive Wert ist eine logische Kategorie der Wirtschaft, weil die Wirtschaft ohne subjektiven Wert sinnlos ist, während der objektive Tauschwert (der nach T.-B. in letzter Instanz auf den subjektiven zurückzuführen ist) nur eine historische, vorübergehende Wirtschaftsform — die Tauschwirtschaft — kennzeichnet, und infolgedessen eine historische Kategorie der Wirtschaft darstellt“. Auch hieraus folgert Tugan-Baranovskij, daß der subjektive Wert das Primäre, der objektive das Sekundäre ist. Aus dem Wesen des Wertes geht hervor, daß er mit der Fähigkeit der Gegenstände zusammenhängt, unsere Bedürfnisse zu befriedigen, mit anderen Worten, vom Nutzen der Güter abhängt [7]).

---

[1]) Derselbe, Skizzen, a. a. O. S. 165.

[2]) Ebenda, S. 167.

[3]) Ebenda, S. 56.

[4]) Ebenda, S. 170.

[5]) Derselbe, Grundlagen, a. a. O. S. 38.

[6]) Menger, Grundsätze der Volkswirtschaftslehre, S. 108.

[7]) Den Unterschied zwischen beiden Wertformen faßt T. B. in folgende Formel: „Wir sprechen von subjektivem wirtschaftlichem Wert, wenn wir die Wertung einer Einzelperson im Auge haben, und vom objektiven, wenn wir von der Psychologie einer einzelnen Person absehen und den Wert vom Standpunkt seiner objektiven Resultate betrachten.“ Grundlagen, a. a. O. S. 39.

Mit Menger unterscheidet Tugan-Baranovskij zwischen dem allgemeinen abstrakten Nutzen eines Gutes und dem konkreten Nutzen, den uns jede Einheit eines bestimmten Gutes wirklich gewährt. Wasser beispielsweise ist nützlich, soweit es sich um bestimmte Quantitäten handelt, nicht aber Wasser als Gattungsbegriff. Es gewährt jeder Eimer Wasser eines Flusses verschiedenen konkreten Nutzen, je nach der Zahl der vorhandenen Einheiten. Je größer der Vorrat desto weniger wichtige Bedürfnisse werden befriedigt, desto geringer der relative Nutzen der letzten noch erforderlichen Mengeneinheit. Die Dringlichkeit eines Bedürfnisses wird mithin nicht durch den höchsten oder mittleren Nutzen, sondern durch den Grenzznutzen des letzten noch zur Bedürfnisbefriedigung notwendigen Teils bestimmt [1]).

Erst die Lehre vom Grenznutzen ist in der Lage, zu erklären, warum Güter, die viel gebraucht werden, häufig nur geringen Wert besitzen, sie hat erstmalig eine ausreichende Erklärung für die Abhängigkeit der Warenpreise von dem Gütervorrat gegeben. „Erst auf Grund dieser Theorie können wir von einem Gesetz von Angebot und Nachfrage sprechen" [2]). Nach Tugan-Baranovskij ergibt eine eingehende Analyse der menschlichen Bedürfnisse folgendes: jedes Bedürfnis nach einem bestimmten Wirtschaftsgut wird durch mehrere physiologische Bedürfnisse bedingt. Jedes von diesen physiologischen Bedürfnissen weist seine eigene Sättigungsskala auf. Aber auch die in ökonomischer Verbindung stehenden physiologischen Bedürfnisse stellen solch eine Skala dar. Das Bedürfnis nach einem Gut weist zwei Sättigungsskalen auf — eine allgemeine Sättigungsskala des Grundbedürfnisses durch physiologische Bedürfnisse und eine Skala dieser letzteren" [3]). Tugan-Baranovskij nennt sie ökonomische und physiologische Skala. Die physiologische Skala basiert auf dem Weber-Fechnerschen Gesetz der Psycho-Physik. Die Grenznutzlehre ist auf diesem Gesetz aufgebaut, obgleich „Menger und seine Nachfolger die physiologische Grundlage desselben ignorieren". Denn Wirtschaftsgüter sind bloß äußere Anreizer. Das durch ihren Gebrauch bzw. Verbrauch entstehende Befriedigungsgefühl erscheint als subjektive Sättigung. Dabei darf jedoch keinesfalls übersehen werden, daß „die wirtschaftlichen Güter nur bis zu einem gewissen Grade als Analogie zu den physischen und chemischen Anreizern angesehen werden dürfen, die bei physiologischen Versuchen Anwendung finden" [4]). Immerhin ist die Anwendung des Weber--Fechnerschen Gesetzes auf die Wertlehre unter dem genannten Vorbehalt statthaft, und zwar

[1]) Tugan-Baranovskij, Skizzen, a. a. O. S. 167—169.

[2]) Derselbe, Die Lehre vom Grenznutzen wirtschaftliche Güter als die Ursache ihres Wertes. Rechtsbote 1890, X, S. 212.

[3]) Ebenda, S. 213.

[4]) Ebenda, S. 214.

mit so großem Erfolg, daß „wir uns jetzt vor einer grundlegenden Umgestaltung des theoretischen Lehrgebäudes der politischen Ökonomie befinden"[1]).

Tugan-Baranovskij ist als durchaus selbständiger Denker weit entfernt, die Grenznutzentheorie in allen Einzelheiten, noch in der von Menger gegebenen Form anzuerkennen. Die Österreicher versagen seines Erachtens bei dem Satz, daß der Wert der Produktivgüter vom Wert des Produkts abhängt. Vom subjektiven Standpunkt ist es freilich richtig, die Ursache des Werts eines Produktivgutes im Wert des Produktes zu sehen. „Doch kann eine Wertlehre, die nur die subjektiven Momente der Wertbildung zu erforschen sucht, nicht als endgültig und vollständig angesehen werden. Man muß einen Schritt weiter tun und die objektiven Ursachen des Werts in vollem Umfang ergründen". Vom objektiven Standpunkt aus sind hingegen die Produktionskosten die Ursache und der Wert die Folge[2]). Zwischen beiden Anschauungen klafft ein scheinbar unüberbrückbarer Abgrund. Und doch ist es möglich — meint Tugan-Baranovskij — beide Richtungen organisch zu verschmelzen.

Zwar hängt der Wert eines Gutes ausschließlich von seinem Nutzen ab, insbesondere von seinem Grenznutzen. Doch der Grenznutzen ist nichts Konstantes, Unveränderliches. In Wirklichkeit verändert er sich auch dauernd durch Vermehrung oder Einschränkung des Angebots. Diese Steigerung bezw. Verminderung wird herbeigeführt durch Erhöhung oder Erniedrigung des Arbeitsaufwandes bei der Gütererzeugung. „Arbeit bestimmt den Umfang des Angebots, und der Umfang des Angebots bestimmt den Grenznutzen". „Deshalb bestimmt Arbeit den Wert"[3]). Wir sehen, daß der Grenznutzen nicht die letzte Erklärungsinstanz darstellt, sondern selbst wieder von anderen Momenten abhängig ist[4]). Er ver-

---

[1]) Derselbe, Skizzen, a. a. O. S. 57. „Die Theorie vom Grenznutzen wird stets die Grundlage der Wertlehre bleiben; sie kann erweitert und in Einzelheiten verändert werden, aber ihre Grundideen sind für die Wirtschaftswissenschaft ein Besitz für die Ewigkeit." Grundlagen, a. a. O. S. 55.

[2]) Derselbe, Lehre vom Grenznutzen, a. a. O. S. 217 f.

[3]) Derselbe, Theoretische Grundlagen des Marxismus, a. a. O. S. 148. Hierbei stützt sich Tugan-B. auf Jevons: The Theorie of Political Economie S. 165 f.

[4]) Derselben Ansicht ist Alexej Borovoj; auch er findet daß die Österreicher beim Bestreben, die ökonomische Wirklichkeit möglichst zu vereinfachen, von der unzutreffenden Voraussetzung ausgehen, „daß eine bestimmte Menge fertiger Produkte in beschränkter Zahl gegeben ist" und daß sie auf dieser Grundlage ihr Lehrgebäude aufbauen, ohne den Produktionsprozeß zu berücksichtigen. Gerade in der Produktion aber liegen die objektiven Faktoren der Wertbildung begründet. Es ist nun unbedingt notwendig, die subjektiven und objektiven Momente gleichzeitig zu berücksichtigen, zu erforschen und in Einklang zu bringen. (Populärer Kurs der politischen Ökonomie, S. 209 ff.)

ändert sich je nach dem Umfang der Produktion[1]). Deshalb können wir den Grenznutzen durch Erweiterung und Einschränkung der Produktion erhöhen und erniedrigen. Da andererseits der Arbeitswert eines Produkts etwas objektiv Gegebenes ist und nicht von unserem Willen abhängt (wie die subjektive Wertschätzung), ist er das bestimmende Moment, der Grenznutzen das zu bestimmende.

„Wenn wir mehrere Produkte mit verschiedenem Arbeitswert gleichzeitig herstellen, dann verlangt das wirtschaftliche Prinzip, daß der Nutzen, den wir aus der Arbeit der letzten Zeiteinheit ziehen, bei jeder Produktionsart gleich sei... Der größte Nutzen wird dann erreicht werden, wenn die letzte Arbeitseinheit bei der Herstellung jedes Produktes am Ende einen gleichen Nutzen gewährt. Wir wissen aber, daß der Arbeitswert der Güter verschieden ist. Mit anderen Worten, in einer Zeiteinheit wird eine ungleiche Menge von Gütern verschiedener Art produziert; aber der Nutzen, der aus der letzten Einheit der Arbeitszeit gezogen wird, muß in allen Produktionszweigen derselbe sein. Daraus folgt, daß der Nutzen der letzten Einheiten von Gütern jeder Art — ihr **Grenznutzen** — umgekehrt proportional zur Menge der Produkte steht, der in einer Einheit der Arbeitszeit geschaffen wird, oder, anders ausgedrückt, **direkt proportional zum Arbeitswert dieser Produkte**"[2]).

---

[1]) Ähnlich Železnov, nach dem die Mengersche Wertlehre subjektiv und objektiv ist, denn die „Grundlage der subjektiven Schätzungen bildet auch bei der Grenznutzentheorie ein objektives Moment: die Begrenztheit des Vorrats wirtschaftlicher Güter". Der Irrtum der Grenznutzentheoretiker besteht nicht darin, daß sie die objektiven Momente der Wertbildung völlig ignorieren, sondern darin, daß sie sie zu oberflächlich behandeln. Železnov entwickelt das bekannte Beispiel von den 100000 Bäumen und führt aus, daß der Wilde sich diese doch nur dank einem bestimmten Arbeitsaufwande nutzbar machen kann. Selbst in diesem, für die Grenznutztheorie günstig gewählten Falle spielt mithin die Arbeit eine bestimmende Rolle. (Železnov, Grundzüge der Volkswirtschaftslehre, S. 212 f.) Zum anderen: der Grenznutzen ist abhängig vom Nutzen und der Güterquantität; diese wieder wird beeinflußt von der Zahl der Arbeiter, von den Verwendung findenden Maschinen und der Arbeitszeit. Mit anderen Worten, die Gütermenge ist ein Ergebnis der Produktion.

[2]) Tugan-Baranovskij, Theoretische Grundlagen, a. a. O. S. 150. Die von Tugan-Baranovsky aufgestellte Formel ist von G. Stoljarov mit Hilfe der Differentialrechnung 1902 exakt in dem Werk: Analytischer Beweis von Tugan-Baranovskijs politisch-ökonomischer Formel „Der Grenznutzen beliebig reproduzierbarer Güter ist ihren Arbeitskosten proportional", berechnet worden. Einen weniger strengen Beweis soll Hirschfeld in dem Aufsatz „Die Theorie der Proportionalität der Grenznutzen von Gütern zu ihren Arbeitskosten" geliefert haben. Als dritter hat W. K. Dmitriev, ein junger Gelehrter von starker theoretischer Begabung, Tugans Gesetz in seinen „Ökonomischen Studien" algebraisch analysiert. (L. v. Bortkievicz, Wertrechnung und Preisrechnung im Marxschen System. Archiv f. Sozialw. u. Sozialpolitik, XXV. Bd. 1907, S. 34.) Auf die drei genannten Nationalökonomen näher einzugehen, zu ihrer Methode und ihren Ergebnissen Stellung zu nehmen, ist mir aus Gründen der Quellenbeschaffung unmöglich. Ich muß mich mit dem Hinweis be-

Diese Formel, auf die Tugan-Baranovskij immer wieder zurückkommt, wird von ihm durch folgendes Beispiel erläutert [1]). Wir haben zwei Produkte: A und B. Die Herstellung von A erfordert die doppelte Arbeitszeit, wie die Herstellung von B. Der Bedarf an beiden sei gleich. Die Zahlen 10, 9, 8, 7, 6 usw. stellen die Verminderung des konkreten Nutzens bei zunehmender Menge dar. Bei zweistündiger Arbeitszeit würde nach diesem Beispiel A überhaupt nicht hergestellt werden, da sein Nutzen 10 ist, dagegen B mit dem Nutzen 19 (10+9). Je mehr Arbeitszeit aufgewendet wird, desto mehr B, dessen Grenznutzen sinkt, können produziert werden. Bei der Herstellung von 6 B beläuft sich der konkrete Nutzen der beiden letzten B-Einheiten auf 5 und 6, zusammen also 11. Noch ist es nicht möglich 1 A mit dem Nutzen 10 zu produzieren. Bei einer weiteren Ausdehnung der Produktion wird es jedoch vorteilhafter, 1 A herzustellen. Es fragt sich nun, wie bei dieser Arbeitsverteilung der Grenznutzen von A und B bestimmt wird. Es liegt auf der Hand, daß der Grenznutzen von 1 A gleich 10 ist und von 6 B gleich 5 sein muß. Dabei braucht man zur Herstellung von A zwei und von B eine Arbeitsstunde. Daraus folgt,

---

gnügen, daß sie versucht haben, mit Hilfe der Mathematik die Allgemeingültigkeit der Tuganschen Formel zu beweisen.

[1]) Tugan-B. hat den Beweis seines Wertgesetzes in mannigfachen Variationen vorgebracht. So geht er in dem Aufsatz „Die Lehre vom Grenznutzen", a. a. O. S. 224—228, von dem Gedanken aus, daß die Produktion auf die Beseitigung der Widerstände gerichtet ist, die die Natur dem Menschen entgegensetzt. Der Nutzen, den wir von den in der Produktion erzeugten Gütern ziehen, vermindert sich mit der Vermehrung der Gütereinheiten; aber die Widerstände, die wir bei der Produktion überwinden, hängen nicht von der Gütermenge ab. Auf die Produktionskosten vermögen wir deshalb nicht in derselben Weise einzuwirken, wie wir auf den Grenznutzen wirken. Wir haben es mit zwei Faktoren zu tun — der eine hängt vom menschlichen Willen ab, der andere nicht. Die Menge der herzustellenden Güter, die ihrerseits auf den Grenznutzen von Einfluß ist, regeln wir entsprechend den bei der Güterproduktion in Erscheinung tretenden Widerständen. „Die Ursache des Grenznutzens der Güter ist mithin die Schwierigkeit der Produktion." Dies ist die objektive Seite des Wertes, die allerdings nur bei beliebig reproduzierbaren Gütern in Frage kommt. Der Wert der durch die Natur begrenzten Güter wird allein durch den Grenznutzen bestimmt. — Dieser Gedanke ist von Filippov aufgegriffen. Er führt etwa aus: In jeder geordneten Wirtschaft befindet sich das Bestreben des Menschen nach Gütern stets in engem Zusammenhang mit den Produktionsmethoden. Man kann den Wert nicht ohne weiteres mit dem vorhandenen Gütervorrat in Verbindung bringen, es kommt darauf an, ob und wie er reproduziert werden kann. Wenn A einen sehr kleinen Vorrat besitzt, aber bei geringer Anstrengung in kurzer Zeit eine große Menge des begehrten Guts zu erlangen vermag, dann wird die subjektive Schätzung nicht hoch sein. Wenn andererseits B einen großen Gütervorrat besitzt, dessen Ergänzung schwierig ist und einen großen Kapitalaufwand erfordert, wird der Wert für ihn doch groß sein. Deshalb muß jede Wirtschaftspsychologie zwei Momente beachten: die Stärke des Bedürfnisses und die Größe der Anstrengung, die für die Befriedigung notwendig ist. (Die Psychologie, a. a. O. S. 2012 ff.)

daß der Grenznutzen der hergestellten Produkte proportional ihren Arbeitskosten ist[1]).

In diesem Ergebnis erblickt **Tugan-Baranovskij** nicht nur eine wesentliche Ergänzung und Vertiefung der Lehre der Österreichischen Schule, sondern vor allem eine **organische Synthese der subjektiven Wertlehre und der objektiven.** Die Grenznutzentheorie richtet ihr Hauptaugenmerk auf die subjektive Bewertung eines Gegenstandes. Das ist an sich nicht falsch. Aber die Wirtschaftswissenschaft hat nicht **nur** die Aufgabe, die Wertererscheinungen von diesem Standpunkt zu betrachten[2]). Die Erforschung des Wertproblems darf erst dann als abgeschlossen gelten, wenn die objektiven Faktoren der Güterproduktion mitberücksichtigt sind[3]). Zwar hängt der Wert der Güter von dem Bedürfnis nach ihnen und ihrer Menge ab; aber die Gütermenge ist nicht als gegebene Größe zu betrachten, ihre Veränderlichkeit bedarf selbst einer Erklärung. Die Österreicher haben es versäumt, die objektiven Elemente aufzudecken, die die Quantität der reproduzierbaren Güter bestimmen. „Ebenso wie die objektive physiologische Beobachtung in gewissem Sinne der subjektiven psychologischen gegenübersteht, ohne sie auszuschließen, vielmehr jene er-

---

[1]) Tugan-Baranovskij, Theoretische Grundlagen, a. a. O. S. 150 f.

[2]) Derselbe, Grundlagen, a. a. O. S. 45.

[3]) In ähnlichen Bahnen bewegen sich die Gedankengänge **Franks.** Auch er erkennt die Bedeutung der subjektiven Wertlehre in gewissen Grenzen an. Doch nur in gewissen Grenzen, denn der Wert kann seines Erachtens durch Nutzen und Seltenheit insofern nicht erklärt werden, als diese ihrerseits einer näheren Erläuterung bedürfen. Davon abgesehen, wird das Grenznutzengesetz wesentlich modifiziert, wenn es auf Güter angewendet wird, die durch Arbeit produziert werden können. In diesem Falle richtet sich das Bedürfnis nach der Möglichkeit, sich von den Unbequemlichkeiten und Mühen der Gütererzeugung möglichst zu befreien. „Deshalb wird der Wert bestimmt werden durch die Bedeutung, welche wir der Schwierigkeit beilegen, die mit der zur Herstellung der Produkte notwendigen Arbeit verknüpft ist." (Frank, Die psychologische Richtung in der Werttheorie; Russischer Reichtum 1898, VIII, S. 70.) Besitzt ein Gegenstand den Grenznutzen 100 und vermag man ihn durch Arbeit jederzeit zu reproduzieren, die eine gewisse Menge Mühen verursacht, deren Fehlen 10 Einheiten Nutzen bedeutet, dann wird jener Gegenstand gleich 10 nicht 100 Nutzeneinheiten gewertet. „Mit anderen Worten: der (Grenznutzen-)Wert beliebig reproduzierbarer Güter ist proportional der auf ihre Herstellung verwandten Arbeit." (Ebenda, S. 78, 81, 100.) Frank gibt mithin zu, daß der subjektive Wert die Voraussetzung ist, auf der sich der objektive Wert aufbaut (S. 101). Die Lehre vom Grenznutzen erklärt erschöpfend die Erscheinungen, die man mit den Bezeichnungen Angebot und Nachfrage zusammenfaßt, soweit sie auf den Einfluß persönlicher Motive zurückzuführen sind. Angebot und Nachfrage bestimmen aber, meint Frank, nicht den Wert, sondern nur die Schwankungen und Abweichungen vom mittleren Preise; die Gesetze der psychologischen Schule vermögen daher auch nur diese Abweichungen zuerklären. Der Wert selbst entspringt in letzter Instanz der Wirtschaftsordnung, d. h. er wird durch die gesellschaftlich notwendige Arbeit bedingt, die zur Herstellung wirtschaftlicher Güter notwendig ist. (S. 102.)

gänzt, schließt die Theorie von Ricardo die Grenznutzlehre nicht aus, sondern vervollständigt sie"[1]).

Nichtsdestoweniger verhalten sich die Österreicher der klassischen Wertlehre gegenüber sehr ablehnend. Tugan-Baranovskij ist der Meinung, daß diese Stellungnahme von Menger und seinen Schülern letzten Endes auf einem Mißverständnis beruht. „Die Anhänger der Grenznutzentheorie fallen eigentlich nicht über die relative Arbeitswertlehre der Klassiker her, sondern über die ganz anders geartete absolute Arbeitswerttheorie von Rodbertus und Marx"[2]). Die Marxsche Wertlehre ist in der Tat mit der Grenznutzentheorie unvereinbar, weil der Wert nicht durch „krystallisierte Arbeit" ausgedrückt und gleichzeitig durch den Grenznutzen bestimmt sein kann. Anders verhält es sich jedoch mit der Ricardoschen relativen Arbeitswertlehre. Sie widerstreitet der Lehre vom Grenznutzen nicht[3]). Im Gegenteil: beide Theorien ergänzen einander und sind logische Korrelate zu einander. „Die eine Theorie setzt die andere voraus und umgekehrt"[4]), denn der Grenznutzen ist, mathematisch ausgedrückt, eine Funktion der Arbeitskosten[5]).

Zusammenfassend kommt Tugan-Baranovskij zu folgendem Schluß: „Der wirstchaftliche Prozeß ist nicht ausschließlich objektiv und nicht ausschließlich subjektiv, sondern weist diese und jene Seite auf, weil er nichts anderes ist, als das Zusammenwirken des wirtschaftenden Subjekts und des bewirtschafteten Objekts. Jede wirtschaftstheoretische Lehre, die nur subjektiv oder nur objektiv vorgeht, ist einseitig d. h. unvollständig. Jede vollständige Werttheorie muß von den subjektiven zu den objektiven Momenten der Wirtschaft fortschreiten; ausgehend vom subjektiven Grenznutzen zur Arbeit, als dem objektiven Wertfaktor, gelangen". Beide Faktoren sind leicht in einer organischen Synthese zu vereinigen, da es unbestreitbar ist, daß die Menge der herzustellenden Güter von den Arbeitskosten ihrer Produktion abhängt[6]).

---

1) Tugan-Baranovskij, Grundlagen a. a. O. S. 46.

2) Derselbe, Theoretische Grundlagen, a. a. O. S. 147.

3) „Wenn die Arbeit, wie Ricardo gezeigt hat, einer von mehreren Wertfaktoren ist, so heißt das, daß die Arbeit nicht die Wertsubstanz ist." Theoretische Grundlagen, a. a. O. S. 153.

4) Ebenda, S. 148.

5) Derselbe, Grundlagen, a. a. O. S. 47. Vgl. auch: Theoretische Grundlagen, a. a. O. S. 152, ferner: Die Lehre vom Grenznutzen, a. a. O. S. 228. Übrigens ist die Stellung Tugan-Baranovskijs in diesem Punkt schwankend. Wiederholt betont er, daß die Grenznutzentheorie mit der Marxschen Arbeitswerttheorie unvereinbar sei, doch bekennt er sich an anderer Stelle (Lehre vom Grenznutzen, S. 223) direkt zu ihr und sagt im selben Aufsatz (S. 227): „Wir haben zu zeigen versucht, daß die Grenznutzentheorie die Lehre von Ricardo und Marx nicht nur nicht widerlegt, sondern im Gegenteil, richtig verstanden, eine unerwartete Bestätigung der Wertlehre jener Ökonomisten bedeutet."

6) Derselbe, Grundlagen, a. a. O. S. 49 f.

Mit dieser Synthese hat Tugan-Baranovskij Schule gemacht. Es läßt sich seit der Jahrhundertwende in Rußland kaum ein Theoretiker finden, der sich nicht irgendwie bemüht hätte, die Lehre vom Grenznutzen mit der relativen oder sogar absoluten Arbeitswerttheorie mehr oder weniger organisch zu verschmelzen. Die Variante, mit der S. Frank (der Grenznutzen sei abhängig von den in Arbeit bestehenden Unbequemlichkeiten und Mühen der Gütererzeugung) das synthetische Gesetz Tugan-Baranovskijs sich zueigen gemacht hat, lernten wir bereits kennen [1]. Es erübrigt nun noch, die Formulierung Peter Maslovs in Kürze darzustellen.

Er benutzt die Lehre vom Grenznutzen anläßlich der Untersuchung, wie sich die Produktivkräfte in der Natural- bzw. Tauschwirtschaft verteilen. Seine Analyse der Naturalwirtschaft führt ihn zum Schluß, daß „das Grenznutzenprinzip von großer Bedeutung für die Einteilung der Produktivkräfte der Wirtschaft in einzelne Gewerbezweige ist, aber daß der Grad der Befriedigung jedes einzelnen Bedürfnisses durch die Produktivkräfte der Wirtschaft, d. h. durch den Arbeitsaufwand bestimmt wird, der zur Erzeugung der Produkte notwendig ist“ [2].

„Die Dringlichkeit der Bedürfnisse beeinflußt die Einteilung der Produktivkräfte in der Wirtschaft, aber der relative Wert einzelner Produkte wird durch die auf ihre Erzeugung verwendete Arbeit bestimmt, da ausschließlich davon die Möglichkeit abhängt, gewisse Produkte zu erlangen und die Dringlichkeit der Bedürfnisse abzuschwächen“ [3]. Das gilt aber nicht nur von der Naturalwirtschaft sondern im gleichen Maße von der Tauschwirtschaft, mit dem einzigen Unterschied, daß in der kapitalistischen Wirtschaft an Stelle des Arbeitsaufwandes die Produktionskosten treten [4]. Der Wert kann aus diesem Grunde nicht einfach auf die Seltenheit zurückgeführt werden. Die Anhänger der Grenznutzentheorie übersehen die den Güteraustausch in letzter Instanz bestimmenden Momente, die ihrerseits den Grenznutzenwert bestimmen [5]. Die Seltenheit hängt von der Verteilung der Produktivkräfte in der Wirtschaft ab. In je geringerem Umfang ein Produkt hergestellt wird, um so seltener erscheint es, d. h. die Seltenheit ist durch den Arbeitsaufwand bedingt [6]. Die Gegenstände von größter Wichtigkeit werden deshalb am meisten gebraucht, weil sie am wenigsten Arbeit erfordern.

---

1) Vgl. Anm. 3, S. 81.

2) Maslov: Die Theorie der Volkswirtschaft, S. 185.

3) Ebenda, S. 186.

4) Ebenda, S. 188.

5) Ebenda, S. 197.

6) Ebenda, S. 189.

Der subjektive Wert steigt oder sinkt je nach den Arbeitskosten: der subjektive Wert hängt vom objektiven Arbeitswert ab[1]).

Tugan Baranovskij und seine bisher genannten Schüler und Anhänger haben eine Synthese nur zwischen der Ricardoschen Arbeitswert-, besser Produktionskosten- und Grenznutzentheorie erstrebt. Sehr bald ging man einen Schritt weiter und versuchte die Lehre vom Grenznutzen mit der Marxschen absoluten Arbeitswerttheorie zu verschmelzen. Tugan-Baranovskijs synthetische Formel erhält hierdurch eine ganz neue Note. Zu den russischen Nationalökonomen, die jene Synthese in die bezeichnete Richtung umbiegen, gehört in erster Linie S. Frank. A. Finn zitiert folgenden Ausspruch Franks, in dem er seinem Forschungsergebnis unzweideutigen Ausdruck gibt: „Wir versuchen zu zeigen, daß der einzig wahre Sinn der absoluten Arbeitswerttheorie nur durch eine organische Verbindung mit einer anderen Werttheorie, dem sogenannten subjektiven Wert oder Grenznutzen, zu klären ist; daß ferner solch eine Vereinigung zweier scheinbar entgegengesetzter Theorien zum Vorteil beider dient und einige neue fruchtbare Gesichtspunkte für die Wert- und Verteilungslehre eröffnet“[2]). Damit wird Frank neben Tugan-Baranovskij zum Prototyp der neueren russischen Nationalökonomie.

Dasselbe gilt von Leo Buch, der das Problem zunächst durch eine besonders scharfe Trennung der Werte in objektiven und subjektiven (Wert schlechthin und relativer Wert, oder Arbeitswert und Schätzungswert), sodann in einer dadurch erst ermöglichten Synthese beider zu lösen bestrebt ist. Den subjektiven Wert, den er Schätzungswert nennt, hat er nicht näher analysiert, doch weist Bernstein im Vorwort zu Buchs Studie darauf hin, daß er dies auf Grund der Grenznutzentheorie durchzuführen beabsichtigte. „Bildet doch der von ihm formulierte Begriff ‚Grenzdichtigkeit der Arbeit‘ tatsächlich das physiologische Gegenstück zum psychologischen Wertbegriff jener Schule“. Auf diese Weise, meint Bernstein, kann erst eine wirkliche Synthese der scheinbar unversöhnlichen Gegner, Arbeitswert und Nutzwert, angebahnt werden[3]).

Eine dritte Variante wird von Železnov und Peter Struve vertreten. Sie folgen in vielem Tugan-Baranovskij, halten sowohl die Arbeitswerttheorie wie die Grenznutzenlehre für einseitig, betonen die Notwendigkeit, den Einfluß der objektiven Elemente

---

[1]) Ebenda, S. 194 f.

[2]) A. Finn, Die Arbeitswerttheorie a. a. O. S. 218.

[3]) Buch, Grundelemente, a. a. O. Vorwort von Bernstein, S. XXIV. An anderer Stelle (Zur Geschichte und Theorie des Sozialismus, S. 372) lehnt Bernstein eine „Synthese“ ab, ohne dies freilich näher zu begründen. Da mir Buchs nähere Ausführungen über den Nutzwert nicht zugänglich sind, muß ich mich an dieser Stelle mit dem Hinweis begnügen, daß auch er eine formale Synthese, wie sie Tugan-Baranovskij gefunden zu haben glaubte, nicht nur für das Ziel der Theorie, sondern auch für möglich erachtet hat.

auf die Wertbildung zu untersuchen, lehnen jedoch eine Verschmelzung im Sinne einer synthetischen Formel ab.

V. Železnov[1]) schließt sich, wie er selbst im Vorwort zu seinem Werk „Grundzüge der Volkswirtschaftslehre" hervorhebt, „denjenigen neueren Strömungen in der Volkswirtschaftslehre an, die nach einer organischen Synthese der Elemente der Arbeitswerttheorie streben, obwohl er bei dem gegenwärtigen Stand der Forschung keine Möglichkeit sieht, eine vollendete Formel für diese Synthese aufzustellen"[2]). Er geht von der Erwägung aus, daß jede Ware irgendein menschliches Bedürfnis befriedigt, d. h. einen Nutzen hat. Andererseits ist die Ware in der Regel ein Erzeugnis menschlicher Arbeit. Die meisten Wertlehren werden dadurch gekennzeichnet, daß entweder das Nützlichkeitsprinzip oder das Arbeitsprinzip als maßgebend angesehen wird[3]).

Železnov ist der Überzeugung, daß die subjektive und die objektive Marxsche Wertlehre[4]) sich ihrem Wesen nach nicht ausschließen, vielmehr einander ergänzen. „Die Grenznutzentheorie hat das Hauptgewicht auf die Erforschung der wirtschaftlichen Schätzungen verlegt, ohne die Entstehungsbedingungen der wirtschaftlichen Güter zu berücksichtigen, während die Arbeitswerttheorie im Gegenteil gerade diese Seite des Problems eingehender erforscht hat"[5]). Daraus folgt, daß unter bestimmten Voraussetzungen eine Synthese beider Theorien möglich ist, doch nicht in einer exakten, mathematischen Formel, wie es Tugan-Baranovskij versucht hat. Ein allgemeines, wissenschaftlich begründetes gemeinsames Maß für die mannigfachen Bedürfnisse

---

[1]) In Deutschland ist dieser Autor durch sein Lehrbuch in der französischen Transkription Gelesnoff bekannt.

[2]) Železnov: Grundsätze der Volkswirtschaftslehre, S. V.

[3]) Ebenda, S. 201. Graf Witte bezeichnet, ohne in das Wertproblem tiefer einzudringen, Nutzen und Erwerbsschwierigkeit als die allgemeinen Merkmale des objetkiven Werts. Die Schwierigkeit des Erwerbes verleiht einem Wirtschaftsgut eine neue Eigenschaft, den Wert. Sobald der Mensch den Gebrauchswert einer Sache, Kraft oder Leistung in der Schwierigkeit der Wiederbeschaffung erkannt hat, gewinnt sie in seinen Augen einen objektiven Tauschwert. Witte, Vorlesungen, a. a. O. S. 145.

[4]) Ebenda, S. 238 f. In diesem Punkt ist Železnovs Stellung unklar. „Die Mehrwerttheorie von Marx stellt eine bleibende Errungenschaft der Volkswirtschaftslehre dar", andererseits nimmt er unzweideutig (Vorwort, S. VI) für Ricardo Stellung: „Der Verfasser (Železnov, d. Verf.) ist noch immer der Überzeugung, daß die Arbeits- und Produktionskostentheorie, insbesondere die Lehre Ricardos, auch nach der zersetzenden Kritik seitens der radikalen Anhänger der Grenznutzentheorie ihre Lebensfähigkeit noch nicht eingebüßt hat und als Ausgangspunkt für die neuere Forschung der Probleme des Werts und der Verteilung dienen kann und dienen muß." Ricardo und Marx in einem Atemzug zu nennen, ist unmöglich. Entweder ist die Arbeit einer unter mehreren Faktoren, die den Wert bestimmen, oder er ist der einzige Faktor. Ein Drittes gibt es nicht.

[5]) Ebenda, S. 239.

und verschiedenen Arbeitsarten ist „nicht nur nicht gefunden, sondern es steht nicht einmal fest, ob ein solches überhaupt gefunden werden kann"[1]). Unter diesen Umständen ist es mehr denn fraglich, ob es je gelingen wird, die Wertlehre, in Form einer geschlossenen Theorie „aus einem Guß" darzustellen. Bisher ist eine endgültige, restlos befriedigende Lösung jedenfalls nicht gefunden[2]).

Peter Struve hat sich mit der Werttheorie im Zusammenhang mit der Verteilungslehre, die von ihm als ein Problem sui generis aufgefaßt wird, mehr kritisierend beschäftigt. Das Verteilungsproblem ist für ihn weniger ein nomographisches, als ein idiographisches Problem[3]). Neben die Kausalforschung, deren Ziel es ist, Gesetzmäßigkeiten aufzudecken, tritt als ebenso wichtiger Teil der Nationalökonomie die Beschreibung wirtschaftlicher Einzelphänomene und Zustände. Deshalb können die Lehre vom Nutzen, als die Grundlage des subjektiven Werts, und vom Preis, als eine „Ableitung" von der subjektiven Wertung, nur als psychologische Kommentare zu einer genauen idiographischen Beschreibung des realen Prozesses der Preisbildung angesehen werden, die Beschreibung aber nicht ersetzen[4]). Der nomographischen Erkenntnis der Verteilung, die in der Lehre vom subjektiven Wert beschlossen ist, liegen drei engverbundene Momente zugrunde — subjektive Wertung, Preis und Geld. Die subjektive Wertlehre erklärt nicht den Preis und das Geld, sondern gibt im Zusammenhang mit diesen beiden nur ein abgeleitetes Schema der Wertveränderungen[5]). Doch ist die subjektive Wertlehre zur Erkenntnis des Phänomens ebenso notwendig wie die objektive, denn unsere Wissenschaft untersucht sowohl die Beziehungen des wirtschaftenden Subjekts zur äußeren Natur, wie sein Verhältnis zu anderen Individuen. Jene begründet die Abhängigkeit von den objektiven Kräften und Gesetzen der Natur, diese die subjektiv-individuellen Erscheinungen. In der Wirtschaft findet also eine eigenartige Verschmelzung „des Objektiven" mit „dem Subjektiven" statt. Das Verhältnis des wirtschaftenden Menschen zur Natur ist objektiven Normen unterworfen; seine Bedürfnisse (ebenfalls ein Regulator der wirtschaftlichen Tätigkeit) stellen das subjektive Moment dar[6]).

---

[1]) Ebenda, S. 239.

[2]) Ebenda, S. 240.

[3]) Die Idiographie bedeutet das Wissen von dem Individuellen, im Sinne der Bindung an eine bestimmte Zeit und an einen bestimmten Raum. Die nomographische Betrachtung will allgemeine Erscheinungen, allgemeine Kausalzusammenhänge und „Gesetze" untersuchen und bestimmen.

[4]) Struve, Politische Ökonomie und Buchhaltung. Der russische Gedanke. 1913, XI, S. 103.

[5]) Ebenda, S. 105.

[6]) Derselbe, Zur Kritik einiger Grundprobleme und Lehrsätze der politischen Ökonomie. Das Leben, 1900 VI, S. 263.

Der Wert ist logisch immer Gebrauchswert, d. h. subjektiver Wert, da er an seinen physischen Träger, das Produkt, gebunden ist. Es wird nur das Produkt, nicht der Wert geschaffen [1]). Zudem betrachtet man in der wirtschaftlichen Gemeinschaft das Wirtschaftssubjekt stets in seinem Verhältnis zu anderen, gleichen Subjekten; auch dadurch erhält der Wert eine subjektive Unterlage. Anders verhält es sich bei den „interökonomischen Beziehungen", sie drücken die objektiven Resultate jener Beziehungen aus: sie werden nicht durch subjektive Momente charakterisiert, obgleich sie auf diese zurückgeführt werden können. So verwandelt sich der subjektive Wert in objektiven. Die objektiven Eigenschaften, die den Gütern beigelegt werden, sind aber nicht das Primäre. Sie haben nur deshalb Bedeutung, weil die Sachen den Menschen dienen; sie sind nur in der wirtschaftlichen Gemeinschaft wirklich. Hinter den Eigenschaften der Dinge verbirgt sich letzten Endes stets die menschliche Vorstellung von ihnen und die menschlichen Beziehungen [2]).

So kommt denn auch Struve zur Erkenntnis, daß die Wertlehre beide Faktoren, den objektiven und den subjektiven, berücksichtigen muß: „Soweit ich sehe, kehrt unsere kritische Richtung, soweit das Wertproblem in Frage steht, zum vorsichtigen Realismus Ricardos zurück und versucht gleichzeitig dessen Lehren mit den Errungenschaften zu vereinigen, die die Wirtschaftswissenschaft Gossen, Walras und Jevons und der österreichischen Schule von Menger, Wieser und Böhm-Bawerk verdankt. Diese realistische Theorie der wirtschaftlichen Erscheinungen in den weiten und grandiosen Rahmen des soziologischen Systems von Marx zu stellen — das ist, wie mir scheinen will, eine Aufgabe, die an sich schon größtes Interesse beanspruchen darf [3])".

Damit hat Struve das Problem, das die bedeutendsten russischen Theoretiker der jüngeren Generation in so hohem Maße anzog, treffend charakterisiert. Die Schule Tugan-Baranovskijs wollte im Grunde viel mehr als zwei abstrakte Theorien in Einklang zu bringen, sie wollte im Rahmen der Wertlehre zwei Weltanschauungen versöhnen.

---

[1]) Derselbe, Literaturbesprechung. Archiv für soziale Gesetzgebung und Statistik. 1899, S. 728.

[2]) Derselbe, Zur Kritik, a. a. O. S. 263.

[3]) Derselbe, Die Grundantinomie der Arbeitswerttheorie. Das Leben 1900, II, S. 305. Über die neueste Stellungnahme Struves zum Wertproblem siehe den Abschnitt „Statistisch fundierte Wertlehren" S. 111 ff.

Die Kritik der Grenznutzentheorie und der Schule Tugan-Baranovskijs.

Die Kritik hat eine zwiefache Aufgabe zu lösen. Sie hat zunächst zu der typisch russischen Ausgestaltung, besser Weiterbildung der Grenznutzentheorie Stellung zu nehmen, wobei zwischen den drei Varianten zu unterscheiden ist: Synthese zwischen Ricardo und Menger, Marx und Menger und Anerkennung der Synthese bei gleichzeitiger Ablehnung einer synthetischen Formel. Darüber hinaus haben die Russen den Gedanken des Grenznutzens selbst, der ja allen synthetischen Bestrebungen zugrunde liegt, einer eingehenden Untersuchung unterzogen und hier wieder ihre Aufmerksamkeit sowohl den allgemeinen methodischen Grundfragen, wie den wichtigsten Spezialproblemen zugewandt.

Wir wenden uns, die angedeutete Systematik befolgend, nunmehr der Kritik der Tuganschen Schule zu. Die russische Kritik hat nur einen Teil der in Frage stehenden Probleme untersucht, da sie der unterschiedlichen Ausgestaltung der Synthese bei Tugan-Baranovskij, Frank und Struve keine weitere Beachtung schenkt. Sie sucht gegen die synthetische Richtung zwei Argumente ins Feld zu führen: erstens, daß Tugan-Baranovskijs Synthese im Grunde gar keine organische Verschmelzung beider Theorien darstelle, zweitens, daß sie überflüssig sei, weil die Marxsche Arbeitswerttheorie die subjektiven Faktoren der Wertbildung ausreichend würdige, oder weil der subjektive Wert nicht von der Nationalökonomie, sondern von der Psychologie zu untersuchen sei.

Diese These vertritt Dmitriev. Er vermag in der Formel: „Der Grenznutzen beliebig reproduzierbarer Güter verhält sich proportional ihrem Arbeitsaufwand" keine Synthese der Grenznutzen- und Arbeitswerttheorie zu sehen. „Wenn man unter der subjektiven Werttheorie ausschließlich die Theorie vom subjektiven Gebrauchswert versteht (und Tugan-Baranovskij habe einen anderen Wert nicht im Auge, weil in der isolierten Naturalwirtschaft, die er ausschließlich untersuche, für die Erscheinungen des Tauschwerts kein Platz ist), dann kann von einer Gegenüberstellung zum objektiven Tauschwert keine Rede sein, denn die Lehre vom objektiven Wert läßt in ihrer typischen Ausprägung bewußt die Erscheinungen des subjektiven Gebrauchswerts unbeachtet, indem deren Erforschung anderen Disziplinen oder anderen Zweigen der politischen Ökonomie überlassen wird"[1]). Eine Synthese kann nur zwischen der subjektiven und objektiven Theorie des Tauschwerts gefunden werden, indem „die Erscheinung des Tauschwerts, die die objektive Theorie auf Arbeit oder Produktionskosten zurückführt, letzten Endes auf subjektive Wertschätzung oder die Nützlichkeit der Tauschgüter gegründet wird". Für eine Klärung der Beziehungen zwischen subjektivem und objektivem Tauschwert ist Tugan-Baranovskijs Formel bedeutungslos[2]).

Während mithin Dmitriev den Gedanken einer Verschmelzung der subjektivistischen Werttheorien nicht von der Hand weist, sondern sich nur gegen die „Synthese" Tugan-Baranovskijs wendet, leugnen die Arbeitswerttheoretiker grundsätzlich die Notwendigkeit, die Marxsche Theorie durch Einbeziehung psychologischer Erwägungen und Untersuchungen zu vervollständigen d. h. zu korrigieren.

Nikolaj-On hält Struves Verbindung der Grenznutzen- und Arbeitswerttheorie für rein äußerlich, denn Marx hat nicht geleugnet, daß die Ware einen Nutzwert haben muß, aber dieser Nutzen hat nichts mit dem Tauschwert zu tun. Der Tauschwert ist vielmehr vollkommen unabhängig vom Nutzen und richtet sich nur nach der Menge der zu der Gütererzeugung gesellschaftlich notwendigen Arbeitszeit[3]) Die Arbeitszeit wird zwar in den einzelnen Industriezweigen je nach den Bedürfnissen bestimmt. Aber diese richten sich wiederum nach den physiologischen Bedürfnissen des Menschen, denen subjektive Gefühle parallel laufen. Ferner: „Die Wertung der Gegenstände als nützlich ist subjektiv... Aber diese subjektive Wertung wird durch einen objektiven Faktor bestimmt — durch die Produktivität der Arbeit[4])". Somit bleibt letzten Endes die Marxsche absolute Arbeitswerttheorie zu Recht bestehen[5]). In ihr finden, wie angedeutet, die subjektiven Momente genügende Beachtung, wodurch sich eine künstliche Synthese erübrigt.

Als Dritter hat sich A. Finn mit dem in Frage stehenden Problem auseinanderzusetzen versucht. Er beruft sich hierbei, ohne eine selbständige Kritik durchzuführen, wiederholt[6]) auf Böhm-Ba-

[1]) M. E. verkennt Dmitriev völlig den Grundgedanken der Theorie Tugan-Baranovskijs. Dieser hat durchaus nicht nur den subjektiven Gebrauchswert in der Naturalwirtschaft im Auge gehabt, sich vielmehr stets bemüht, eine soziale Theorie der Verteilung aufzustellen, die also in erster Linie für die Tauschwirtschaft gelten sollte. Wie kein anderer unterstreicht Tugan-Baranovskij die gesellschaftlichen Momente in der Wirtschaft.

[2]) Nikolaj-On, Die Theorie des Arbeitswerts und einige ihrer Kritiker. Der russische Reichtum 1902, II, III, S. 56.

[3]) Nikolaj-On, Die Theorie der Arbeitswerts und einige ihrer Kritiker. Der russische Reichtum 1902, II, III, S. 56.

[4]) Derselbe, S. 57.

[5]) Derselbe, S. 65.

[6]) Finn, a. a. O. S. 215, 224.

werk, der alle eklektischen Versuche einer Verschmelzung der objektiven und subjektiven Wertlehren abgelehnt hat. Im übrigen hält er sowohl Tugan-Baranovskijs wie Frankes[1]) Versuche für fehlgeschlagen. Für Frank ist der absolute Gebrauchswert eine „Grundeigenschaft der Produkte, gleichsam ein Ausfluß der menschlichen Psyche", „ein bestimmter psychologischer Zustand". Demgegenüber betont Finn, daß solche Untersuchungen in die Psychologie, nicht in die politische Ökonomie gehören. Die Nationalökonomie befasse sich nur mit der objektiven Seite der wirtschaftlichen Erscheinungen. Die Konsumption „als individueller Akt hat keinen Einfluß und keine Bedeutung für die gesellschaftliche Wirtschaft und gesellschaftliche Produktion. Der Gebrauchswert eines Produkts an sich ist absolut gleichartig und hat überhaupt keinen Einfluß auf den Charakter der Wirtschaft, auf die Formen der gesellschaftlichen Produktion und... braucht deshalb in der politischen Ökonomie nicht behandelt zu werden[2])".

Die hier wiedergegebene russische Kritik — und das ist, soweit die Arbeitswerttheoretiker in Frage stehen charakteristisch — versucht gar nicht Tugan-Baranovskijs Synthese zu widerlegen, sondern verwirft sie deshalb, weil jene Theorie der Marxschen widerstreitet oder stellt sich auf den Standpunkt, daß die Marxsche Arbeitswertlehre alle Seiten des Problems genügend geklärt habe.

Isaev und seine Richtung glaubten eben an das Marxsche Dogma und jene Theoretiker fühlten, ich möchte sagen, instinktiv, daß jedes Kompromiß nur eine Wirkung haben könnte: den Zusammensturz des ganzen theoretischen Gebäudes. „Es handelt sich jetzt um Sein oder Nichtsein von Marx' Arbeitswerttheorie[3])". Sie mußte gerettet werden, sei es durch Argumentationen im Stil von Nikolaj-On oder Finn, sei es — und dieser Weg war schließlich noch einfacher — durch ironische Ausfälle auf den Gegner. So sagt z. B. A. Vasilev: „Struve hat ganz recht, wenn er von der Notwendigkeit einer weiteren Ausgestaltung von Marx' Lehre durch Marxisten spricht, aber gerade deshalb halten wir

---

[1]) Auf eine eingehende Würdigung der subjektiven Wertlehre Franks durch Finn muß im Rahmen dieser Arbeit verzichtet werden.

[2]) Finn, a. a. O. S. 220. Die Art der Argumentation ist eigenartig. Man sucht die Unhaltbarkeit einer Synthese der objektiven und subjektiven Wertlehre dadurch zu beweisen, daß die eine für die Nationalökonomie als bedeutungslos hingestellt wird. Der subjektive Wert gehört nicht in unsere Wissenschaft, folglich erübrigt sich auch die Notwendigkeit, ihn in der Wertlehre zu berücksichtigen. So einfach liegt das Problem denn schließlich doch nicht. Ob die Konsumption, besser der Konsument wirklich keinen Einfluß auf die gesellschaftliche Wirtschaft hat, müßte zunächst bewiesen werden. Es ist zu fürchten, daß den Arbeitswerttheoretikern vom Schlage Finns der Beweis nicht so leicht fallen würde wie die Behauptung.

[3]) A. Vasilev, Ist die Arbeitswerttheorie erledigt? Das Leben, 1900, VII. S. 258.

es für unmöglich, unter einem Dach mit dem österreichischen Herrn Finanzminister Böhm-Bawerk zu stehen, auf dessen ‚hervorragende kritische Etüde‘ sich Struve beruft [1])“. Mit diesem Ausspruch verläßt Vasilev den Boden einer objektiven wissenschaftlichen Auseinandersetzung.

Soll die russische Kritik mit einigen Strichen ergänzt werden, dann scheint es mir notwendig, die drei skizzierten Varianten der Synthetiker einzeln zu analysieren.

Eine Synthese zwischen Marx und Menger kann aus folgenden allgemein-methodischen Erwägungen nicht eine wahrhaft organische sein.

Die ökonomischen Theorien der Klassiker und Grenznutzentheoretiker ruhen auf den gemeinsamen Grundlagen der individualistischen Wirtschaftsordnung, das soziologische System von Karl Marx negiert die selbständige Bedeutung der Einzelpersönlichkeit, es operiert mit Kollektivbegriffen, bei denen die einzelnen Persönlichkeiten und Wirtschaftseinheiten nur soweit berücksichtigt werden, als sie Glieder der Gesamtheit sind. Während die beiden erstgenannten Theorien das Wertproblem von zwei verschiedenen Gesichtspunkten derselben wirtschaftlichen Grundeinstellung aus betrachten, geht die abstrakte, in Rußland von Leo Buch ins Extrem weitergebildete Arbeitswerttheorie von völlig andersgearteten Voraussetzungen aus. Hier erscheint mir eine „Synthese“ logisch widerspruchsvoll und daher — wenn sie organisch sein soll, undurchführbar [2]). Dabei ist es gleichgültig, ob die absolute Arbeitswerttheorie und die Lehre vom Grenznutzen in Gestalt einer Formel (Frank) oder ohne Konstruktion einer solchen (Železnov) in ein System gebracht werden sollen. Zu dieser Auffassung hat sich Tugan-Baranovskij selbst je länger, je mehr bekannt.

Nun erhebt sich für die Volkswirtschaftstheorie die schwerer zu beantwortende und daher interessantere Frage, ob aber die Lehren Ricardos und Mengers auf Grund der ihnen gemeinsamen individualistischen Grundlage in Gestalt einer Formel, wie sie

[1]) Ebenda, S. 257.

[2]) Ähnlich N. Bucharin, Die Rentnertheorie der politischen Ökonomie, Moskau 1919. Als Grundfehler der Theorie Tugan-Baranovskijs betrachtet er die rein formale Verbindung der Kategorien Arbeitswert (Gesellschaftliche Kategorie) und Grenznutzen (Kategorie der Individualwirtschaft). „Es leuchtet ein, daß die Arbeitswerttheorie mit der Lehre vom Grenznutzen nicht unmittelbar in Verbindung gebracht werden kann: es handelt sich hier um zwei Größen, die grundsätzlich nichts miteinander zu tun haben können, weil sie auf ganz verschiedenen Flächen liegen. Zu behaupten, daß die eine Größe, die ausschließlich in der Sphäre der individualistischen Wirtschaft anzutreffen ist, einer anderen proportional ist, die nur in der Sphäre der gesellschaftlichen Wirtschaft denkbar erscheint, ist keinesfalls angängig. Deshalb führt die richtige Auffassung der Arbeitswerttheorie zum Schluß, daß zwischen ihr und der Grenznutzentheorie eine Verschmelzung unmöglich ist“ (S. 182ff.).

Tugan und seine Schüler aufgestellt haben, verschmolzen werden können. Die zu beantwortende Frage lautet: können subjektiver und objektiver Tauschwert in eine Formel gebracht werden? Die Antwort muß verneinend ausfallen [1]), da eine Proportion zwischen Arbeitsaufwand und Grenznutzen nicht besteht. Das von Tugan-Baranovskij angeführte Beispiel und Schema ist willkürlich gewählt. Er selbst gibt es zu, daß bei Verwendung anderer Zahlen „eine strenge Proportionalität nicht errechnet werden kann [2])". Wenn nun eine exakt gefundene mathematische Formel bei der geringsten Veränderung der eingesetzten Zahlen nicht mehr die gleiche Proportion aufweist, so ist damit ihre Unzulänglichkeit bewiesen.

Wie weit der Grenznutzen durch die Produktionsbedingungen beeinflußt wird, läßt sich exakt nicht feststellen. Der Grenznutzen kann sich nicht nur unabhängig vom Arbeitsaufwand, besser von den Produktionsbedingungen, verändern, sondern auch, wenn er sich infolge eines geänderten Produktionsaufwandes verschiebt, dies in anderem Ausmaß tun, als sich die Veränderung der Produktionsbedingungen vollzieht. Wir haben hier zwei völlig von einander unabhängige Faktoren vor uns, einen subjektiv-psychologischen und einen natürlich-technischen. Daß oft der Wert mit steigenden Produktionskosten steigt, mit sinkenden fällt, ja daß unter Umständen eine gewisse Proportionalität zwischen beiden Veränderungen festzustellen ist, soll nicht geleugnet werden, aber eine feste Relation zwischen beiden herstellen zu wollen, heißt das Wesen beider Elemente, des psychologischen und technischen verkennen. Wenn selbst ein so überragender Theoretiker, wie Tugan-Baranovskij so offenkundige methodische Irrwege beschreitet, so ist mir dies ein neuer Beweis dafür, daß auch die neueren russischen Volkswirtschaftler oft mit vorgefaßter Meinung ökonomische Probleme zu lösen bestrebt sind. Tugan-Baranovskij und seine Schule will — Struve hat es mit Nachdruck betont — die Marxsche Arbeitswerttheorie „retten", indem ihr ein neues Gewand umgehängt wird. Dem muß mit Entschiedenheit entgegengetreten werden, denn die Wissenschaft hat nimmer die Aufgabe zu „retten", sondern nur die, die Wahrheit zu suchen und, wenn es aus diesem Grunde sein muß, Überkommenes schonungslos zu zerstören.

Die dritte Variante, vertreten von Željeznov und Struve, vermag am ehesten den Ansprüchen einer realistischen Theorie gerecht zu werden. Soweit eine Verschmelzung zwischen Marx und Menger erstrebt wird, haben wir zu ihr bereits Stellung

[1]) Tugans Formel ist in Deutschland abgelehnt worden u. a. von K. Diehl, David Ricardas Grundgesetze der Volkswirtschaft S. 63 ff; Dietzel, Theoretische Sozialökonomie S. 230 ff.

[2]) Tugan-Baranovskij, Grundlagen a. a. O. S. 48.

genommen. Wie unten dargelegt werden wird, kann ich Železnov ferner nicht beipflichten, wenn er als Ziel nationalökonomischer Forschung eine synthetische Formel anstrebt, dagegen scheinen mir Peter Struves Ausführungen den rechten Weg zu weisen. Wenn der Begriff „Synthese" so weit gefaßt wird, daß hierunter sowohl die Anerkennung objektivistischer wie auch subjektivistischer Faktoren bei der Wertbildung verstanden wird, wenn ferner die Untersuchung getragen ist vom Bestreben, eine möglichst realistische „Theorie" aufzustellen, dann scheint mir allen Voraussetzungen entsprochen zu sein. Diesen Voraussetzungen nähert sich Peter Struve immer mehr. —

Da der Synthese Tugan-Baranovskijs eine Reihe von Grundgedanken der Grenznutzenlehre unverändert zugrunde liegen, hat sich die russische Kritik nicht damit begnügt, den Gedanken der Synthese als solche zu prüfen, sondern nimmt darüber hinaus auch zu der Lehre vom Grenznutzen, in der ihr von Menger und seinen Schülern gegebenen Form Stellung.

Sie geht dabei in der Regel von der Frage der Methodik aus. Dabei wird sowohl von marxistischer wie historisch orientierter Seite die Möglichkeit allgemeingültiger Gesetze bestritten. So gibt es nach Georgievskij exakte Gesetze in unserer Wissenschaft nicht; wir sind auf Grund eingehender Beobachtung der wirtschaftlichen Vergangenheit und Gegenwart nur in der Lage, empirische Gesetze aufzustellen, Entwicklungsgesetze der Volkswirtschaft, die immer wieder mit der Wirklichkeit verglichen werden müssen. Daraus folgt, daß die volkswirtschaftliche Theorie nicht aus irgend welchen Thesen deduziert werden kann[1]).

Auch Železnov ist der Ansicht, daß die Aufstellung allgemeiner Gesetze, die für alle Wirtschaftsepochen Gültigkeit haben sollen, wertlos sind. Die Aufgabe der Wirtschaftstheorie besteht vielmehr in einer Klarlegung der wesentlichen Elemente eines bestimmten, als Forschungsobjekt gewählten Kreises von sozialen Verhältnissen durch Bestimmung des objektiven sozialökonomischen

[1]) Georgievskij, Politische Ökonomie, a. a. O. S. 5—7. Aus diesem Grunde tadelt Tugan-Baranovskij, Theoretische Grundlagen, a. a. O. S. 158, die österreichische Schule ihrer allzuweit gehenden Abstraktion wegen. Der von ihr aufgestellte homo oeconomicus findet sich in der Wirklichkeit nicht. „Die angeführte Theorie gewährt eine richtige Lösung der Wertprobleme in ihrer abstrakten, unhistorischen Form; zur befriedigenden Erklärung der konkreten Erscheinungen der Preisbildung in einer bestimmten historischen Wirtschaftsepoche muß diese Lehre durch eine sozialhistorische Betrachtungsweise ergänzt werden."

Gegenteiliger Ansicht ist Al. Bilmovič (Zur Frage der Wertung wirtschaftlicher Güter, Kiev 1914). Er hält bei den Sozialwissenschaften infolge ihres Massencharakters die Anwendung der Induktion für schwierig und befürwortet ein deduktives Vorgehen, das auch allein bisher zu positiven Ergebnissen geführt habe (S. 13 ff.); eine Anschauung, der wir uns nicht anzuschließen vermögen.

Zustandes und der auf seiner Grundlage sich entwickelnden Bestrebungen der Wirtschaftssubjekte [1]). Die klassische Schule hat das ebenso verkannt, wie die modernen Vertreter der abstrakten Richtung.

Die subjektive Werttheorie beansprucht Gültigkeit für alle Wirtschaftsepochen und führt notwendig dazu, daß ihre Gesetze zur Charakteristik jeder einzelnen Stufe wirtschaftlicher Entwicklung ungenügend sind. Die politische Ökonomie, sagt Finn, ist eine historische Wissenschaft, und ihre Aufgabe ist es, zunächst die Gesetze einer bestimmten ökonomischen Epoche aufzudecken [2]). „Die vergleichende Methode kann weiter zeigen, daß bestimmte Gesetze mehreren historischen Epochen gemeinsam sein können. Aber es liegt auf der Hand, daß diese wenigen Gesetze nur dann gefunden werden können, wenn zuerst die relativen Gesetze aufgedeckt sind und daß diese abstrakten Gesetze gerade kraft ihrer Allgemeingültigkeit uns nicht die spezifischen Besonderheiten einzelner Wirtschaftsepochen erklären können [3])". Das tritt uns bei der österreichischen Schule besonders deutlich entgegen. Menger und seine Schule sind in hohem Grade wirklichkeitsfremd. Sie operieren mit den Gefühlen eines Robinson oder wilder Naturvölker, die nicht recht zur modernen kapitalistischen Mentalität passen wollen. Die Grenznutzentheoretiker übersehen, daß wir es mit dem Tauschwert einer gesellschaftlich organisierten Volkswirtschaft zu tun haben. „Wenn wir finden, daß der subjektive Wert, so wichtig er an sich sein möge, uns zur Erkenntnis des Tauschwerts nicht verhilft, dann ist seine wissenschaftliche Bedeutung gleich Null [4])".

Treffend legt Filippov dar, daß die Grenznutzentheoretiker von der Psychologie der Einzelpersönlichkeit als von etwas Feststehendem ausgehen und nicht bedenken, daß innerhalb der Gesellschaft die Gefühle und Empfindungen sich verändern und daß

---

[1]) Želesnov, a. a. O. S. 53.

[2]) Zwar geht Finn zu weit, wenn er die Nationalökonomie nur als historische Wissenschaft gelten lassen will, doch ist ihm, wie Georgievskij, Želesnov und Filipov insofern zuzustimmen, als in der Tat die wirtschaftlichen Gesetze um so wertloser werden, je verschiedener geartete Wirtschaftsepochen sie umfassen. Wenn Sack (Zitat bei K. Diehl: Sozialwissenschaftliche Erläuterungen zu David Ricardos Grundgesetzen der Volkswirtschaft und Besteuerung S. 75) sagt: „Der Apfel fällt vom Baume und die Sterne bewegen sich nach einem und demselben Gesetze: dem der Gravitation. Ein Robinson und ein Hundertmillionenreich befolgen bei ihren wirtschaftlichen Handlungen ein und dasselbe Gesetz: das des Wertes", so hat er Unrecht, denn abgesehen davon, daß für uns Sozialökonomen die Wertschätzungen eines Robinson völlig irrelevant sind, äußern sie sich in primitiven und höchst komplizierten Wirtschaftsverhältnissen tatsächlich nicht gleich.

[3]) Finn, Die Arbeitswerttheorie und ihre neuesten russischen Kritiker. Wissenschaftliche Rundschau, 1903. IV, S. 74 f.

[4]) Vgl. Isaev a. a. O. S. 444. „Die subjektiven Wertschätzungen eines Robinson sind für die Sozialwisenschaft nicht maßgebend."

die Massenpsychologie als gesellschaftliche Erscheinung nichts gemein hat mit einer bloßen Summierung von Meinungen und Interessen von Einzelnen. Das psychische Moment verändert sich in der sozialen Umgebung[1]). Je mehr sich die Warenwirtschaft entwickelt, desto mehr tritt zudem das individuell-psychologische Element überhaupt in den Hintergrund[2]). Gerade die bei der Waren- und Tauschwirtschaft wichtigsten Beziehungen werden von der subjektiven Wertlehre nicht genügend geklärt. Übertreibend ruft Filippov sarkastisch aus: „Wenn diese Theorie überhaupt irgend welche Beziehungen gut erklärt, sind es die der Handelsexploition und des Räuberhandels".

Nicht nur ethisch, auch logisch sei die Lehre vom Grenznutzen unzureichend; sie stützt sich „auf einen individuellen Wertmaßstab, begründet auf einer rein subjektiven Güterschätzung, während jede Sozialnorm einen objektiven Charakter aufweisen muß, selbst wenn deren Grundlage rein psychologisch ist[3])". Soziale Tatsachen kann diese Theorie deshalb nicht erklären. Das sich auf das psycho-phychische Gesetz von Weber und Fechner stützende Lehrgebäude versagt, wenn man es auf ökonomischem Gebiet anwendet[4]).

[1]) Filippov, Die Psychologie in der politischen Ökonomie. Wissenschaftliche Rundschau, 1900, XI, S. 1998. Mit Recht betont Bovoroj a. a. O. S. 210, daß die individuelle Psyche auf „dem Grund sozialer Beziehungen ruht und nichts Selbständig-Unveränderliches ist." Auch Bulgakov, a. a. O. S. 349 f., hält es für unstatthaft, das soziale Leben durch eine einfache Addition individueller Psychologien erklären zu wollen. Die österreichische Schule vernachlässigt das Grundobjekt der Sozialwissenschaft: die gesellschaftlichen Beziehungen. Für die soziologische Betrachtung gibt es einfach keine Einzelindividuen! Vgl. auch Georgievskij, a. a. O. S. 40.

[2]) Filippov, a. a. O. S. 2000. Auf demselben Standpunkt steht Bulgakov (Über einige Grundbegriffe der politischen Ökonomie. Wissenschaftliche Rundschau. 1898, II, S. 351, 353). Er vertritt die Ansicht, daß die Grenznutzentheorie mehr in die Psychologie als in die Politische Ökonomie gehört. Die Psychologie muß ihrer Natur nach von vereinfachten Voraussetzungen ausgehen, die Nationalökonomie hat dagegen die Pflicht, die vielgestaltige Wirklichkeit zu erforschen. Die Österreicher analysieren zudem mehr die Gefühle als die Tätigkeit der wirtschaftlichen Subjekte. Vgl. auch Finn a. a. O. S. 219 ff. Borovoj a. a. O. S. 210.

[3]) Filippov a. a. O. S. 2009.

[4]) Derselbe, S. 2012. Ähnlich Isaev, nach dem die subjektiven Schätzungen und Wertungen von Mengers Robinson für die Sozialwissenschaft irrelevant sind. Wie der Historiker bei Beobachtung der großen Entwicklungstendenzen die Einzelheiten, die für das Einzelindividuum wichtig sein mögen, ignoriert, so müsse auch „der Wirtschaftler den Grenznutzen beiseite lassen, weil er kein gesellschaftliches, sondern ein individuelles Gepräge trägt, und in allen Fällen nur den Nutzen überhaupt im Auge haben, denn der Nutzen ist die allgemein anerkannte Fähigkeit der Güter, menschliche Bedürfnisse zu befriedigen. (Isaev, a. a. O. S. 445). Indem die Klassiker vom Nutzen schlechthin, als der notwendigen Voraussetzung des Werts sprachen, betonten sie, daß sie die gesellschaftliche Wirtschaft zum Gegenstand der Untersuchung gewählt hatten, „in der Hunderte und Tausende von Einzelfällen besonderer

Die methodologischen Einwände gegen die österreichische Schule vom Standpunkt einer realistischen Forschungsmethode lassen sich wie folgt zusammenfassen.

Die Grundlage jeder Deduktion, die ihrem Wesen nach stets Allgemeingültigkeit anstrebt, muß die Induktion sein. Sie allein ist in der Lage, die Kausalzusammenhänge, die es zu erforschen gilt, aufzudecken, denn von der Tragfähigkeit und Unerschütterlichkeit induktiv gewonnener allgemeiner Grundlagen, die als Voraus setzungen dienen können, hängt die Deduktion in den sich mit der empirischen Welt befassenden Wissenschaften ab [1]). Der schwankende, sich verändernde, bewegliche Charakter wirtschaftlicher Erscheinungen erschwert in hohem Grade die Anwendung der deduktiven Methode in der Sozialökonomie. Operiert man mit ihr, dann stellt sich sehr bald heraus, daß die tatsächlichen Voraussetzungen nicht zutreffen und daß das gewonnene Bild einseitig und daher unrealistisch ist. Deshalb — so meint Peter Struve — gestattet die wirtschaftliche Welt fast ausschließlich die Anwendung der Induktion, vor allem der statistischen Methode.

Weil die von uns induktiv gefundenen Gesetzmäßigkeiten nur dann Wert haben, wenn sie die Wirklichkeit zu erklären imstande sind, müssen wir uns in der Regel auf eine bestimmte Epoche beschränken. Damit ist nicht gesagt, daß es in der Nationalökonomie keine allgemeingültigen „Gesetze" gibt; das Beispiel des isolierten Staates H. v. Thünens mag als Gegenbeweis angeführt werden. Aber Thünen geht von unveränderlichen Naturtatsachen aus, die sich unterschiedslos zu allen Zeiten wiederfinden. Die Österreicher übertragen dieselbe Methode auf ein völlig anders geartetes Gebiet, auf die menschliche Psyche. Sie ignorieren, daß diese Psyche nicht etwas ein für allemal Feststehendes ist, daß sie sich vielmehr im Zusammenhang mit der sozialen, kulturellen, wirtschaftlichen Entwicklung verändern kann und sich tatsächlich in weitem Umfang verändert hat. Wir werden bei Besprechung der Böhmschen Kapitalzinstheorie darauf hinzuweisen haben, daß die Mentalität des modernen kapitalistischen Unternehmers nicht

Güterbewertung . . . . aufgewogen werden durch Millionen und Milliarden Durchschnittsfälle, bei denen die menschlichen Bedürfnisse typisch normal befriedigt werden." Der allgemeine Begriff der Nützlichkeit, wie er in der politischen Ökonomie eingebürgert ist, macht den Grenznutzenbegriff überflüssig und genügt vollkommen für die Lösung aller wirtschaftlichen Probleme. Alle von Böhm-Bawerk angeführten Besonderheiten wirken wohl auf die Höhe der Marktpreise, gewähren jedoch kein Verständnis für die mittleren Tauschgeschäfte. Da wir keine Möglichkeit haben, alle mannigfachen subjektiven Stimmungen des Menschen bei der Güterwertung zu verfolgen, müssen wir uns damit begnügen, was die Wissenschaft längst festgestellt hat, daß nämlich einen Wert nur Güter haben können, d. h. dem Menschen nützliche Dinge" (Ebenda S. 446).

[1]) P. Struve, Der Vorrang und die Eigenart des Tausches und das Problem des „Gleichgewichts". Der Wirtschaftsbote III, 1924, S. 49 f.

mit der eines Wilden identifiziert werden kann. Es ist zudem Diehl[1]) zuzustimmen, wenn er nachweist, daß die Grenzwerttheoretiker eine unzulässige Abstraktion vornehmen, wenn sie vom „rationell wirtschaftenden Menschen", einem homo oeconomicus ausgehen. Aber selbst wenn eine solche Abstraktion zulässig wäre, haben Finn und Filippov mit Recht hervorgehoben, daß die Analyse der Einzelpsychologie noch keinen Schlüssel für das Verständnis der gesellschaftlichen Wertung zu liefern vermag. Tausend Einzelpersonen fühlen, denken und handeln anders als tausend gesellschaftlich verbundene Personen. Die Sozialökonomie aber ist eine Gesellschaftswissenschaft. Der von den Grenznutzentheoretikern konstruierte homo oeconomicus ist eine Fiktion, die die gesellschaftliche Wertung der Güter nicht zu erklären im Stande ist[2]). Es ist ebenso eine Fiktion, wie die Arbeit als alleiniges Wertmaß aller Güter eine Fiktion ist. So verfällt Menger und seine Schule methodologisch in denselben Fehler, wie Karl Marx. Das Fundament jeder Theorie, mag sie deduktiv oder induktiv gewonnen sein, mag sie eine absolute oder beschränkte Geltung beanspruchen, muß sich auf konkrete Tatsachen stützen können. Die Wiener Schule darf dies aber nicht für sich in Anspruch nehmen.

Durch die erhebliche Modifizierung der Lehre vom Grenznutzen durch die Synthese Tugan-Baranovskijs werden viele Einzelsätze der Mengerschen Theorie verändert. Aus diesem Grunde können wir die russische Kritik einiger Spezialprobleme der unmodifizierten Grenznutzentheorie übergehen, da sie sich nicht gegen in Rußland vertretene Lehren wendet. Wir sind zu diesem Vorgehen um so eher berechtigt, als uns bei Besprechung der Agiotheorie Böhm-Bawerks ein Beispiel russischer Spezialkritik entgegentritt.

---

[1]) K. Diehl, Sozialwissenschaftliche Erläuterungen a. a. O. S. 70 ff.
[2]) Ebenda S. 76.

Realistische Wertlehren (Bilimovič, Zalesskij).

Die russische Wertlehre hat sich in ihren bedeutenden Vertretern wohl von der einseitigen Arbeitswerttheorie befreit und die Berechtigung subjektiver Faktoren bei der Wertbestimmung anerkannt, aber sie ist, im Bestreben, eine einheitliche, geschlossene, in eine Formel gebrachte Werttheorie zu konstruieren, über das Maß des Zulässigen hinausgegangen. Auch die Synthetiker können mit ihrer mathematischen Proportionsformel die konkrete Wertbildung nicht allseitig erklären.

Zu den wenigen russischen Nationalökonomen, die dieses Ziel nie aus dem Auge gelassen haben, sind W. F. Zalesskij, und A. Bilimovič zu rechnen. Zalesskij ist ein Theoretiker von starker Begabung, dessen Wertlehre sich keiner der in Rußland herrschenden Richtungen anschließt und die deshalb nicht nur nicht „Schule gemacht", sondern überhaupt kaum beachtet worden ist. Bilimovič, ein theoretisch durchaus selbständig vorgehender Gelehrter, stützt sich auf die Tradition der Kiever Schule und hat im Gegensatz zu Zalesskij auf die russische Wissenschaft einen erheblichen Einfluß ausgeübt.

Ich möchte Zalesskijs Trialistische Theorie als durchaus unrussisch bezeichnen: sie verzichtet auf eine kurze schlagwortartige Formulierung der gewonnenen Ergebnisse, sie lehnt jede Einseitigkeit, jede elegante „Synthese" ab, sie beruft sich nicht auf Autoritäten, sie ist nicht bestrebt, das Wertproblem auf einen großen sozialen Hintergrund aufzubauen, wie dies für die russische Theorie charakteristisch ist, sondern begnügt sich vielmehr damit, die maßgebenden Faktoren des Werts klarzulegen [1]). Während Zalesskij sich eine recht eng begrenzte Aufgabe stellt und diese, wie mir scheinen will, recht glücklich zu lösen unternimmt, legt Bilimovič den Schwerpunkt auf sehr gründliche Begriffsbestimmungen sowie methodisch-systematische Untersuchungen. So verschieden beide Forscher vorgehen — eine gemeinsame Behand-

---

[1]) Dasselbe gilt von Bilimovič, der als Realist in jeder Weise bestrebt ist, Einseitigkeiten zu vermeiden und infolgedessen einerseits mit Zalesskij andererseits mit P. Struve viele Berührungspunkte hat. Er vertritt, gleich Struve, ein bei weitem geschlosseneres in sich abgerundetes System als Zalesskij, der aber speziell in seiner Kapitalrentenlehre origineller vorgeht.

lung ist dennoch möglich: 1. die methodische Einstellung ist ähnlich; 2. ergänzen sich beide Untersuchungen in hohem Maße. Bilimovič verlegt bei Analyse des Wertproblems (nicht des Preisproblems) den Schwerpunkt auf die subjektiven Faktoren, Zalesskij interessieren mehr die objektiven; jener wendet vornehmlich die mathematisch-statistische Methode an, dieser die isolierende, induktive [1]). Ein Gegensatz tiefgreifender Art, der mehr ist als ein Methodenstreit, ist unverkennbar: Zalesskij ist durchdrungen vom Grundsatz der Relativität nicht nur der wirtschaftlichen Phänomene, sondern ebenfalls seiner Forschungsergebnisse, Bilimovič will exakte und allgemeingültige Formeln finden, deshalb treibt der eine Elementenforschung, der andere konstruiert unter Zuhilfenahme der mathematischen Analyse Schemata. Und trotzdem ist Bilimovič, weniger seiner Methode und seinem Ziel als seinem praktischen Handeln nach, Realist, denn oberster Leitsatz ist für ihn, die Theorie ständig mit der Wirklichkeit zu vergleichen, niemals wirklichkeitsfremd zu sein. „Es ist das leitende Bestreben unserer ganzen Erörterung — sagt er einleitend — die Einseitigkeiten zu vermeiden, an denen die rein subjektiven und rein objektiven Werttheorien kranken". Dieser Gedanke verbindet beide Forscher, deren Wertanalyse wir uns nunmehr zuwenden.

Bei Untersuchung des subjektiven Wertes geht Bilimovič von den Bedürfnissen als dem Ausgangspunkt jeder wirtschaftlichen Tätigkeit aus [2]). Unter Bedürfnissen werden verstanden die aus der Empfindung oder Voraussicht eines Mangels resultierenden Bestrebungen, eben jenen Mangel zu beseitigen oder abzuwenden. Jedes Bedürfnis ist deshalb subjektiv [3]). Da die Bedürfnisse mit verschiedener Stärke und Intensität auftreten, glaubt Bilimovič „Bedürfnisskalen" konstruieren zu können, weil sie tatsächlich bestehen, und zu müssen, weil sie die Grundlagen der Wirtschaftswissenschaft sind. Allerdings unterscheidet sich Bilimovič sowohl von den österreichischen Grenznutzentheoretikern, wie von den Anhängern der mathematischen Richtung dadurch,

---

[1]) In dieser Ergänzung zueinander liegen andererseits die Gegensätze umschlossen, besonders auf dem Gebiet der Methodologie. Zalesskij isoliert zwar, bleibt aber stets auf dem Standpunkt der Induktion, Bilimovič zieht andererseits in weitem Umfang die Statistik zur Hilfe, hält aber grundsätzlich die Deduktion für fruchtbarer. (Zur Frage der Wertung wirtschaftlicher Güter Kiev, 1914, S. 13 ff.) Deshalb ist Bilimovič auch der Ansicht, daß die Ignorierung wichtiger in der Wirklichkeit vorhandener Momente und Faktoren statthaft sei: „In einer derart vereinfachten, abstrakten Form werden wir in folgendem unsere allgemeine Theorie der Wertungen darlegen" (S. 27). Aber sodann müssen in dieses Schema die realen Größen, wie wir sie in concreto vorfinden, eingesetzt werden. Auf diese Weise glaubt Bilimovič jede Einseitigkeit vermeiden zu können.

[2]) Bilimovič, Zur Frage der Wertung, a. a. O. S. 31 ff.

[3]) Ebenda S. 46 f.

daß er die zahlenmäßigen Bedürfnisskalen ausschließlich als Illustration auffaßt, ihnen aber keine absolute Gültigkeit beimißt[1]). Der Natur des Objektes nach können wir im Sinne der realistischen Richtung keine exakten Skalen festlegen; wir sind nur imstande, festzustellen, daß wir der Befriedigung eines Bedürfnisses mehr, der Befriedigung eines anderen weniger Gewicht beilegen. Man wird mithin nur Gradunterschiede konstatieren können, ausgedrückt durch die Zeichen $>$ und $<$. „Mit Hilfe der Beziehungen $>$ und $<$ ist jedes Bedürfnis jedes Menschen in eine gewisse Reihenfolge einzuordnen, und zwar in Gestalt einer bestimmten Skala.... Ohne sie wäre die Gütererzeugung, der Tausch, die Konsumption, überhaupt jede wirtschaftliche Handlung undenkbar"[2]). Daß die Bedürfnisse mit ungleicher Intensität auftreten, geht allein schon aus der Tatsache der ungleichen Befriedigung, die der Mensch vornimmt, hervor. Die Möglichkeit, exakte Bedürfnisskalen aufzustellen, hängt davon ab, ob die Größen, mit denen man es zu tun hat, meßbar sind oder nicht. Hierbei stellt sich heraus, daß die Messung der Bedürfnisse sowohl praktisch wie theoretisch undurchführbar ist[3]), denn wir haben es mit einem subjektiven, sich verändernden Faktor zu tun, für den keine zahlenmäßige Einheit gefunden werden kann, bei dem vielmehr nur feststeht, daß er mit ungleicher Intensität auftritt. Quantitative Veränderungen der Bedürfnisse sind mithin höchstens wahrscheinlich, nicht meßbar. „Die Beobachtung des Lebens und die aus ihr gezogenen logischen Schlußfolgerungen gestatten zunächst nicht festzustellen, daß die Intensität eines Bedürfnisses um soviel mal größer ist als ein anderes Bedürfnis... Quantitativ nur vergleichbar, bleiben sie dennoch unmeßbar"[4]). Aus der quantitativen Vergleichbarkeit leitet Bilimović die Möglichkeit ab, Bedürfnisskalen ohne Zahlenanwendung zu konstruieren, d. h. Skalen, die nur die Rangfolge der Bedürfnisse gemäß ihrer Intensität feststellen sollen[5]). Diese Skalen sind nach Bilimović völlig ausreichend zur Aufstellung einer The-

[1]) Ebenda, S. 62 ff. „Die ökonomische Theorie muß, wie wir glauben, sich dazu aufschwingen, die traditionelle Anwendung der Zahl und ihre algebraische Verwendung in vorliegendem Fall solange zu unterlassen, bis einwandfrei bewiesen wird, daß die Intensität der Bedürfnisse und die aus ihr folgende Größe des Nutzens und subjektiven Wertes eines zahlenmäßigen Ausdrucks fähig ist. Bis zur Gegenwart ist ein solcher Beweis nicht nur nicht geführt, sondern es spricht im Gegenteil alles dafür, daß ein derartiger Ausdruck bei dem heutigen Stande der Wissenschaft unmöglich ist" (S. 64).

[2]) Ebenda, S. 73.

[3]) Ebenda, S. 102 ff.

[4]) Ebenda S. 113. Es ist also nicht möglich, die Gleichung aufzustellen: $A = B + C$, sondern nur die Gleichung $A > B + C$, oder gleichartige Subtraktionen, Divisionen und Multiplikationen aufzustellen. „Bedürfnisse sind unvergleichbare psychische Vorgänge, die weder multipliziert noch geteilt werden können" (S. 115).

[5]) Ebenda S. 117.

orie wirtschaftlicher Erscheinungen, insbesondere zur Erklärung der Wertung wirtschaftlicher Güter auf dem Markt [1]).

Die Frage, wie derartige Skalen, die bloß ein Mehr oder Weniger innerhalb der Intensität der Bedürfnisse ausdrücken sollen, bestimmt werden können, stößt nun naturgemäß auf fast unüberwindliche Hindernisse. Da es keine unmittelbare Beobachtungsmöglichkeit der Bedürfnisintensitäten gibt, glaubt Bilimovič auf indirektem Wege zum Ziel gelangen zu können. „Dieser Weg besteht in der Beobachtung, daß der Mensch zu Konsumptionszwecken eine Auswahl vornimmt, und daß man von dem Stand der Konsumption aus rückschließend bei gegebenem Wert der Güter — und in der Tauschwirtschaft, bei gegebenen Geldpreisen der Güter — zu den Bedürfnissen gelangen kann. Dabei liegt einer solchen Rückschlußfolgerung die Voraussetzung zugrunde, daß der Mensch seine Auswahl der Konsumptivgüter frei trifft. Wenn diese Voraussetzung gegeben ist, dann gibt die Tatsache der Auswahl das Recht zu folgern, daß das Bedürfnis einer Person nach dem gewählten Gegenstand intensiver ist, als nach dem nicht gewählten, wenn die Aneignung beider Gegenstände die gleichen Aufwendungen erheischt [2])". Neben einer großen Zahl von Einschränkungen, die Bilimovič selbst als berechtigt anerkennt und die den Wert sowie die praktische Anwendbarkeit von Bedürfnisskalen herab-

---

[1]) Hierbei muß allerdings betont werden, daß jene Skalen nur die relative Bedeutung der verschiedenen Bedürfnisse ein und derselben Person darlegen können, nicht aber die Intensität der Bedürfnisse verschiedener Personen zu vergleichen gestatten, denn bei dem subjektiven Charakter der Bedürfnisse jeder einzelnen Person läßt sich hierfür ein Maßstab nicht finden. Glücklicherweise bedarf es aber auch zur Erklärung der Tauschbeziehungen eines derartigen Vergleiches nicht, weil „beim Tausch jeder Mensch nur die Intensität eines Teils seiner eigenen Bedürfnisse mit der Intensität anderer eigenen Bedürfnisse vergleicht" (S. 125—129).

[2]) Ebenda, S. 131. Diese Konstruktion muß mit größter Vorsicht aufgenommen werden. Bilimovič selbst äußert Bedenken, ob die Schwierigkeiten, die jenes Vorgehen mit sich bringt, praktisch zu lösen sind (S. 130). Zunächst wird die Bedeutung der von Bilimovič vorgeschlagenen Skala dadurch vermindert, daß sie nur für Bedürfnisse Geltung hat, die gleiche Aufwendungen erfordern, was selten der Fall sein wird. Ferner ist eine wichtige Voraussetzung: Stabilität der Einkommen und der Warenpreise (S. 142). Es stehen sodann in Frage nur diejenigen Bedürfnisse, „die mit Hilfe der einer Person zugänglichen Mittel befriedigt werden können, weil nur unter ihnen eine Auswahl getroffen werden kann." (S. 143). Weitere Verschiebungen treten endlich bei Gütern höherer Ordnung ein (S. 144 ff.). Eine letzte Einschränkung ist durch folgende Erwägung gegeben. „Die einzelnen Teile der Bedürfnisskalen werden mit Hilfe der Beobachtung der Veränderung der Konsumption, bei Berücksichtigung der Veränderungen der Einkommen und Preise festgestellt. Aber auf Grund derartiger Veränderungen der Bedürfnisse kann man neue Teile der Bedürfnisskala nur unter der Voraussetzung feststellen, daß die Skala selbst unverändert geblieben sei". (S. 147 f.) Dem Einwand, daß die Bedürfnisse ihrer außerordentlich stark ausgeprägten Individualität wegen nicht skaliert werden können, sucht Bilimovič durch Hinweis auf die hier anwendbare statistische Forschungsmethode zu begegnen.

setzen, auch wenn sie nicht mit Zahlen operieren, ist auch gegen Bilimovičs Versuch derselbe Einwand zu erheben, der gegen alle ähnlichen Bestrebungen vorgebracht werden muß: ebensowenig wie es möglich ist, Bedürfnisse exakt zu messen, ebensowenig kann es gelingen, die Intensität der Bedürfnisse exakt zu vergleichen, denn abgesehen von der Tatsache, daß jene Bedürfnisse einem dauernden Wandel unterworfen sind, ist es sehr fraglich, ob der Rückschluß von der tatsächlich erfolgten Konsumption auf die Intensität der Bedürfnisse logisch möglich ist. Der Zusammenhang zwischen Bedürfnis und Konsumption ist zwar eng, doch nicht vollständig. Es lassen sich neben den von Bilimovič angegebenen Einschränkungen noch viele Fälle denken, bei denen die Konsumption sich nicht voll und ganz nach den vorhandenen Bedürfnissen richtet, sondern nur annähernd z. B. bei Einkäufen aus charitativen, altruistischen usw. Gesichtspunkten. Dann aber: kein Mensch gibt sich klar Rechenschaft über die Unzahl seiner Empfindungen und Gefühle, die oft ganz unerklärlich sind. Wir haben es also mit derart unberechenbaren, schwankenden, ja zufälligen Gefühlsregungen zu tun, daß auch eine Skala der vergleichenden Intensitätsgrade der Bedürfnisse nicht als aufstellbar angesehen werden darf[1]).

Diese Erkenntnis ist für die Beurteilung der auf der Analyse der Bedürfnisse aufgebauten Wertlehre Bilimovičs wichtig, denn für ihn ist der subjektive Wert nichts anderes als das Begehren nach einem Gegenstand, das seinerseits direkt auf die Bedürfnisse zurückzuführen ist[2]). Der Mensch überträgt die Wichtigkeit der Bedürfnisse auf die Gegenstände selbst und nur aus diesem Grunde werden sie für ihn wertvoll[3]). So ist der Wert weitgehend subjektiv fundiert, aber nicht ausschließlich subjektiv, denn es sind auch objektive Faktoren von Bedeutung, die teils mit der inneren Natur, mit den Eigenschaften des gewerteten Gegenstandes im Zusammenhang stehen, teils mit den Produktionsbedingungen verknüpft sind. Wenn aber dem Wert immer ein subjektives Element zugrunde liegt und dieses hauptsächlich bestimmt wird durch die Eignung eines Gegenstandes, ein jeweils auftretendes Bedürfnis zu befriedigen, dann richtet sich der Wert nach den Intensitätsgraden der verschiedenen Bedürfnisse. Auf diese Weise gelangt

---

[1]) Wenn die Möglichkeit, auf abstraktem Wege allgemeine Gesetzmäßigkeiten zu finden, auch nicht abgelehnt werden darf, so ist diese auch von Bilimovič verfolgte Methode doch nur erfolgreich, wenn die Ergebnisse, zu denen man gelangt, an der Wirklichkeit überprüft werden können. Dies ist aber in vorliegendem Fall nicht möglich.

[2]) Bilimovič. Ebenda S. 213.

[3]) Ebenda S. 217.

Bilimovič über das erste Gossensche Gesetz zu der Grenznutzenlehre der österreichischen Schule[1]).

Auf Grund der Bedürfnisskalen stellt Bilimovič Skalen verschiedener Nützlichkeit und Skalen des subjektiven Wertes auf, etwa derart, daß bei einer Bedürfnisskala

$$A_1 > A_2 > A_3 > A_4 > A_5 > A_6 > \ldots\ldots$$

die Nützlichkeitsskala ebenfalls

$$A_1 > A_2 > A_3 > A_4 > A_5 > \ldots$$

sein müßte, die Skala des subjektiven Wertes aber nach dem Grenznutzgesetz bei einem Vorrat von 1A—A_1

„ „ „ „ 2A—A_2

„ „ „ „ 3A—A_3

„ „ „ „ 4A—A_4

„ „ „ „ 5A—A_5 usw.

sein müßte[2]). Die Skala des subjektiven Wertes unterscheidet sich von der der Bedürfnisse erheblich, doch ist sie ebenfalls individuell gegründet.

Der subjektive Wert ist ferner eine Größe, die sich gleich der Intensität der Bedürfnisse nicht messen läßt, sondern nur vergleichen. Dennoch können nach Bilimovič vermittelst der Beziehungen $>$ und $<$ exakte Skalen konstruiert werden. Aus den oben anläßlich der Besprechung der Bedürfnisskalen angeführten Gründen müssen wir auch die Skalen des subjektiven Wertes ablehnen. Zwar ist Bilimovič zuzustimmen, wenn er zahlenmäßige Festlegungen des subjektiven Wertes als unmöglich bezeichnet, aber aus eben diesen Gründen ist auch eine exakte Skalierung nach Intensitätsgraden zu verwerfen[3]).

---

[1]) „Der subjektive Wert jeder Einheit eines Gutes, für sich genommen ist gleich seinem Grenznutzen. Ich unterstreiche das Wort „gleich", um hervorzuheben, daß der subjektive Wert nicht letzten Endes vom Grenznutzen bestimmt wird, sondern ihm nur gleich ist. Der Grenznutzen ist selbst nur eine Durchgangsstufe, deren Höhe andere Elemente bestimmen, die gleichzeitig den subjektiven Wert bestimmen (S. 231). Der Grenznutzen ist nichts anderes als der Ausdruck derjenigen Befriedigung von Bedürfnissen, die von der vorhandenen Menge eines Gutes abhängt (S. 232). Der Grenznutzen ist gleich dem größten Nutzen der letzten Gütereinheit (S. 234).

[2]) Bilimovič baut diese Methode zu einem ganzen System aus und versucht mit dessen Hilfe die Bewertung der Güter nicht nur in der isolierten Wirtschaft, sondern auch in der Tauschwirtschaft anzuwenden und zwar hier wieder die verschiedenen denkbaren Fälle in Betracht zu ziehen: den Tauschwert bei beiderseitigem Monopol, bei einseitigem Monopol, bei beiderseitiger Konkurrenz und zwar hier bei nicht reproduzierbaren Gütern, und bei reproduzierbaren Gütern, wobei die Anwendung eines und mehrerer Produktionsfaktoren in Betracht gezogen wird. (Zur Frage der Bewertung der wirtschaftlichen Güter. Zeitschrift für Volkswirtschaft, Sozialpolitik und Verwaltung. Bd. 20, 1911, S. 623 bis 698.)

[3]) Auf diesem Boden steht Zalesskij, der nicht so tiefschürfend wie

Sich der Analyse des objektiven Tauschwerts zuwendend, wird Bilimovič viel realistischer als bei Untersuchung des subjektiven Werts. Er stellt sich auf den Standpunkt, daß man das Wesen des objektiven Tauschwertes deshalb nicht zutreffend hat erkennen können, weil bisher der Wert als etwas den Dingen schon vor dem Tausch Anhaftendes betrachtet wurde, während in Wirklichkeit die Tauschbeziehung als das Primäre angesehen werden muß [1]). Der Tauschwert ist eine Folgeerscheinung des Preises; nicht ihn bestimmend, vielmehr aus ihm resultierend [2]). Dieser veränderten Auffassung von der Stellung des Tauschwertes entspricht naturgemäß auch die veränderte Bedeutung, die Bili-

Bilimovič das Wesen des subjektiven Wertes aus den Bedürfnissen ableitet, ja überhaupt nicht dem objektiven Wert den subjektiven gegenüberstellt, vielmehr an der alten Zweiteilung Gebrauchswert und Tauschwert festhält. Sein Gedankengang ist folgender: „Die Brauchbarkeit ist ein bestimmtes Verhältnis zwischen uns und den Objekten der äußeren Natur, die wir als deren Eigenschaft ansehen und als die Fähigkeit jener Objekte definieren können, die menschlichen Bedürfnisse zu befriedigen.“ (Zalesskij, Die Lehre von der Entstehung des Kapitalzinses. Bd. 1: Die Wertlehre, S. 3). Diese Eigenschaft macht die Beziehungen des Menschen zur Natur nicht nur sinnvoll, sondern überhaupt erst möglich. Nun ist aber scharf zwischen Brauchbarkeit und Nutzen zu scheiden. Der Wert, so meint Zalesskij, ist auf das engste mit der Brauchbarkeit der Güter verknüpft. „Wird von uns die Brauchbarkeit als Eigenschaft anerkannt, dann muß auch der Wert als von der Brauchbarkeit abgeleitet, ebenfalls eine Eigenschaft der Güter sein“ (Ebenda S. 6). Der Wert entsteht dadurch, daß die Güter nicht nur brauchbar, sondern auch bekannt und zugänglich sind. Der Tauschwert hat den Gebrauchswert logisch zur Voraussetzung, beide Begriffe ergänzen einander. Nach dieser Feststellung geht Zalesskij zum eigentlichen Wertproblem, der Untersuchung der Höhe des Wertes, über. Zunächst analysiert er den Gebrauchswert. Für diesen ist ein allgemeingültiges Maß nicht zu finden. Mengers schematische Wertskala ist mißglückt, „da der Gebrauchswert an sich eine ständig schwankende Größe darstellt, die sich dauernd verändert; die Tabelle Mengers beweist nur, daß ein fester Maßstab für den Gebrauchswert nicht gefunden werden kann, sondern bloß ein roher Annäherungsvergleich der mittleren Intensitätsgrade gegebener Bedürfnisse mit denen anderer Bedürfnisse“ (Ebenda S. 187). Ein „Gesetz“ der Schwankungen der Höhe des Gebrauchswertes ist nur beim sozialen Gebrauchswert zu konstatieren; dieser ist desto höher, je vollständiger ein gegebenes Gut die menschlichen Bedürfnisse zu befriedigen vermag. Zalesskij bekennt sich also zu einem bescheidenen Ignoramus! Er erkennt wohl den auf subjektiven Momenten gegründeten Gebrauchswert an, vertritt aber die Auffassung, daß seine Höhe sich nicht exakt feststellen läßt, gerade weil er subjektiv gegründet ist.

[1]) „Die Wirtschaftswissenschaft hat bisher die Begriffe vertauscht, indem sie zur Erklärung des Tausches vorher den Tauschwert konstruierte und aus ihm dann als Folgeerscheinung den Preis ableitete.“ „Vielmehr muß man vom Preis zum Tauschwert gelangen, weil dieser eine Folge, ein Überbau jenes ist. Wenn man so die Begriffe Preis und objektiven Tauschwert umstellt, dann erhält die Theorie der Marktwertungen Klarheit, Geschlossenheit und Einfachheit. Der Begriff des Tauschwertes wird aus einem geheimnisvollen substanzierten Begriff ein realer funktionell klar bestimmter.“ (S. 279 f.).

[2]) Dies gilt aber nur vom Tauschwert. Daß der subjektive Gebrauchswert auch dem Preise zugrunde liegt, leugnet naturgemäß Bilimovič nicht.

movič ihm beilegt. Der Tauschwert ist einmal ein typischer Mittelpreis, der für alle wirtschaftenden Subjekte deshalb wichtig ist, weil „sie auf Grund jener typischen Mittelpreise den wahrscheinlichen Preis berechnen, den sie für ihre Güter in nächster Zukunft erhalten werden“ [1]). Darüber hinaus hat der Begriff Tauschwert für Bilimovič noch eine andere wichtige Bedeutung; er ist nämlich die aus dem typischen Mittelpreis abgeleitete Bedeutung zu Zwecken des Tausches. Wenn 1 Pud Getreide im Mittel gegen 1 Rubel getauscht werden kann, so ist der typische Mittelpreis des Getreides in Geld gleich

$$1 \frac{\text{Rubel}}{\text{Pud}}$$

Daraus wird der Schluß gezogen, daß

$$\frac{\text{der Tauschwert von 1 Pud Getreide}}{\text{der Tauschwert von 1 Rubel}} = \frac{1}{1}$$

und ... ist.

Daraus folgt, daß der Tauschwert eines Gutes sich zu der getauschten Gütermenge umgekehrt proportional verhält [2]). Güter haben hiernach überhaupt nur einen Tauschwert, wenn sie getauscht werden — als Waren. Und auch die Höhe des Tauschwerts wird durch den Tausch bedingt: „Wenn zwei Waren gegeneinander ausgetauscht werden, sagen wir, daß sie einen gleichen Tauschwert haben [3]).

Auf Grund der Bilimovičschen Definition des objektiven Tauschwerts als typischer Mittelpreis, der statistisch feststellbar, d. h. genau bestimmbar ist, ist es angänglich, ihn als meßbar zu betrachten. „Aber die hierdurch gewonnenen absoluten Zahlen drücken nur die relative Größe der Tauschwerte aus‘. Die absolute Höhe des Tauschwertes, beispielsweise eines Rubels, sind wir nicht in der Lage, festzustellen [4]).

---

[1]) Den so aufgefaßten objektiven Tauschwert wird man sogar statistisch ermitteln können. — Anders als Bilimovič definiert Zalesskij den objektiven Tauschwert. Für ihn ist der Preis das Maß des Tauschwertes. Die Proportion, in der ein Gut für ein anderes ausgetauscht wird, nicht der Tauschwert selbst sondern nur sein Maß. (Zalesskij a. a. O. S. 21.)

[2]) Das geht aus folgenden Gleichungen hervor: es wäre die

$$\frac{\text{Pudzahl Steinkohle}}{\text{Pudzahl Weizen} \ldots} = \frac{5}{1},$$

woraus sich

$$\frac{\text{der Tauschwert 1 Pudes Steinkohle}\ .}{\text{der Tauschwert 1 Pudes Weizen} \ldots} = \frac{1}{5}$$

ergibt.

So geht also der Tasuchvorgang logisch der Tauschwertbildung voraus (S. 292 ff.).

[3]) Die Gleichheit der Güter im Tausch ist mithin nicht bedingt durch Vergegenständlichung gleicher Arbeit etc., sondern existiert bis zum Tausch überhaupt nicht. Wenn Güter gegeneinander ausgetauscht werden, kommen wir überein, ihnen einen gleichen Tauschwert beizulegen.

[4]) Zalesskij, a. a. O. S. 297 ff.

Mir will es scheinen, daß Bilimovičs Begriffsbestimmung des objektiven Tauschwertes überaus fruchtbar ist und wesentlich zur Ausgestaltung einer realistischen Wertlehre beizutragen vermag. Seine Untersuchungen werden ergänzt durch Forschungen Zalesskijs, der vor allem die den objektiven Tauschwert bestimmenden Faktoren zu erfassen versucht hat. Die Ergebnisse, zu denen Zalesskij gelangt, bleiben trotz des abweichend gefaßten Tauschwertbegriffs Bilimovičs[1]) zu Recht bestehen, weil die drei Elemente Zalesskijs auch die Preise mitbedingen.

Zalesskij stellt drei den Tauschwert bestimmende Faktoren fest: den Gebrauchswert[2]), die relative Seltenheit und die menschliche Arbeit, oder die Produktionskosten[3]). „Da das Zusammenwirken dieser Momente die Entstehung des Tauschwerts bedingt und da sie gleichzeitig veränderlich sind, ist man a priori berechtigt zu schließen, daß die Höhe des Tauschwertes von dem Anteil jedes Faktors abhängt und die Schwankungen der Werthöhe bedingt sind durch die Veränderlichkeit jener Faktoren[4]). Weil die bei weitem überwiegende Zahl aller Güter dank menschlicher Arbeit entsteht, wird in der Mehrzahl der Fälle der Tauschwert durch die drei genannten Momente bedingt; Zalesskij glaubt deshalb seine Theorie die trialistische Wertlehre nennen zu dürfen, im Gegensatz zu den monistischen (Arbeitswerttheorie Ricardos, Rodbertus' und Marx'; Österreichische Schule) und dualistischen Theorien (Nutzen und Seltenheit: Molinari; Kostenwert und Produktionswert: Mill, Roscher).

Zalesskij verfällt nun nicht in den methodischen Fehler, einen deduktiv gewonnenen Satz aufzustellen, ohne ihn zu beweisen, d. h. nachzuprüfen, ob er mit der Wirklichkeit genau übereinstimmt. Zu diesem Zweck bedient er sich der Isoliermethode nach dem Vorbild Heinrich von Thünens. Er hat freilich mit viel größeren Schwierigkeiten zu kämpfen als jener, da er nicht natürliche Tatsachen wie Bodenproduktivität, Entfernung usw. vor sich hat, sondern viel kompliziertere Erscheinungen zu analysieren unternimmt. Er versucht von den drei in Frage stehenden Momenten nacheinander je zwei gleichzeitig auszuschalten, um die Wirkung des dritten in voller Klarheit isoliert untersuchen zu können.

Er beginnt mit einer Analyse der Einwirkungen des Gebrauchswerts auf den objektiven Tauschwert[5]).

---

[1]) Als typischer Mittelpreis.

[2]) Ich würde es vorziehen, den Ausdruck Gebrauchswert durch subjektiven Wert zu ersetzen.

[3]) Zalesskij, a. a. O. S. 21.

[4]) Ebenda S. 23.

[5]) Zum Untersuchungsobjekt werden Sensen gewählt. Zalesskij geht von der Voraussetzung aus, daß die zu ihrer Herstellung notwendige Arbeit, die

Dann geht er zur Untersuchung der Einwirkung der relativen Seltenheit oder des Zugänglichkeitsgrades der Güter über. Die Zugänglichkeit der Objekte der äußeren Natur ist eine wesentliche Voraussetzung des objektiven Tauschwerts, da Güter von unbeschränkter Erlangungsmöglichkeit nur einen Gebrauchswert aufweisen. Dabei ist zu erwägen, daß mit der Entwicklung und Vervollkommnung der Arbeit das Seltenheitsmoment zurückgedrängt wird. „Die Brauchbarkeit und die relative Seltenheit bestimmen den Tauschwert eines Gutes, ehe Arbeit zu seiner Erlangung verrichtet wurde und dieser Wert ist die Maximalgrenze, die die Höhe der Produktionskosten bestimmt, mit denen ein gegebenes Gut, gemäß dem wirtschaftlichen Prinzip, zur Befriedigung menschlicher Bedürfnisse hergestellt werden kann." Je vollkommener ein Gut reproduziert zu werden vermag, desto mehr tritt das Seltenheitsmoment zurück, ja verschwindet „und die Höhe des Tauschwerts wird dann ausschließlich durch den Gebrauchswert und die Produktionskosten bedingt". Bei Monopolgütern tritt das Seltenheitsmoment wieder stärker hervor. Wir können nach diesen Erwägungen folgende Gesetzmäßigkeit feststellen: „Die Höhe der relativen Seltenheit eines gegebenen Gutes steht in direktem Verhältnis zu seinem Tauschwert oder in umgekehrtem Verhältnis zum Grad der Zugänglichkeit"[1]).

Als drittes Moment von Einfluß kommen die Produktionskosten in Frage. „Die Produktionskosten eines Gutes umfassen die Arbeitsmenge, welche auf die Erlangung verwendet wird mit Einschluß von Kapitalgewinn und Rente." Nur bei Gleichheit und Unveränderlichkeit der beiden anderen Faktoren bestimmen die Produktionskosten ausschließlich den Tauschwert. Es ist not-

erforderlichen Roh- und Hilfsstoffe, mithin die Produktionskosten bei allen Exemplaren gleich sein mögen, eine Voraussetzung, die nicht nur logisch einwandfrei ist, sondern in der Wirklichkeit oft zutrifft. Auch das Seltenheitsmoment kann keinen Einfluß ausüben, da unter der Voraussetzung konstanter Nachfrage der Sensenbedarf eines Landes leicht befriedigt werden kann (Ebenda S. 24). Nun stellt sich aber heraus, daß unter diesen Voraussetzungen der Tauschwert aller Sensen nicht gleich ist. Je nach ihrer Güte, ihrer Handlichkeit und sonstigen Verschiedenheiten in Form und Ausführung, die den Gebrauchswert beeinflussen, wird auch der Tauschwert sich verändern. — Ein anderes Beispiel: die Kohle. Die Lagerungsverhältnisse und Produktionskosten seien bei Anthrazit, Stein- und Braunkohle gleich. Obgleich unter konstanten Wirtschaftsverhältnissen der Bedarf reichlich gedeckt werden kann, machen sich doch erhebliche Preisunterschiede geltend, die auf den verschiedenen Gebrauchswert zurückzuführen sind, da Anthrazit 90—98 v. H., Steinkohle 75—90 v. H. und Braunkohle etwa 70 v. H. reinen Kohlenstoff aufweist. Können mehrere Bedürfnisse durch ein und dasselbe Gut befriedigt werden, so wirkt Mengers Grenznutzengesetz (Ebenda S. 25—28).

[1]) Ebenda S. 29 ff. Auf die Wiedergabe der sehr eingehenden Untersuchung muß in dieser allgemeinen Zusammenfassung verzichtet werden. Dieses Ergebnis wird von Zalesskij an der Hand des umfassenden Zahlenmaterials von Tookes „Geschichte und Bestimmung der Preise" eingehend belegt und verglichen.

wendig, bei der Beweisführung zu einem hypothetischen Beispiel zu greifen, da in Wirklichkeit „eine Veränderung der Produktionskosten fast immer eine Veränderung des Seltenheitsmoments herbeiführt“ [1]).

Von den genannten Faktoren wirkt auf die Werthöhe am wenigsten der Gebrauchswert, und zwar nur insofern, als er die allgemeine Voraussetzung des Tauschwerts ist. Er bestimmt bei sonst gleichen Verhältnissen die Werthöhe. Das wichtigste Moment ist die relative Seltenheit. Bei fehlendem Seltenheitsmoment richtet sich die Höhe des Tauschwerts nach dem Gebrauchswert und den Produktionskosten. „Wenn das Seltenheitsmoment mitwirkt, bestimmt dieses die Höhe des Tauschwertes, und die Produktionskosten bedingen nur die unterste Grenze, der sich der Tauschwert nähert, und zwar desto mehr, je weniger wirksam das Seltenheitsmoment ist. In den Fällen, wo die relative Seltenheit den Charakter einer negativen Größe annimmt, d. h. wenn der Vorrat die Bedürfnisse übertrifft, fällt der Tauschwert unter die Produktionskosten und die wirtschaftlichen Güter nehmen bis zu einem gewissen Grade zeitweilig den Charakter freier Güter an“ [2]).

Wir fassen zusammen: die Gesetze, die die Höhe des Tauschwerts erklären, können nicht in eine schlagwortartige Formel gebracht werden, ebenso wie das Zusammenwirken der drei genannten Faktoren nicht exakt mathematisch ausgedrückt werden kann. Auch die Beziehungen zwischen Tauschwert und Seltenheitsmoment sind nicht zahlenmäßig zu erfassen; dazu fehlt es vorläufig an den notwendigen Ziffern und Unterlagen. Abgesehen davon, daß anderseits die Bedürfnishöhe von einer Reihe subjektiver Momente abhängt, die mathematisch nicht ausgedrückt werden können, ist die Aufstellung einer synthetischen Formel nicht einmal das Ziel der Theorie [3]). Jeder Formel haftet etwas Schlagwortmäßiges an und oft genug steigert sich ihre Wirklichkeitsfremdheit mit der Eleganz der Formulierung. Das haben wir nicht nur bei der einseitigen subjektiven und objektiven Richtung der Wertlehre feststellen müssen, sondern auch bei der Formulierung Tugan-Baranovskijs.

Die Trialistische Theorie Zalesskijs läßt die formal-lücken-

---

[1]) Ebenda S. 35 f. Zalesskij wählt als Beispiel die Veränderung von Abzeichen von Staatsbeamten. Die neuen Abzeichen mögen denselben Gebrauchswert und dieselbe relative Seltenheit wie die alten Abzeichen haben, da die Nachfrage nicht gestiegen ist und die notwendige Produktion leicht übersehen werden kann. Einer Veränderung sind nur die Produktionskosten unterworfen und damit „verändert sich gleichzeitig und proportional mit diesen der Tauschwert“. Der Tauschwert muß bei Verdoppelung der bisher notwendigen Arbeitszeit und 100 v. H. teuerem Material um 100 v. H. steigen (S. 36).

[2]) Ebenda S. 40.

[3]) Ebenda S. 41—43.

lose Geschlossenheit des Aufbaus vermissen, sie begnügt sich mit dem Hinweis, daß Gebrauchswert, Seltenheit und Produktionskosten die Werthöhe beeinflussen und stellt sich im übrigen auf den Standpunkt, daß es ganz auf den einzelnen Fall ankommt, welcher Faktor für den Wert ausschlaggebend ist, bzw. daß ein Zusammenwirken aller genannten Faktoren für die Werthöhe maßgeblich ist. Die Trialistische Theorie verneint bewußt das Absolute, Allgemeingültige in der volkswirtschaftlichen Theorie, sie erhebt die Relativität zum herrschenden Prinzip. Mag sie im einzelnen versagen, mag vor allem die Anwendung der Isoliermethode[1]) unter den gegebenen Umständen nicht zu so brauchbaren Ergebnissen führen wie bei H. v. Thünen, so bedeutet sie doch einen großen Schritt vorwärts in der Behandlung der Wertlehre[2]). Mit Nachdruck wird hier das Prinzip der Relativität wirtschaftlicher Erscheinungen unzweideutig betont und herausgearbeitet. Und in der Tat, so wenig es im Gefühlsleben nur Freud und Leid gibt, die Menschen nur Tugendhelden und Bösewichte, die Farben der Natur weiß und schwarz sind, so wenig vermag eine monistische selbst eine dualistische Wertlehre, mag sie nun subjektivistisch oder objektivistisch sein, uns zu befriedigen. Zwischen den Extremen liegt die Wirklichkeit, die sich nie in eine starre Formel pressen läßt. Das Wirtschaftsleben, mit der ganzen Fülle seiner mannigfachen Erscheinungen, ist nur zu verstehen, wenn man die ursächlichen Faktoren analysiert, ihren Einfluß untersucht, Kausalforschung treibt.

Unsere Untersuchung hat aber noch ein zweites Ergebnis gezeitigt, ein Ergebnis mehr negativer Art. Nämlich dies: die Lehre vom Wert ist für die Theorie der Wirtschaft nicht von so

---

[1]) Das Vorgehen Zalesskijs muß zu Bedenken führen. Gerade der Umstand, daß wir es hier mit subjektiven Faktoren zu tun haben, die sich im Gebrauchswert äußern, und so schwer erfaßbaren Tatsachen, wie die relative Seltenheit läßt es als unmöglich erscheinen, die genannten Wertbestandsteile exakt zu isolieren. Thünens Methode kann nicht ohne weiteres auf alle Gebiete wirtschaftlicher Erscheinungen angewendet und übertragen werden. Indem Zalesskij dies unternimmt, versucht er etwas Unmögliches. Durch die eingehende Analyse einiger besonders typischer Beispiele, wird man wohl feststellen können, welche Faktoren den Wert beeinflussen, nicht aber das Maß ihrer Wirkungen. Dieses kann auch die Isoliermethode nicht erreichen, jenes wird sich annäherungsweise feststellen lassen. So zeigt sich auch bei dem Versuch des so vorsichtig und realistisch prozedierenden Zalesskij die Unmöglichkeit, eine Werttheorie mit dem Ziel der exakten Feststellung des Einflußgrades der verschiedenen wertbestimmenden Faktoren aufzustellen. Wenn überhaupt, dann ist jenes Ziel nur durch gleichzeitige Anwendung mehrerer Untersuchungsmethoden möglich.

[2]) Dieses Ergebnis bleibt bestehen, obgleich Zalesskij das Wesen des objektiven Wertes nicht so realistisch faßt wie Bilimovič. Die drei von Zalesskij hervorgehobenen Faktoren bestimmen jedoch in der Tat, wenn auch über den Umweg der Preise, den Wert.

überragender Bedeutung, wie bisher gemeinhin angenommen wurde. Der subjektive Wert, als unmeßbares und unwägbares Element, ist zwar von großem Einfluß auf den Güteraustausch; er kann aber niemals exakt bestimmt werden. Der objektive Tauschwert aber ist nur als abgeleitete Erscheinung zu würdigen und tritt aus diesem Grund hinter den Preis, als Zentralphänomen der Wirtschaft, zurück.

Statistisch fundierte Wertlehren.

Die bereits von Zalesskij und teilweise von Bilimovič in Rußland mit Nachdruck vertretene realistische Richtung ist, freilich auf anderen Grundlagen, neuerdings von einigen Theoretikern weiter entwickelt worden, und zwar, fußend auf der methodischen Einstellung Peter Struves, durch die statistische Forschungsweise. Wir kommen auf die methodische Gesamteinstellung P. B. Struves am Ende dieser Studie noch zu sprechen; an dieser Stelle sei nur hervorgehoben, daß seine extrem singularistisch-idiographisch-statistische Einstellung notwendigerweise zu einer Ablehnung der Wertlehre als solcher geführt hat. S. Kon[1]) hebt mit Recht hervor, daß die folgerichtige Idiographie in der politischen Ökonomie in dem Bestreben besteht, diese Wissenschaft von der Analyse allgemeiner Gesetze und Kausalzusammenhänge zu befreien, die das Wirtschaftsleben beherrschen, und auf die Beschreibung des wirtschaftlichen Lebens in seinen konkreten Erscheinungen zu beschränken[2]). Struve selbst sagt einmal: „Die Kategorie des objektiven Wertes ist, soweit sie als Grundlage des Preises angesehen wird, bloß eine metaphysische ‚Verdoppelung' der Preiskategorie" und sodann: „In der Geschichte der ökonomischen Theorie entsteht die Idee des Wertes, als Regulator der Preise, als Idee ethischer und rechtlicher Normen. Diese ethische und Rechtsnorm verwandelt sich sodann in ein natürliches Gesetz, dem die Tatsachen (Preise) untergeordnet werden; dieses Gesetz liegt ihnen zugrunde und beherrsche sie. So wurde die metaphysische Wertidee geschaffen, die vom empirischen Standpunkt aus abgelehnt werden muß". „Der Wert in empirischem Sinne kann nur den Preis bedeuten, den man bezahlen sollte, gemäß einer von ethischem oder rechtlichem Gesichtspunkt aus diktierten Norm, das ist der normative Wert. Oder der Wert kann den Preis bedeuten, den man gewohnheitsmäßig bzw. auf Grund einer faktisch festgesetzten Norm bezahlt, das ist der typische Wert[3])". Struve lehnt also den Wertbegriff als Grundlage der

---

[1]) So nach der Transkription aus dem Russischen.

[2]) S. Kon, Über das „Statistikwerden" der politischen Ökonomie. Festgabe für Peter Berngardovič Struve. Prag 1925, S. 121.

[3]) Zitiert bei A. Čuprov, Die Stellung des Wertbegriffes innerhalb der statistischen Preistheorie. Festgabe für P. B. Struve. Prag 1925, S. 163.

Preisbestimmung ab und vermag nur anzuerkennen, daß er auf Grund statistischer Massenbeobachtung aus den unendlich vielen konkreten Einzelpreisen bestimmt werden kann.

Da dieses Ergebnis mit der gesamten bisherigen Tradition der nationalökonomischen Forschung bricht, haben mehrere Schüler Peter Struves versucht, wesentliche Grundgedanken des Lehrers festzuhalten, gleichzeitig jedoch sich bemüht, das Wertproblem in positivem Sinne zu entscheiden [1]). In der Festgabe zu Ehren des 35jährigen Jubiläums wissenschaftlich-publizistischer Tätigkeit Struves finden sich zwei derartige Versuche von S. Kon und A. Cuprov. Kon ist bestrebt, methodisch neue Wege zu gehen. Er steht zwar durchaus auf dem Boden einer empirischen Gesamteinstellung, ist aber der Überzeugung, daß die nationalökonomische Theorie nicht nur (wie Struve meint) idiographisch, vielmehr in der Hauptsache nomographisch vorgehen müsse. „Aber jene Nomographie der politischen Ökonomie muß empirisch, muß von Empirie durchdrungen sein und darf nicht gleichsam außerhalb der empirisch-idiographischen Beschreibung des Wirtschaftslebens stehen, etwa wie ein psychologischer Kommentar [2])". Gleichzeitig ist es ferner dringendes Erfordernis, der kausal-nomographischen Forschung einen Wahrscheinlichkeitscharakter zu verleihen, da bei der Eigenart des Objekts eine Kausalbetrachtung mit exakten Ergebnissen undurchführbar ist. Die Kausalforschung innerhalb der Nationalökonomie will nicht beweisen, daß auf die Erscheinung A die Erscheinung B mit Notwendigkeit folgt, sondern, daß auf A mit einer gewissen Wahrscheinlichkeit B folgt, und zwar äußert sich jene funktionelle Abhängigkeit in der Regel dergestalt, daß jeder Gewichtsveränderung der Erscheinung A ein ganzes System möglicher Gewichtsveränderungen des Systems B entspricht [3]).

Nach Auffassung S. Kons ist diese Wahrscheinlichkeits-Kausalbetrachtung nur auf statistischer Grundlage durchzuführen. D. h. wie im Mittel die Bedeutung von B bei der Veränderung von A sich verschiebt, könne ausschließlich durch statistische Massenbeobachtung geklärt werden. Diese Auffassung wird sowohl von Kon wie von A. Cuprov auf Grund des der Statistik eigenen Wahrscheinlichkeitscharakters vertreten. „Von

[1]) Soweit der objektive Tauschwert in Betracht kommt, ist Struves Auffassung, auf die sich auch Bilimovič stützt, voll anzuerkennen, mir will es jedoch scheinen, daß Struve das Wertproblem zu eng fast. Der Begriffskomplex „subjektiver Wert" ist in der Wirtschaft von nicht zu unterschätzender Bedeutung und kann durch statistische Massenbeobachtung jedenfalls nicht geklärt werden.

[2]) S. Kon, a. a. O. S. 123.

[3]) Derselbe S. 130.

entscheidender Bedeutung ist der Umstand, daß die moderne Theorie der Statistik die zu untersuchenden empirischen Tatsachen als zufällig entstellte Erscheinungen einiger ihnen zugrunde liegender „aprioristischer“ Größen auffaßt und ihre Aufgabe darin erblickt, mit Hilfe eben jener der Beobachtung zugänglichen Zufallsäußerungen die als vorhanden angenommene gesuchte Größe zu finden“. Man nimmt gemeinhin an, daß der empirischen Einzeltatsache eine „aprioristische Wahrscheinlichkeit“ zugrunde liegt. Je mehr Einzeltatsachen in Betracht gezogen werden, desto eher entspricht das Resultat der a priori angenommenen Zahl[1]). Nach Meinung beider Autoren ist die Wahrscheinlichkeitsberechnung ein integrierender Bestandteil der Wertlehre. Kon vertritt die Ansicht, daß es durchaus möglich ist, auch hinsichtlich der empirisch veränderlichen Erscheinung Preis ein ihm innewohnendes Wahrscheinlichkeitselement aufzudecken. Es ist „zweifellos angängig, neben dem Preis oder, wenn man will, ihm zugrunde liegend, eine mathematische Preiserwartung zu suchen“, den Wert, der mithin nicht, wie Struve annimmt, ein statistischer Mittelwert der Preise ist[2]).

Ähnlich wird derselbe Gedanke von Čuprov formuliert: „Der Wert als Größe, die zahlenmäßig nur aus Preisen erfaßt werden kann und die in diesem Sinne durch Preise „gebildet“, nicht aber durch sie bestimmt wird, sondern deren mittlere Höhe bedingt — eine derartige Vorstellung widerspricht nicht nur nicht formal der statistischen Betrachtungsweise, sondern wird, im Gegenteil, beinahe von ihr gefordert.“ [3])

Bei der kritischen Stellungnahme zu vorliegendem Versuch einer statistischen Fundierung der Wertbestimmung — von einer Wertlehre kann man kaum sprechen — enthalten wir uns zunächst eines Urteils über die Möglichkeit, die ganze nationalökonomische Theorie statistisch zu unterbauen, verweisen vielmehr auf die grundsätzlichen Darlegungen, anläßlich der Gesamtbeurteilung des Struveschen Systems. Es sei hier vorläufig von der Voraussetzung ausgegangen, daß ein derartiges Vorgehen möglich ist und tatsächlich zu den gewünschten exakten Ergebnissen zu führen vermag. Dies scheint mir bei der Preisstatistik nicht ausgeschlossen, obgleich, wie jeder Statistiker zugeben wird, auch hier bislang von einer Exaktheit der Ergebnisse nicht gesprochen werden kann. Aber nicht darauf kommt es an, sondern ob man, von Preiszahlen ausgehend, überhaupt rückschreitend zum Wert zu gelangen imstande ist. Dies ist doch wohl nur beim objektiven Tauschwert möglich, niemals beim subjektiven Wert. Es ist sowohl Kon wie Čuprov zuzustimmen, daß zwischen Preis und Wert eine Wechsel-

[1]) Čuprov a. a. O. S. 167 ff.
[2]) Kon a. a. S. 127 f.
[3]) Čuprov a. a. O. S. 170.

wirkung besteht, daß nicht nur der Wert eines Gutes — und zwar der subjektive — seinen Preis mitbestimmt, sondern auch umgekehrt der Preis auf seine Bewertung von Einfluß ist. Aber hat man einmal erkannt, daß der Wert seines teilweise subjektiven Charakters wegen auch die Unterlage des Preises ist, dann wird man mit einer ausschließlich statistischen Betrachtung nur wenig erreichen können. Struves Schüler bemühen sich, den Wert zahlenmäßig zu erfassen (und wie sollte man anders bei Anwendung der statistischen Methode vorgehen?), d. h. exakt zu bestimmen [1]). Mir will es scheinen, daß sie diese Aufgabe nicht gelöst haben, denn ob man den Wert als „statistisches Mittel der Preise" oder als „mathematische Preiserwartung" auffaßt, ist zwar keinesfalls dasselbe, führt jedoch ebenfalls nicht zum Ziel und zwar deshalb nicht, weil von der Statistik und von der statistischen Methode zu viel verlangt wird. Sobald man zugesteht, daß der Wert nicht nur aus Preisen resultiert, sondern ihnen auch zugrunde liegt, d. h. sobald man den Wert als eine den Preisen koordinierte Erscheinung erkennt, taucht notwendigerweise die Frage auf, wodurch denn die Höhe jenes Wertphänomens bedingt ist? Diese Frage bildet den Mittelpunkt des Wertproblems überhaupt, und sie nur auf statistischem Wege beantworten zu wollen, dürfte sich als völlig unmöglich herausstellen.

A. Čuprov selbst ist sich über die Lückenhaftigkeit der statistischen Wertermittelung vollkommen im klaren. Am Schluß seiner Betrachtungen führt er aus: „Wodurch dieser ‚Wert' seinerseits bestimmt wird — durch die gesellschaftlich notwendige Arbeit, den Grenznutzen oder durch andere Faktoren—, das ist eine Frage, deren Lösung auf verschiedene Weise in Angriff genommen werden kann: sowohl auf dem Wege der statistischen Analyse von Massenzahlen einzelner konkreter Preise, als auch durch a priori gefaßte Vorstellungen vom Wesen des Phänomens [2])." Sind wir durch das ganze statistische Vorgehen einen Schritt weiter gekommen? Mir will es scheinen, daß die Lösung des eigentlichen Wertproblems nach wie vor erst bevorsteht. Wenn Čuprov den Beweis antreten könnte, daß die den Wert bestimmenden Faktoren in ihrer Gesamtheit durch eine statistische Analyse bestimmt werden können, und wenn es möglich wäre, auf Grund der statistisch fundierten Wahrscheinlichkeitskausalforschung, wie sie Kon erstrebt, brauchbare Resultate zu gewinnen, dann in der Tat wäre eine statistische Wertlehre annehmbar. Čuprov und Kon haben den Beweis nicht angetreten und vermögen dies auch nicht zu tun, denn dem Wert liegen subjektive Schätzungen zugrunde, die sich statistisch nicht

[1]) Es läßt sich, wie oben S. 105 dargelegt, nur die relative Größe des objektiven Tauschwerts feststellen, nicht die absolute; der subjektive Wert aber entzieht sich überhaupt jeder näheren Bestimmung.

[2]) Čuprov a. a. O. S. 170.

erfassen lassen. So glaube ich, den interessanten Versuch einer statistisch fundierten Werttheorie ablehnen zu müssen. Teils wird von ihr das Wesen der Wertlehre verkannt — denn sie beschränkt sich auf die Feststellung statistischer Mittelwerte, ohne die sie bedingenden Faktoren zu analysieren —, teils fordert sie Exaktheit, wo der Natur des Objekts nach eine solche nicht zu erreichen ist[1]).

Hiermit soll die große Bedeutung nicht in Abrede gestellt werden, die jene Betrachtungsweise für die künftige Ausgestaltung der Werttheorie sowie für die Methodenlehre überhaupt besitzt. Daß sowohl für die idiographische wie nomographische Forschung eine stärkere Betonung statistischer Untersuchungen am Platze ist, muß anerkannt werden. Unendlich viel ist auf diesem Gebiet noch zu leisten. Von entscheidendem Einfluß dürfte jedoch für die Wertlehre im besonderen und für die Volkswirtschaftstheorie im

---

[1]) Zu denjenigen russischen Nationalökonomen, die der statistischen Forschung einen beherrschenden Einfluß einzuräumen bereit sind, gehört ferner Al. Bilimovič. Bei Analyse der Lehre von den Bedürfnissen (vgl. S. 99ff.) stellt er eine Skala auf, die als Grundlage der subjektiven Wertungen dienen soll. Dem Einwand gegen jene Skala, daß die Bedürfnisse höchst individuell und deshalb nicht vergleichbar sind, sucht Bilimovič durch die Möglichkeit der Anwendung der Statistik zu begegnen. „Indem man mit Hilfe der Lebenshaltungsstatistik den mittleren Güterverbrauch einer bestimmten Bevölkerungsgruppe bestimmt, kann man, hierauf fußend, auf ihre Bedürfnisse schließen. Die auf diesem Wege gefundenen Bedürfnisskalen stellen Bedürfnisse dar, die einer ganzen Gruppe von Wirtschaften eigentümlich sind. ... Mit diesen mittleren Skalen kann man ebenso operieren wie mit allen übrigen statistischen Mittelwerten“ (Bilimovič, Zur Frage der Wertung wirtschaftlicher Güter a. a. O. S. 151). Auf diese Weise können mithin Durchschnitte gefunden werden, die für die einzelnen Klassen der Gesellschaft typisch sind. Es stellt sich nämlich heraus, daß, so individuell die Bedürfnisse der einzelnen auch sein mögen, infolge der Gleichheit der menschlichen physischen Beschaffenheit, der sozialen und technischen Lage, innerhalb deren die Menschen leben, eine gewisse Gleichheit der Bedürfnisse vorhanden ist. Diese kann nur auf statistischem Wege festgestellt werden.

Verstehe ich Bilimovič recht, so glaubt er, durch die Statistik den Gedanken einer „Skalierung“ der Bedürfnisse retten zu können, derart, daß allein durch sie das individuelle, folglich ein Schema logisch ausschließende Moment eliminiert werden kann. Der Gedanke ist interessant, vermag aber die Schwierigkeit dennoch nicht zu lösen. Soll die Bedürfnisskala nur ein Beispiel, eine Illustration sein, so bedarf es einer weiteren statistischen Verallgemeinerung nicht, soll die Skala aber ein Schema darstellen, wie die Bewertung in Wirklichkeit vor sich geht, und exakt darstellen, wie die einzelnen Bedürfnisse zu einander gewertet werden, dann genügen statistische Mittelwerte keinesfalls, denn für die Analyse des subjektiven Wertes sind derartig objektivierte Zahlenkomplexe, wie sie die Statistik bloß übermitteln kann, nutzlos. Davon abgesehen ist bei dem gegenwärtigen Stand der Statistik diese kaum imstande, den Anforderungen, die Bilimovič an sie stellt, zu genügen, wie er übrigens selbst (a. a. O. 156 ff.) hervorhebt. Die Lebenshaltungs- und Verbrauchsstatistik müßte nicht nur auf alle Klassen der Bevölkerung ausgedehnt werden, sie müßte vor allem die Mengen der Konsumgüter, ihre Arten und Sorten genau angeben, den Kleinhandelspreisen besondere Sorgfalt schenken, sie müßte das Verhältnis der Preisschwankungen und Verbrauchsmengen genau zu verfolgen gestatten — Aufgaben, von deren exakter Lösung wir heute noch sehr weit entfernt sind.

allgemeinen die Erkenntnis Kons sein, daß das Untersuchungsobjekt unserer Wissenschaft eine exakte Kausalforschung ausschließt. Der Nationalökonom kann zwar der Kausalbetrachtung als solche nicht entraten, doch wird er stets nur zu Wahrscheinlichkeitsergebnissen gelangen. Die exakte Kausalanalyse wird durch eine Lehre von den Beziehungen der die einzelnen Erscheinungen bedingenden Faktoren ersetzt werden müssen. Je nach der Art der zu bestimmenden Phänomene kann die historische, statistische und induktiv-isolierende Methode angewandt werden. Oft wird es auch auf diesen Wegen nicht möglich sein, zu brauchbaren Resultaten zu gelangen; dann bleibt als letztes die Spezialanalyse konkreter Einzeltatsachen. In dieser Forschungsweise prägt sich der Gedanke der Relativität aus, der als oberster Grundsatz bei Untersuchungen wirtschaftlich-sozialen Charakters überaus fruchtbar ist. Daß er zu einer Ablehnung jeder einseitig subjektiven oder objektiven Wertlehre führen muß, zeigt der bisherige Verlauf unserer Darlegungen. Ich glaube deshalb auch nicht, daß, wie Diehl meint, die subjektivistische oder die objektivistische Richtung schließlich den Sieg davontragen muß [1]). Andererseits ist, wie wir sahen, ein Kompromiß zwischen beiden ebenfalls unmöglich. Das bedeutet jedoch konsequenterweise überhaupt den Verzicht auf eine geschlossene, materiell einheitlich begründete Werttheorie „aus einem Guß". Wir können nichts weiter tun, als die mannigfachen, den Wert bedingenden Elemente aufzeigen und sodann die Verschiebungen der Werthöhe ableiten aus den Gewichtsveränderungen eben jener Faktoren. In jedem Einzelfall der Wertung ist ferner der bestimmende Einfluß einiger oder aller Momente zu untersuchen. Sowohl die Analyse der konkreten Wertbildung wie die Elementenforschung und die Klarlegung deren Beziehungen kann und muß unter einen einheitlichen, leitenden Gedanken gestellt werden; es ist, mit anderen Worten, sehr wohl möglich, eine formal geschlossene Wertlehre bei gleichzeitiger Ablehnung einer materiell einheitlichfundierten anzuerkennen. Kein begründetes Argument kann gegen die Auffassung angeführt werden, daß die formale Einheit durch den obersten Grundsatz der Relativität hinreichend gewahrt ist.

[1]) K. Diehl, Sozialwissenschaftliche Erläuterungen, a. a. O. S. 87.

Die Lehre von der Kapitalrente.

Der Kapitalzins beruht auf Gewalt und sozialer Knechtung.

Tugan-Baranovskij.

Das ökonomische Verteilungsproblem verwandelt sich in ein soziales Problem und wird dadurch der Schlüssel zur Beantwortung der ganzen „sozialen Frage".

Solncev.

Die Ausbeutungstheorie.

Marx hat aus der absoluten Arbeitswerttheorie seine Mehrwertlehre abgeleitet, die die Grundlage der Ausbeutungstheorie darstellt. Alle russischen Marxisten sind sich darüber einig, daß materielle Werte schaffende Arbeit die Quelle des Kapitalgewinns ist[1]; sie „bildet den Wertüberschuß, den die Landbesitzer, Kapitalisten und übrigen Gruppen der Gesellschaft, die keine materiellen Güter erzeugen, erhalten“ [2]. Da die Kapitalisten keinen Anteil an der wirtschaftlichen Arbeit nehmen, vielmehr nur die Lohnarbeiter mit Hilfe von Kapital den Wert der im Produktionsprozeß erzeugten Güter schaffen, ist der Kapitalgewinn als arbeitsloses Einkommen eine Folge der Ausbeutung der Arbeit[3]. Nach Tugan-Baranovskij umschließt das Kapitalzinsproblem daher die Fragen nach der sozialen Natur und der Höhe des Gewinns sowie die nach seiner Einschätzung vom sozialpolitischen Gesichtspunkt[4]. Es ist hierbei für die Einstellung der russischen Nationalökonomie sehr bezeichnend, und für uns nach der einleitenden Charakteristik der russischen Sozialökonomie nicht weiter auffallend, daß die soziale Natur und die sozialpolitische Wertung des Zinsphänomens allgemein größeres Interesse erregen als die wissenschaftliche Erörterung seines wirtschaftlichen Wesens. Noch stärker als bei Behandlung des Wertproblems tritt uns hier die Eigenart der russischen Geisteseinstellung entgegen, die sich grundlegend von den Zielen und Bestrebungen der westeuropäischen Wissenschaft unterscheidet; man will weniger das Wesen und Werden des Bestehenden untersuchen als auf Grund ethisch fundierter Werturteile seine Unzulänglichkeit „beweisen“. Die Vorbedingung jeder fruchtbaren wissenschaftlichen Untersuchung auf dem vorliegenden Gebiet wird außer Acht gelassen: die scharfe Trennung des theoretischen und sozialpolitischen Zinsproblems. Die Frage nach dem Warum wird in Rußland allzu oft mit der anderen nach der Zweckmäßigkeit

---

[1] Diese Auffassung ist bereits von Ziber und A. Čuprov vertreten; dieser sagt einmal, daß „die Quelle des Gewinns die Arbeit ist, die in der Produktion verwendet wird und die auch den Wert der Waren schafft“. (Zitat bei Zalesskij, Lehre von der Entstehung des Kapitalgewinns, II, S. 118.)

[2] Isaev, a. a. O. S. 311.

[3] Tugan-Baranovskij, Grundlagen, a. a. O. S. 438.

[4] Ebenda S. 423.

des Zinses zusammengeworfen. Und wenn es — wie Böhm-Bawerk hervorgehoben hat — nicht nur möglich, sondern auch nützlich ist, die Resultate beider Probleme miteinander in Beziehung zu setzen, so darf die Untersuchung selbst keinesfalls vermischt werden. Dieser Erkenntnis hat man sich in Rußland lange Zeit hindurch verschlossen. Die Nationalökonomie wird hier nicht selten Mittel zum Zweck, ein schönes Gewand, in das sich sozialpolitische Bestrebungen verhüllen; sie wird von der Beherrscherin des Geisteslebens zur Dienerin politischer Strömungen [1]).

Einer der eifrigsten Verfechter der Ausbeutungstheorie zu Ende des vorigen Jahrhunderts ist Bulgakov [2]). Das Kapital tritt, ihm zufolge, erst auf einer gewissen Stufe der gesellschaftlichen Entwicklung in Erscheinung und zwar durch die Übertragung und Ausdehnung der gesellschaftlichen Wertbeziehungen auf die Ware Arbeitskraft. Deshalb ist der logische Ausgangspunkt der Kapitalformel die Wertformel. Jene erscheint als das von Marx gefundene „Equivalentverhältnis, bloß in etwas anderer Gestalt als bei der Wertformel". Der Ausdruck Ware (W) — Geld (G) — Ware (W) verwandelt sich in der kapitalistischen Produktion in G — W — G^1, wobei G^1 den Mehrwert anzeigt [3]). Bulgakov ist der Ansicht, daß das Kapital, wie vorstehende Ableitung zeigt, eine gesellschaftliche Beziehung der Produzenten darstellt, die auf dem Boden des gesellschaftlichen Arbeitsprozesses entstanden ist. Diese Beziehung umschließt logisch den Gegensatz zwischen Besitzern von Produktivgütern und Arbeitskraft [4]). In engstem Anschluß an Marx entwickelt Bulgakov die Mehrwert- und Ausbeutungstheorie, wobei er, wie die meisten russischen Marxisten alter Schule, bestrebt ist, die logische Übereinstimmung des ersten und dritten Bandes des „Kapital" nachzuweisen.

Die gesellschaftliche Kategorie Kapital setzt freie Lohnarbeit voraus und erscheint nun gleichsam materialisiert in einer besonderen Eigenschaft der Produktivgüter, nämlich Gewinn abzuwerfen. Weil die Produktion vermittelst Kapital eine Erzeugung von Tauschwert darstellt, bestimmt das Wertgesetz naturgemäß den kapitalistischen Produktionsprozeß. „Deshalb muß auch die Bestimmung des Wertes durch gesellschaftlich notwendige Arbeitszeit

---

[1]) Selbst ein so gemäßigter Sozialist wie Tugan-Baranovskij stellt noch vor seine wissenschaftliche Analyse des Kapitalproblems den Satz: „Insofern die gegenwärtige Rechtsauffassung gegen die Ausbeutung des Menschen durch Menschen protestiert, insofern muß sie sich auch gegen arbeitslose Einkommen wenden"; ein sozialpolitisches Bekenntnis, das naturgemäß die Objektivität der folgenden Untersuchungen ernstlich in Frage stellt, um so mehr, als Tugan-Baranovskij aprioristisch den Zins bereits als Folge der Ausbeutung definiert.

[2]) Später hat Bulgakov die Schwenkung zum ethischen Sozialismus mitgemacht und seine sozialökonomische Grundeinstellung erheblich revidiert.

[3]) Bulgakov, Das Kapital. Wissenschaftliche Rundschau 1898, IX, S. 1475.

[4]) Ebenda S. 1476.

nach wie vor die Triebfeder sein, die die Arbeit auf die einzelnen Produktionszweige verteilt [1]).“

Während in der vorkapitalistischen Epoche die zur Produktion notwendige Arbeit der einzige Wertmaßstab und der Kapitalzins „als praktisches Element der Wertbestimmung noch unbekannt ist“, ändert sich dies in der kapitalistischen Warenproduktion. Der Wert wird bei jeder Produktionsmethode bestimmt durch den Wert des verwendeten Materials und der Werkzeuge sowie durch den neuen Wert, der durch Hinzufügung von Arbeit entsteht; es ist, anders ausgedrückt, zu Beginn jeder Produktion regelmäßig ein Teil des Werts vorhanden, ein anderer muß erst neu geschaffen werden. Genau dasselbe kann in der kapitalistischen Produktion beobachtet werden. Das einzige, allerdings schwerwiegende Novum besteht darin, daß der Arbeiter jetzt nur einen Teil seines Arbeitsprodukts erhält. Da der durch den Arbeiter geschaffene Wert die Auslagen des Kapitalisten übertrifft, verändert dieser Teil des Kapitalwerts seine Höhe, ist variabel, im Gegensatz zum konstanten Teil des Kapitals. „Daher ist die Unterscheidung von variablem und konstantem Kapital nichts weiter als eine Anwendung des Wertgesetzes auf die Analyse der Wertbestandteile des auf kapitalistischem Wege entstandenen Produkts“. Auf Grund derselben Analyse wird der Wert dieses Produkts selbst und der Mehrwert bestimmt, der als Differenz zwischen variablem Kapital und dem ganzen Arbeitswert erscheint [2]). Nur das variable Kapital ist wertschöpferisch, während das konstante nur den eigenen Wert zu reproduzieren in der Lage ist.

Wird das Wertgesetz auf die „Ware“ Arbeit angewendet, so ist die Marx-Bulgakovsche Deduktion logisch einwandfrei. Trotzdem zeigt ein Blick in die Wirklichkeit, daß erstens die Preise sich nicht nach der in den Waren vergegenständlichten Arbeit richten, und zum anderen die Höhe des Mehrwerts, d. h. der Kapitalrente, nicht dem im Produktionsprozeß verwendeten variablen Kapital entspricht. Hier liegt offenbar ein Widerspruch vor, der die vorstehend skizzierte Deduktion in ihrer Stichhaltigkeit gefährdet. Bulgakov versucht nun, die Arbeitswert-, Mehrwert- und Ausbeutungstheorie zu „retten“; er sucht zu beweisen, daß ein logischer Widerspruch zwischen Arbeitswert- und Produktionskostentheorie ebensowenig existiert, wie es nicht unmöglich ist, das Gesetz der gleichen Profitrate mit der Mehrwert- und Ausbeutungstheorie in Einklang zu bringen.

Nach Bulgakov bedingen Arbeitswert und Kapital zunächst gemeinsam den Wert der Produktion. Sie gehen eine Strecke friedlich nebeneinander, geraten aber bald in Widerspruch. Maßgebend sei dabei folgende Tatsache. Das Wertgesetz fordere, daß die Waren

---

1) Ebenda S. 1477.
2) Ebenda S. 1478.

nach der in ihnen enthaltenen gesellschaftlich notwendigen Arbeitszeit ausgestauscht werden, sonst werde die Grundlage der Bedürfnisbefriedigung gestört — die gleiche Betätigungsmöglichkeit der verschiedenen Arbeitsarten; sie gelangen nicht mehr zur Verwendung: die gesellschaftlichen Bedürfnisse bleiben unbefriedigt [1]). Dasselbe beobachten wir beim Kapital. Obgleich im Produktionsprozeß nach wie vor Waren hergestellt werden, tauscht man sie nicht mehr als Waren, sondern als Kapitalprodukte, die einen gleichen Anspruch auf Gewinn haben. Wenn nicht alle Kapitale den gleichen Gewinn erzielen, wird ein Teil von ihnen nicht mehr verwendet werden können; es würden mithin auch in diesem Fall eine Reihe gesellschaftlicher Bedürfnisse unbefriedigt bleiben.

Der Gegensatz, der darin beschlossen liegt, daß die Waren ihre Entstehung der Verwendung von Arbeit und Kapital verdanken, kann nach Meinung Bulgakovs nur durch einen Kompromiß aufgehoben werden, der aber auch bei ihm letzten Endes darauf hinausläuft, daß in der kapitalistischen Wirtschaftsordnung die Waren nicht nach ihrem Arbeitswert, sondern nach den Produktionskosten getauscht werden [2]).

Viel Aufmerksamkeit widmet Bulgakov dem Einfluß der Konkurrenz auf die Verteilung des Mehrwerts. Er meint, daß „die Kategorie der Produktionskosten und die aus ihr folgende Abweichung der Preise vom Arbeitswert erst mit dem Unterschied zwischen den individuellen Normen des Gewinns und dem „organischen" Bestand des Kapitals zutage tritt [3])." Infolge der Verschiebung der organischen Zusammensetzung des Kapitals erniedrigen sich die Warenpreise; eine nicht unerhebliche Rolle spielt hierbei die dauernd steigende Arbeitsproduktivität, die eine sinkende Profitrate herbeiführt. Als Gegenwirkung ist die gleichzeitig vor sich gehende Kapitalvermehrung in alten wie neu errichteten Produktionszweigen anzusetzen. „Je mehr lebende Arbeitskraft im Produktionsprozeß verwendet wird, ein desto größerer Wert und folglich auch Mehrwert wird geschaffen." „Aber oberflächlich betrachtet, im Hohlspiegel der Konkurrenz, sieht alles natürlich (sic!) ganz anders aus." Der nach Gewinn strebende Kapitalist findet auch bei vermehrter Anwendung von konstantem Kapital ein Mittel, der Ten-

---

[1]) Ebenda S. 1479.

[2]) Ebenda S. 1480. Die Art der Beweisführung hat bei Bulgakov etwas Gewundenes und kann nicht befriedigen. Er gibt hier nur ein entweder — oder: der Wert wird entweder allein durch Arbeit oder durch die gesamten Produktionskosten bestimmt, soweit nicht noch andere Faktoren maßgeblich sind; jede andere Argumentation, etwa in Form eines Kompromisses, bleibt unklar. Wenn eine Deduktion durch „Kompromisse" der Wirklichkeit angenähert werden muß, ruht sie auf falschen Voraussetzungen.

[3]) Derselbe, Wissenschaftliche Rundschau 1898, X, S. 1651. Unter organischem Bestand versteht er wie Marx die Zusammensetzung des Kapitals aus variablem und konstantem.

denz der sinkenden Profitrate entgegenzuwirken: und zwar durch Herabsetzung der Produktionskosten auf dem Wege der Ausweitung des Absatzes und durch die Vorteile, die eine weitgehende Konzentration der Produktion herbeiführen [1]. Nichtsdestoweniger glaubt sich Bulgakov berechtigt, die mittlere Gewinnhöhe ausschließlich vom Produktivitätsgrad der gesellschaftlichen Arbeit ableiten zu können [2]. „Aus der Grundtendenz der kapitalistischen Produktion, die durch die ungehemmte Entwicklung der Produktivkraft gekennzeichnet wird, ist das von Marx glänzend erläuterte und bereits von Ricardo konstatierte Gesetz der sinkenden Profitrate zu erklären.“ Es entspricht letzten Endes dem Arbeitswertgesetz. „Der Grad seiner Verwirklichung ist eine Quaestio facti, aber die Tendenz ist ein notwendiges Resultat der gesellschaftlichen Grundbeziehungen des Kapitalismus [3].“

Hierdurch glaubt Bulgakov den Widerspruch zwischen dem I. und III. Bande des „Kapital“ gelöst zu haben. Nur vom Standpunkt einer „kommerziellen“ Auffassung der Arbeitswerttheorie könne man behaupten, daß sie durch die Lehre von der mittleren Gewinnrate und durch die Produktionskostentheorie aufgehoben ist. Stets müsse man sich vergegenwärtigen, daß Wert und Kapital gesellschaftlich-historische Fakta sind, bestimmte gesellschaftliche Beziehungen, „auf Grund deren die eine sich aus der anderen entwickelt, wobei beide in vielem zusammenfallen, aber von einem bestimmten Moment an auseinanderstreben und einander widerstreiten“. Der Gegensatz „ist kein logischer Widerspruch; es offenbart sich hier vielmehr nur eine faktische Divergenz zweier Tendenzen [4]“. Von einer historisch-soziologischen Wirtschaftsauffassung ausgehend, könne ein logischer Widerspruch nicht anerkannt werden. Wer als Objekt der Wirtschaftswissenschaft die gesellschaftlichen Beziehungen der Menschen ansieht, dem ist die absolute Arbeits- und Mehrwerttheorie das „einzig mögliche und

---

[1] Ebenda S. 1656.

[2] Mit demselben Problem beschäftigt sich Neždanov. Auch er steht auf dem Standpunkt, daß die Preise nicht nur durch das Arbeitswertgesetz, sondern gleichzeitig durch das Gesetz der gleichen Profitrate bedingt werden. „Auf die Wirkung dieser beiden Gesetze muß die ganze Analyse der Produktionspreise zurückgeführt werden.“ Dabei ist zu beachten, daß das Gesetz der gleichen Profitrate durch den Arbeitswert bestimmt wird. „Nur diese Erkenntnis gewährt die Möglichkeit, das Arbeitswertgesetz als die Grundlage des Tausches in der kapitalistischen Wirtschaft aufzufassen.“ „Der entscheidende Widerspruch liegt darin begründet, daß, obgleich die Preise durch beide Gesetze bestimmt werden, nur dem Arbeitswertgesetz die schöpferische Rolle bei der Preisgestaltung zukommt. Dieses ist die Grundlage des Gesetzes der gleichen Profitrate.“ (Neždanov, Der Wert und die Produktivkraft der Arbeit. Das Leben. 1900, V, S. 176.)

[3] Ebenda S. 1658. Man beachte: aus dem Gesetz wird plötzlich eine Tendenz. Daß das grundverschiedene Dinge sind, dürfte selbst Bulgakov zugeben.

[4] Ebenda S. 1664.

notwendige Mittel zum Verständnis ökonomischer Erscheinungen [1])".

Derselben Auffassung ist Nikolaj-On. Auch er kann zwischen dem ersten und dritten Bande des „Kapital" keine „Antinomie" [2]) entdecken. Der scheinbare Widerspruch liegt darin begründet, daß „die Gesamtgütererzeugung zur Bedürfnisbefriedigung der Gesamtgesellschaft vorgenommen wird und in der Produktion jedes Zweiges der Volkswirtschaft die gesellschaftlich notwendige Arbeitszeit aufgewendet werden muß; andererseits zerfällt der in jedem Zweig der nationalen Gütererzeugung geschaffene Wert in den Wert des konstanten Kapitals und in den Mehrwert [3]). Aus diesem Grunde fällt — dank der kapitalistischen Produktion, die von Unternehmern geleitet wird und sich deren Kapitals bedient, und dank der Konkurrenz der Kapitalisten, die bestrebt sind, einen nicht geringeren Gewinn zu erzielen, als ihn andere Zweige der Volkswirtschaft abwerfen — ein Teil des Mehrwertes, der im Produktionsprozeß mit wenig Kapital geschaffen ist, nicht in die Hände der Unternehmer dieses Zweiges, sondern ist bestrebt, sich unter alle Unternehmungszweige zu verteilen. . . . So zeigt im allgemeinen der Mehrwert die Tendenz, sich proportional den Kapitalsaufwendungen unter alle Produktionszweige zu verteilen. Infolge der gesellschaftlichen Bestimmung des Produkts der kapitalistischen Gütererzeugung wird der Wert der Waren durch die zu ihrer Herstellung notwendige Arbeitszeit bestimmt. Die Auswirkung dieses Gesetzes wird zerstört durch die individuelle Aneignung eines Teiles des Wertes, des Mehrwertes, indem der durch die Arbeiter aller Unternehmungen geschaffene Gesamtmehrwert nicht entsprechend der beschäftigten Arbeiter unter die Kapitalisten der einzelnen Zweige der Volkswirtschaft verteilt wird, sondern proportional den Kapitalsaufwendungen [4])". Hierin drückt sich die Tendenz zur mittleren Profitrate aus. Die Antinomie, der Marx scheinbar verfallen ist, liege somit in der modernen kapitalistischen Wirtschaftsordnung selbst begründet. Das Problem könne leicht gelöst werden, wenn wir uns „auf Marx' Standpunkt stellen und erkennen, daß die kapitalistische Produktion, soweit die Verwendungsbestimmung der Produkte in Frage steht, eine gesellschaftliche ist, doch wenn wir die Aneignung des Mehrwerts in Betracht ziehen, einen individuell-privaten Charakter trägt" [5]).

---

[1]) Ebenda S. 1665 f.

[2]) Ein Schlagwort, das in der russischen wirtschafts-wissenschaftlichen Literatur der ausgehenden 90er Jahre mit Vorliebe gebraucht wurde.

[3]) Eine Inkonsequenz, da nach Marx' Auffassung, der sich Nikolaj-On anschließt, konstantes Kapital gar keinen Nettowert schaffen kann.

[4]) Nikolaj-On. Die Arbeitswerttheorie und einige ihrer Kritiker. Der russische Reichtum, 1902, II, S. 42.

[5]) Ebenda S. 34.

Die Ausbeutungstheorie ist, in ähnlicher oder gleicher Weise wie bei Bulgakov, Nikolaj-On und Neždanow von einer großen Reihe russischer Theoretiker entwickelt worden. Neben den angeführten Autoren sind zu nennen: N. J. Ziber[1]), A. J. Čuprov[2]), A. A. Isaev[1]), Ivanjukov[1]), M. Filippov[3]), A. Bogdanov[4]), A. Vasilev[5]), A. Finn[6]) u. a. m. Auf eine Wiedergabe der Ausführungen dieser Nationalökonomen kann verzichtet werden, da sie sich im wesentlichen mit den Deduktionen Bulgakovs und Nikolaj-Ons decken, dem Bilde mithin keine wesentlich neuen Linien hinzuzufügen vermögen.

---

1) Siehe Zalesskij, a. a. O. II, S. 118.

2) „Der Gewinn wird nicht vom ganzen, im Produktionsprozeß beteiligten Kapital geschaffen, sondern nur durch den Teil, der zum Unterhalt der Arbeiter notwendig ist. Das Kapital in der Gestalt von Maschinen und Werkzeugen reproduziert nur den eigenen Wert, kann aber keinen Mehrwert, folglich auch keinen Kapitalgewinn erzeugen." (Zitat bei Zalesskij, a. a. O. II, S. 118.)

3) Polemik über den Wert. Wissenschaftliche Rundschau 1900, X.

4) Neue Gesichtspunkte in der Wirtschaftswissenschaft. Wissenschaftliche Rundschau. 1900, VIII.

5) Ist die Arbeitswerttheorie erledigt? Das Leben 1900, VII.

6) Die Arbeitswerttheorie und ihre neuesten russischen Kritiker Wissenschaftl. Rundschau 1903, IV.

Kritik der Mehrwert- und Ausbeutungstheorie.

Eine vermittelnde Stellung zwischen den Ausbeutungstheoretikern und ihren Kritikern nehmen zwei Russen ein, die auf dem Gebiet der Wertlehre zu der synthetischen Richtung Tugan-Baranovskijs gehören. Nach Železnov liegen die Mängel der Mehrwertlehre in denen der absoluten Arbeitswerttheorie verankert. Andererseits müsse anerkannt werden, daß die auf der Mehrwertlehre basierende Ausbeutungstheorie die wesentlichen Faktoren der kapitalistischen Wirtschaft, die in dem gegenseitigen Machtverhältnis der Unternehmer und Arbeiter begründet liegen, aufdeckt [1]). Železnov ist der Ansicht, „daß bei allen Fehlern dieser Theorie ihr Wesen, d. h. die Klarlegung des Problems der Mehrarbeit und des Mehrwerts, unerschüttert bleibt und die Ableitung des Kapitalgewinns aus den sozialen Machtverhältnissen tatsächlich diejenige Lücke ausfüllt, die bei den anderen Zinstheorien offen geblieben ist [2])".

Ähnlich ablehnend, andererseits aber wieder zustimmend, stellt sich Borovoj zur Mehrwert- und Ausbeutungstheorie. Er erblickt nicht nur in der Anfechtbarkeit der Marxschen Wertlehre, sondern auch in der Nichtübereinstimmung dieser Theorie mit den Erscheinungen des Lebens, die die Widerlegung des ersten Bandes des „Kapital" durch den dritten bedingt, einen schweren Mangel [3]). „Wir sahen — so faßt Borovoj sein Urteil zusammen —, daß nicht ein Pfeiler der grandiosen Marxschen Machination der geringsten wissenschaftlichen Kritik standhält. Seine Argumentationen sind entweder logisch unzureichend oder werden durch die Tatsachen der Wirklichkeit widerlegt [4])." Ebenso wie keine der bisher vorgebrachten Wertlehren Borovoj voll zu befriedigen vermag, „gibt es auch unter den Theorien vom Kapitalgewinn keine, gegen die nicht schwerwiegende Einwendungen erhoben werden müssen", die Ausbeutungstheorie nicht ausgenommen [5]). Dennoch hat Marx wie kein zweiter die sozialökonomische Wissenschaft bereichert.

---

[1]) Železnov, a. a. O. S. 533.
[2]) Ebenda S. 534.
[3]) Borovoj, a. a. O. S. 200.
[4]) Ebenda S. 203.
[5]) Ebenda S. 308.

„Gerade seine Fehler, die der Größe des Systems entspringen und von einem genialen Denker gefaßt wurden, verdanken ihre Entstehung der Tiefe und Weite der Auffassung und gewähren überhaupt erst die Möglichkeit, das Problem in der Allseitigkeit und Vollständigkeit aufzuwerfen, wie das vor Marx' Schöpfungen unmöglich gewesen wäre. In diesem Sinne eröffnet das „Kapital" eine Aera neuer ökonomischer Untersuchungen [1])."

Beide Autoren gehen bei ihrer Ablehnung der Mehrwertlehre von Marx' absoluter Arbeitswerttheorie aus. Den Gedanken der Ausbeutung der Arbeiter erkennen sie jedoch an; hierdurch stellen sie sich auf den sozialpolitischen Boden des Marxismus, ohne sich seine ökonomische Theorie zu eigen zu machen. Und doch vermeiden sie es, eine Kritik der Mehrwertlehre im einzelnen durchzuführen. So liegt der Stellungnahme von Železnov und Borovoj etwas Schwankendes, Ungeklärtes zu Grunde: wissenschaftliche Erkenntnis und gefühlsmäßige Voreingenommenheit befinden sich hier, wie so oft bei den russischen Sozialökonomen, im Widerstreit. Wir haben hier die Parallelerscheinung zu Tugan-Baranovskijs synthetischer Richtung in der Wertlehre vor uns, mit dem Unterschied, daß dort der Versuch unternommen wurde, Unvereinbares zu verschmelzen, hier aber die Unmöglichkeit einer Synthese der Ausbeutungstheorie mit anderen Kapitalzinstheorien anerkannt wird. Der eigenartige Versuch Tugan-Baranovskijs, den Grundgedanken der Ausbeutungstheorie festzuhalten, die von Marx gegebene Formulierung aber fallen zu lassen, hat in Rußland keine Anhänger gefunden, wenn man nicht Železnov auch in dieser Beziehung als Schüler Tugan-Baranovskijs ansprechen will [2]).

Die innere Einstellung hindert Železnov und Borovoj, klar und unzweideutig Stellung zu nehmen, und treibt sie zu einem höchst unfruchtbaren Pessimismus, für den Borovojs Ausspruch, daß keine der bestehenden Wert- und Kapitalzinstheorien ihn befriedige, als typisch bezeichnet werden kann. So mündet die Wissenschaft dieser Gruppe in den Sumpf des Verneinens aus.

Die Kritik der Mehrwertlehre setzt in voller Schärfe erst bei den „bürgerlichen" Nationalökonomen ein, neben denen Tugan-Baranovskij steht, der allerdings, wenn er positiv aufbaut, zum Teil dieselben Fehler begeht, die er bei Marx und seinen Schülern rügt. Zeitlich ist die wissenschaftliche Kritik von den Vertretern der Kiever Richtung, sodann von Žukovskij und Slonimskij

---

[1]) Ebenda S. 203.
[2]) Vgl. S. 139 ff.

eingeleitet worden, doch steigert sich der stürmisch geführte Meinungsstreit erst mit der theoretischen Umstellung Tugan-Baranovskijs und Struves bis zur Siedehitze. Tugan-Baranovskijs im Mai 1899 erschienener Aufsatz „Der Grundfehler der abstrakten Theorie des Kapitalismus von Marx“ und Peter Struves kritische Studie „Die Grundantinomie der Arbeitswerttheorie“, die im Februarheft der russischen Zeitschrift „Das Leben“ 1900 veröffentlicht wurde, entfesselten eine Flut von Schriften für und wider, und hielten die gesamte russische Intelligenz in Spannung. Man wird in der Geschichte der nationalökonomischen Lehrmeinungen nur wenige Analoga finden, daß ein abstrakt-theoretisches Problem die Gemüter weiter Gesellschaftskreise so zu bewegen vermochte, wie das Kapitalzinsproblem im ausgehenden XIX. Jahrhundert in Rußland.

* * *

Wir folgen zunächst der Analyse Slonimskijs, der mit scharfem Blick wesentliche Angriffspunkte der Ausbeutungstheorie erkennt. Diese Theorie geht, so führt er aus, von der Voraussetzung aus, daß die Arbeitskraft eine werterzeugende Eigenschaft besitzt; sie ist die Quelle des Wertes. Da der Kapitalist sie mit Geld kaufen kann, löst sich das Rätsel des Mehrwerts von selbst. Die Frage stellen, heißt sie beantworten! Nun ist es augenscheinlich, daß der Arbeiter im Lohnvertrag gar nicht seine Arbeitskraft verkauft, sondern lediglich seine Arbeit. „Es ist nicht einzusehen, auf welche Weise und warum ein Mietsvertrag mit freien Arbeitern, abgeschlossen auf einen bestimmten Termin und mit gewissen Verpflichtungen, ein Kauf der Arbeitskraft als Eigentum genannt werden kann, wie der Kauf eines Sklaven. Die gekaufte Maschine gehört in der Tat dem Kapitalisten, denn er zahlte eben nur für die Maschine und nicht noch außerdem für ihre Leistungen. Beim Mieten des Arbeiters hingegen kaufte er nicht den Arbeiter selbst, sondern seine Arbeit. Keine Wissenschaft kann an die Stelle gegebener Erscheinungen andere, gar nicht vorhandene, setzen oder die Natur der behandelten Tatsachen entstellen, um zu den gewünschten antizipierten Schlußfolgerungen zu gelangen. Kauf und Verkauf von Arbeitskraft anstatt Kauf und Verkauf von Arbeit waren aber nötig, um Marx' generellen Begriff von den Waren in Anwendung zu bringen [1].“

So fällt die Mehrwertlehre in sich zusammen, wenn die „Ware Arbeitskraft“ als das erkannt wird, was sie in Wirklichkeit ist, eine Leistung. Diesem Rollentausch (Arbeit — Arbeitskraft) verdankt die Marxsche Mehrwert- und Ausbeutungstheorie ihre

---

[1]) Slonimskij, Versuch einer Kritik, a. a. O. S. 64.

Entstehung. Sie ist keine logische Fortsetzung der absoluten Arbeitswerttheorie, ja hängt mit dieser organisch überhaupt nicht zusammen. Es läßt sich daher sehr wohl denken, daß ein Anhänger der absoluten Arbeitswerttheorie die Mehrwertlehre verwirft, ohne sich dem Vorwurf der Inkonsequenz auszusetzen [1]).

Nun erweist sich aber die Einführung des Begriffes Arbeitskraft für die Marxsche Wertlehre verhängnisvoll. Die Naturgabe Arbeitskraft, die mit so viel Geschick in die Wertlehre hineingebracht wurde, um den auf Ausbeutung beruhenden Mehrwert zu erklären, macht logischerweise den Begriff der Ausbeutung zunichte. Slonimskij weist darauf hin, daß einfache Muskelkraft nicht nur dem Menschen, sondern auch dem Tier eigen ist [2]). Nichtsdestoweniger entsteht nach Marx der Mehrwert nur durch unbezahlte menschliche Arbeitskraft. Hat sich Marx wirklich gedacht, daß, obgleich die Kosten tierischer und menschlicher Arbeitskraft dieselben sind, der Kapitalist „die zweite als diejenige vorzieht, die im Besitze der besonderen Gabe ist, welche dem Tier und der Maschine abgeht"? „Es fragt sich also, woher es kommt, daß, um Mehrwert zu erzielen, es noch niemand eingefallen ist, Pferde- und Maschinenarbeit durch menschliche zu ersetzen, und daß umgekehrt man überall das Bestreben sieht, an die Stelle menschlicher Arbeitskraft Arbeitsvieh und mechanische Werkzeuge zu setzen [3])."

Der Marxschen Auffassung ist entgegenzuhalten, daß zwischen menschlicher und tierischer bzw. maschineller Arbeitskraft kein grundsätzlicher Unterschied besteht [4]). Das Arbeitsvieh erzeugt

---

[1]) Das wurde in Rußland meist übersehen. Mir ist kein Fall bekannt, daß ein Anhänger der absoluten Arbeitswerttheorie die Ausbeutungstheorie abgelehnt hätte. Tugan-Baranovskij, der eine Synthese von Arbeitswert- und Grenznutztheorie erstrebte, suchte auch bei der Erklärung des Kapitalzinses den Grundgedanken der Marxschen Deduktion zu „retten", indem er ihr ein anderes Gewand umlegte.

[2]) Slonimskij, a. a. O. S. 70. Der gleiche Gedanke ist von den meisten Marxkritikern in Rußland aufgegriffen worden. Zeitlich hatte ihn wohl J. Žukovskij 1877 als erster in die Debatte geworfen, wenngleich nicht in so scharfer Formulierung wie Slonimskij. Er meint, daß Marx' eigene Deduktionen ihn zur Erkenntnis hätten führen müssen, daß jede Ware, die ein Mehr zu erzeugen in der Lage ist, eine Quelle von Mehrwert sein kann, z. B. „Boden, Vieh, mit einem Wort alles, was fähig ist, aus sich heraus eine Summe neuer, nützlicher Gebrauchsgüter zu schaffen, die sich in Tauschgüter verwandeln können". „Wenn die Haltung eines Pferdes mit drei Stunden seiner eigenen Arbeit aufgewogen wird, es aber den ganzen Tag arbeitet, dann schafft es Mehrwert ..." (Ju. Žukovskij, Karl Marx; sein Werk über das Kapital. Europäischer Bote, 1877, V, S. 76.) Auch Tugan-Baranovskij (Der Grundfehler der abstrakten Theorie des Kapitalismus von Marx, Wissenschaftliche Rundschau 1899, V, S. 976) räumt den „Vulgarökonomen" ein, daß sie völlig im Recht seien, wenn sie annehmen, daß zwischen Arbeitsmaschinen und menschlichen Arbeitskräften im Hinblick auf die Schaffung des Kapitalgewinnes kein Unterschied besteht.

[3]) Ebenda. S. 71.

[4]) Slonimskij wie seine Anhänger verstehen diesen Satz nicht so, als ob zwischen tierischer und menschlicher Arbeit überhaupt kein Unterschied besteht.

beispielsweise „unzweifelhaft mehr Produkte, als es selbst dem Kapitalisten verhältnismäßig zu stehen kommt, und schafft auf diese Weise, ganz wie die menschliche Arbeitskraft, Mehrwert." Es hat Zeiten gegeben, in denen der heute bestehende rechtliche Unterschied zwischen den Trägern menschlicher und tierischer Arbeitskraft aufgehoben war, da beide in den Augen ihrer Besitzer ein und dieselbe Geltung hatten: in Zeiten der Sklaverei!

Besonders heftige Gegenangriffe von seiten der russischen Ausbeutungstheoretiker rief Peter Struves Analyse des Begriffs „Ausbeutung" hervor. Im ‚Archiv für soziale Gesetzgebung' führt er aus: „Es ist von Kritikern von Marx richtig darauf hingewiesen worden, daß die Arbeit der Tiere ganz in dem gleichen Sinne wie die Arbeit der Menschen ein Mehrprodukt hervorbringt. Daß aber die Menschen dieses Mehrprodukt den Tieren nicht „zurechnen", liegt daran, daß die Menschen die Tiere als Tiere „ausbeuten". Dementsprechend kann mit gutem Grunde gesagt werden, daß jede Ausbeutung der Menschen durch die Menschen darin besteht, daß die Menschen von ihresgleichen als Tiere behandelt werden. Der Begriff der Ausbeutung erhält seinen Inhalt durch die Tatsache der Aneignung von Gütern, an deren Produktion die ausgebeuteten Produktionsfaktoren (Menschen, Pferde, Maschinen, Bodenkräfte usw.) mitgewirkt haben. Der Inhalt dieses Begriffs als einer sozialwissenschaftlichen Kategorie ist durch den Begriff der sozialen Zurechnung gegeben. Ausbeutung im sozialen Sinne liegt überall vor, wo Nichtproduzenten auf Grund eines Herrschaftstitels sich Arbeitsprodukte aneignen. Daher unterscheiden sich die ausgebeuteten Menschen in nichts von den ausgebeuteten Tieren. Man soll mir nicht einwenden, daß diese Auffassung „ethisch" ist: das ethische Moment wird hier nicht vom Subjekte von außen her in die Sache hineingetragen, es geht in den objektiven Tatbestand als sein integrierender Teil ein. Wenn anders, wolle man mir erklären, wodurch sich die Ausbeutung eines Pferdes von der Ausbeutung eines Menschen objektiv unterscheidet."

Das Problem der Ausbeutung hat eine lebhafte Kontroverse auch von seiten der Ausbeutungstheoretiker hervorgerufen[1]). Ich

Sie sind sich darüber vollkommen im klaren, daß der Mensch viele Arbeiten nur allein auszuführen vermag, ebenso wie nicht jede tierische Arbeit durch menschliche zu ersetzen ist, daß andererseits eine ethische Betrachtungsweise allen Grund hat, die menschliche Arbeit scharf von jeder anderen zu trennen. Sie betonen bloß mit Fug und Recht, daß jede nützliche Arbeit, unabhängig von ihrem Träger, fähig ist, „Werte zu schaffen", daß also in dieser Hinsicht zwischen Mensch und Tier kein Unterschied gemacht werden kann.

[1]) Die herrschende Auffassung dieses Lagers wird von Nikolaj-On wiedergegeben. Er ist der Meinung, daß bei Betrachtung wirtschaftlicher Beziehungen, die notwendig gesellschaftliche sein müssen, die Naturkräfte gegenstandslos sind. Es kommt immer nur auf das Verhältnis vom Menschen zum Menschen an. „Daher kann von einer Äquivalenz von Maschine und Mensch

bin der Ansicht, daß Slonimskij und Struve im Recht sind. Zwar muß Nikolaj-On beigestimmt werden, wenn er vom gesellschaftlich-sozialökonomischen Standpunkt aus auf den Wesensunterschied zwischen tierischer und menschlicher „Ausbeutung" hinweist, aber, worauf es hier ankommt, ist, den Beweis zu erbringen, daß der materielle Effekt bei der einen wie bei der anderen Ausbeutungsform gleich ist, d. h. daß das Pferd, die Maschine, überhaupt jedes Kapital ebenso „Mehrwert" zu schaffen in der Lage ist, wie der Mensch. Der Vorwurf von seiten Nikolaj-Ons fällt auf ihn und seine Richtung zurück, wenn er dozierend ausruft: „Herr Struve und mit ihm Herr Tugan-Baranovskij vermengen die gesellschaftliche Beziehung, die infolge der wirtschaftlichen Verbindung der Menschen untereinander besteht, mit der Exploition der Naturkräfte durch den Menschen zwecks Erreichung seiner Produktionsziele, indem sie die Ausbeutung der Naturkräfte durch den Menschen der Ausbeutung der Menschen durch Menschen gleichsetzen" [1]). Weder Struve geschweige denn Tugan-Baranovskij sind diesem Fehler verfallen, wohl aber die russischen Ausbeutungstheoretiker, die den produktionstechnischen und sozialökonomischen Gesichtspunkt nicht zu trennen vermögen.

Wenn man sich auf den Standpunkt stellt, daß nur menschliche Arbeitskraft ein Mehr an Werten schafft, gelangt man, wie Slonimskij ausführt, in glatten Widerspruch zur Wirklichkeit und zu unhaltbaren Konsequenzen. Logisch durchdacht, ist Marx' Mehrwert- und Ausbeutungslehre gar keine Kapitalrenten-, sondern eine Arbeitsrententheorie. Trotz der augenfälligen Mehrergiebigkeit der kapitalistischen, d. h. maschinellen, auf Produktionsumwegen beruhenden Gütererzeugung sprechen die Anhänger der Ausbeutungstheorie dem Kapital jede

---

bei der Schaffung von Tauschwert keine Rede sein." Nur „vom Standpunkt der mechanischen Kraft" ist ein Unterschied der Ausbeutung von Mensch und Tier nicht vorhanden. Zwar gibt Nikolaj-On zu, daß der Mensch das Pferd in gewissem Sinne ebenso ausbeutet, wie er Energiequellen, z. B. Wärme, Elektrizität, Licht, Schwerkraft u. a. m. exploitiert, aber vom wirtschaftlich-gesellschaftlichen Standpunkt aus ist diese und jene Ausbeutungsform grundsätzlich verschieden. (Die Arbeitswerttheorie, a. a. O. II, S. 66; III, S. 32 f.) Struves Auffassung ist, wie Filippov (Abschluß der Polemik über den Wert, a. a. O. S. 1796) meint, keine sozialökonomische, sondern eine mechanisch-technologische, buchhaltungskommerzielle.

[1]) Nikolaj-On III, S. 33. Mir scheint diese Art und Weise, Wirtschaftsprobleme zu behandeln, gerade für die russischen Marxisten kennzeichnend. So wie bei Untersuchung des Wertphänomens die Analyse in hohem Grade von der wünschenswerten Wertbestimmung beeinflußt wurde (Arbeitswert als Postulat), so vermengen Nikolaj-On und seine Anhänger dauernd das gesellschaftliche und ökonomische Kapitalrentenproblem. Wie anders wollte man sonst Marx' Versuch erklären, mit gesellschaftlichen Gesamtkapitalien zu operieren, um seine Mehrwertlehre mit dem Gesetz der gleichen Profitrate in Einklang zu bringen.

Produktivität ab. Denn das würde der Definition des Begriffs „produktiv" als einer speziellen Eigenschaft menschlicher Arbeit widersprechen. Angenommen, es gelänge, einen maschinenmäßig betriebenen Produktionsprozeß von einem Arbeiter bedienen zu lassen, dann würde dieser also den ganzen Mehrwert erzeugen [1]). Der Hinweis, daß bei Einführung von Maschinen die Arbeitsintensität sich steigere, kann nicht befriedigen, da auch diese Möglichkeit, bis ins Extrem verfolgt, dazu führt, einem Menschen die Schaffung des ganzen Profits einer Unternehmung zuzuschreiben [2]).

Die Mehrwerttheorie widerspricht jedoch nicht nur jeder Erfahrung, sondern ist auch — und das ist methodologisch unverzeihlich — durch nichts bewiesen. Ja, Marx und seine Schüler haben nicht einmal den Versuch unternommen, einen Beweis anzutreten. Das hat mit Schärfe und kritischem Geschick in Rußland V. F. Zalesskij hervorgehoben. Nach Erscheinen des dritten Bandes des „Kapital" kann der Gedankeninhalt von Marx' Lehrgebäude etwa folgendermaßen dargestellt werden. „Obgleich wir uns auf Schritt und Tritt überzeugen können, daß die Höhe des Tauschwerts der Waren nicht proportional dem Arbeitsaufwand bei ihrer Herstellung ist, so ist dies doch eine Illusion; nichts außer menschlicher Arbeit kann Wert schaffen.... Die andere Illusion ist die sogenannte Produktivität des Kapitals. Weil der Mehrwert unter die Kapitalisten in Gestalt des Gewinns, proportional der Kapitalbeteiligung in der Produktion, verteilt wird, glauben die Kapitalisten, daß der Mehrwert vom Kapital geschaffen wird" [3]). Dem ist nun aber ganz und gar nicht so. Ausdrücklich betont Marx, daß Naturkräfte keinen Wert schaffen können, weil Wert ausschließlich durch Arbeit entsteht. So wird der erste Teil des Satzes durch den zweiten gestützt und umgekehrt; beide aber bleiben unbewiesen. „Die Arbeitswerttheorie wird aus einem Beweis in etwas zu Beweisendes verwandelt und der Schwerpunkt der Marxschen Theorie wird in die Lehre von der Unproduktivität des Kapitals verlegt" [4]). Die Unproduktivität des Kapitals hat Marx nicht bewiesen, sondern wiederum aus der angeblich alleinigen Produktivität der Arbeit abgeleitet. Die Annahme der absoluten Arbeitswerttheorie wird also abhängig gemacht „von der Anerkennung der Unproduktivität des Kapitals; und die Theorie von der Kapitalsunproduktivität wird durch nichts als durch laute Phrasen von Vampyren usw. erhärtet und durch

---

[1]) Slonimskij, a. a. O. S. 66 f.

[2]) Ebenda S. 96 ff.

[3]) Zalesskij, a. a. O. II, S. 175.

[4]) Ebenda.

Hinweise auf die Arbeitswerttheorie.... Marx hat sein System nicht induktiv gewonnen, sondern sich ausgedacht[1]).

In eine schwierige Lage geriet das ganze Marxsche Lehrgebäude, als es das Problem der Höhe des Mehrwerts zu beantworten galt. Die im ersten Bande des „Kapital" formulierte Arbeitswerttheorie steht in Widerspruch zur Tendenz der mittleren Profitrate. Der Kritik Böhm-Bawerks folgend, meint Slonimskij, daß Marx diesen Widerspruch später dadurch zu überbrücken versuchte, daß er sein Gesetz nicht auf einzelne Tauschhandlungen, sondern auf das ganze Gesellschaftsprodukt bezog. „Er summiert einfach die in den verschiedenen Industrien angelegten Kapitale, betrachtet dieselben als ein gemeinsames Gesamtkapital, nimmt dann die Summe der vorausgesetzten Mehrwerte, um die durchschnittliche Profitrate zu ermitteln, und stellt dann die gewöhnlichen Berechnungen und Tabellen auf" [2]). Ironisch fährt Slonimskij sodann fort: „Wenn also die Kapitalisten nach Vergrößerung des Mehrwerts so sehr trachten, so geschieht dies eher zu Nutz und Frommen anderer, als zu ihrem eigenen Vorteil, da sie, nach Marx, jedenfalls im Verhältnis zum gesellschaftlichen Durchschnittsprofit ihren Anteil in der Form von Prozenten für ihr vorgeschossenes Kapital erhalten" [3]). Mit anderen Worten, die Verschiedenheit des Mehrwertes wird durch die Konkurrenz aufgehoben. Wenn dem aber so ist, dann ist die Untersuchung über die Mehrwertrate gegenstandslos. „Ist der Profit nur eine Form oder ein Ausdruck des aus der Lohnarbeit gezogenen Mehrwerts, so kann die Ungleichheit der Profitrate unmöglich durch die Konkurrenz behoben werden, solange die Ursache dieser Ungleichheit — die Verschiedenheit in der Zahl der Lohnarbeiter und ihrer Mehrarbeit in verschiedenen Unternehmungen — wirksam ist. Gleichen sich aber die Profite ungeachtet der Mehrarbeits- und Mehrwertquanta aus, so muß gefolgert werden, daß die Größe des Profits nicht von den von Marx angegebenen Bedingungen abhängt" [4]). Der Versuch, die Hindernisse zu umgehen, indem gesellschaftliche Formen anstatt individueller, gesellschaftliche Gesamtkapitale anstelle konkurrierender einzelner Kapitale und die gleiche Verteilung des allgemeinen Profits für verschiedene Größen

---

[1]) Ebenda S. 206.

[2]) Slonimskij, a. a. O. S. 101. In sehr typischer Weise versucht Neždanov (a. a. O. S. 177) das Marxsche Verfahren zu retten: Jedes Produkt — sagt er — hat Wert; folglich können alle Produkte summiert werden, und man erhält auch dann Wert, weil dieser bei Marx keine Beziehung ist, sondern nur die Grundlage einer Beziehung. — Mit Worten läßt sich trefflich streiten. Oder stecken hinter diesem Satz mehr als Worte? Wie äußert sich der Unterschied zwischen Beziehung und Grundlage einer Beziehung?

[3]) Ebenda S. 104.

[4]) Slonimskij, a. a. O. S. 105.

Mehrarbeit und Mehrwert gesetzt werden, muß als gescheitert angesehen werden.

Selbst wenn das Vorgehen der Ausbeutungstheoretiker einen Sinn hätte, so wird dadurch — wie Peter Struve in dem seinerzeit viel beachteten Aufsatz „Die Grundantinomie der Arbeitswerttheorie" ausführte — „eine noch tiefere und völlig unüberbrückbare Antinomie der mechanischen Werttheorie geschaffen" [1]).

Nach Marx' Wertlehre wird der Mehrwert durch Arbeit erzeugt, woraus die Scheidung des Kapitals in konstantes und variables sich ergibt. Da nur das variable Kapital Mehrwert schafft, muß bei seiner relativen Verminderung im Verhältnis zum Gesamtkapital — die in der kapitalistischen Entwicklung tatsächlich zu beobachten ist — ein progressives Sinken der Gewinnhöhe die Folge sein. Der mathematische Ausdruck des Gesetzes der sinkenden Profitrate ist der Bruch $\frac{M}{V + C}$ [2]). Wenn man diese Formel auf die ganze Volkswirtschaft eines Landes bezieht, wie dies Marx im dritten Bande des „Kapital" getan hat, so drückt sie nichts weiter aus, als das Verhältnis des Reineinkommens der Gesellschaft zum ganzen gesellschaftlichen Kapital. Nun ist aber das Anwachsen von C (in der Hauptsache Produktionsmittel) nichts anderes als ein technisch-ökonomischer Ausdruck der Steigerung der Produktivität der gesellschaftlichen Arbeit, wie das Marx selbst eingehend entwickelt hat. Der Widerspruch liegt auf der Hand. Er kann wie folgt formuliert werden. Erstens: „Das Reineinkommen der Gesellschaft, durch dessen Höhe die Produktivität der gesellschaftlichen Arbeit gemessen wird, fällt progressiv mit der verhältnismäßigen Verminderung des variablen zum gesellschaftlichen Gesamtkapital [3])." Zweitens: „Dieses Gesetz wird bedingt durch das progressive Anwachsen des konstanten Kapitals, d. h. eines Faktors, der die technisch-ökonomische Grundlage der Steigerung der Produktivität von gesellschaftlicher Arbeit bedeutet [4])."

Das Gesetz der sinkenden Profitrate ist rein mechanisch aus den drei Komponenten M, V und C gewonnen.[5])

---

[1]) Peter Struve, Die Grundantinomie der Arbeitstheorie. Das Leben, 1900, II, S. 297.

[2]) V = variables Kapital; C = konstantes Kapital; M = Mehrwert, der für die Gesamtgesellschaft mit dem Mehrprodukt zusammenfällt. Ebenda S. 298.

[3]) Ebenda S. 299.

[4]) Ebenda S. 300.

[5]) Demgegenüber glaubt Neždanov betonen zu müssen, daß aus der Formel $\frac{M}{V + C}$ logisch nicht ein Sinken der Profitrate gefolgert zu werden braucht. Es kann eintreten, wenn das Verhältnis zwischen M und V unverändert bleibt. „Aber M wächst auf Kosten von V. Wenn die Summe unmittelbarer Arbeit und folglich auch die Größe M + V unverändert bleibt, so wird das Ansteigen von M auf Kosten von V sowohl eine Vergrößerung von M als

Es lassen sich aus ihnen aber mit demselben Recht völlig andere, den Marxschen Ergebnissen widersprechende Schlüsse ziehen. Der Bruch $\frac{M}{C^1}$[1], d. h. das Verhältnis von Mehrwert zum Gesamtkapital, ist ein Ausdruck der Produktivität der Arbeit. Sein Sinken bedeutet, daß die Erzeugung des Produkts immer schwieriger wird. In der kapitalistischen Wirtschaft bringt jede Kapitalform gleicherweise „Früchte". Deshalb muß auch Kapital, das sich zwei, drei oder viermal schneller umsetzt als durchschnittlich, entsprechend mehr Früchte hervorbringen. Das erkennt nicht nur der einzelne Kapitalist, sondern gilt auch für die ganze kapitalistische Wirtschaft. Deshalb die große Verbreitung der Maschine und „deshalb wächst die Produktivität der gesellschaftlichen Arbeit und der Bruch $\frac{M}{C^1}$, d. h. das Verhältnis des gesellschaftlichen Mehrprodukts oder des reinen gesellschaftlichen Einkommens zum Gesamtkapital. Mit anderen Worten: die Gewinnhöhe im Marxschen Sinne muß mit der steigenden Entwicklung der Produktivität der gesellschaftlichen Arbeit nicht fallen, sondern steigen, weil die Profitrate nichts anderes ist als der Ausdruck des Wachstums der Produktivität der gesellschaftlichen Arbeit, die von den gesellschaftlichen Produktionsverhältnissen nicht beeinflußt wird[2])." Der Mehrwert (M) ist eben

---

eine Verminderung von V anzeigen. Die Vergrößerung von M und die Verkleinerung von V wirken aber auf die Gewinnrate in entgegengesetzter Richtung einer Vergrößerung von C." „Die Arbeitswerttheorie zeigt uns, daß bei unveränderter Summe unmittelbarer Arbeit die Entwicklung der Produktivkraft der Arbeit notwendig C vergrößern muß; doch in welchem Grade das geschieht, darüber kann die Arbeitswerttheorie nichts aussagen. Aus diesem Grunde kann aus ihr ein Sinken der Profitrate nicht notwendig abgeleitet werden." Nicht die Notwendigkeit, nur die Möglichkeit des Gesetzes der sinkenden Profitrate wollte Marx beweisen, da er vor der Tatsache der sinkenden Profitrate stand. (Neždanov, a. a. O. S. 179—181.)

[1]) $C^1 = C + V$.

[2]) Ebenda S. 302. Auch Tugan-Baranovskij führt aus, daß „die Ausdehnung der Produktivkraft der gesellschaftlichen Arbeit die Tendenz hat, den Kapitalzins nicht zu erniedrigen, sondern zu erhöhen". Allerdings handelt es sich hier nur um eine Tendenz, der eine Reihe entgegengesetzt wirkender Momente entgegentreten, wie die Verlängerung der Umlaufperiode des gesellschaftlichen Kapitals, Erhöhung des Reallohns, Verkürzung der Arbeitszeit, Erhöhung anderer Formen arbeitslosen Einkommens auf Rechnung der Kapitalrente, stärkere steuerliche Belastung u. a. m. Immerhin ist die Tendenz durch das absolute und relative Anwachsen des Mehrprodukts, über das die Gesellschaft verfügt, gekennzeichnet. Die Mehrwertlehre, als Erklärung der Bildung und Veränderung des Kapitalzinses, ist folglich teils unrichtig, teils inhaltslos. Das stehende Kapital ist ebenso eine Quelle der Rente wie das umlaufende. „So fällt Marx' Zinstheorie in sich zusammen: die „Vulgärökonomen" und Kapitalisten der Praxis, die unterschiedslos das ganze Kapital als Quelle des Kapitalzinses ansehen, sind vollkommen im Recht." (Tugan-Baranovskij, Theoretische Grundlagen, a. a. O. S. 177 und 180.) Vergleiche auch den Aufsatz

nicht, wie Marx annahm, eine Funktion von V, sondern von C[1]. Deshalb kann das Wachstum des Mehrwerts genau so auf die Vermehrung des konstanten wie des variablen Kapitals zurückgeführt werden [1]). Es läßt sich durch die Formel $\frac{M}{V+C}$ alles „beweisen", wenn man sie auf die Gesamtgesellschaft bezieht.

Wir haben bereits unsere Stellungnahme zu der russischen Kritik an der Ausbeutungs- und Mehrwerttheorie sowie gegenüber der Gegenkritik der Marxisten in kurzen Anmerkungen angedeutet; es ist nunmehr unsere Aufgabe, sie mit einigen Worten zu ergänzen und zu charakterisieren.

Slonimskijs und Struves Kritiken des Gesetzes der sinkenden Profiltrate sowie dessen Korrektur im dritten Bande des „Kapital" sind im wesentlichen anzuerkennen. Wenn Marx einesteils ausführt, daß der Mehrwert in geradem Verhältnis zum variablen, nicht aber zum Gesamtkapital steht — und seine russischen Schüler machen sich diese Auffassung zu eigen —, andererseits aber die Erfahrung lehrt, daß die Kapitalien, ungeachtet ihrer organischen Zusammensetzung, durchschnittlich gleiche Profitraten abwerfen, so kann nur ein Voreingenommener hierin keine „Antinomie" sehen. Es ist Böhm-Bawerk zuzustimmen, wenn er der Ansicht Ausdruck gibt, daß der dritte Band „eine Besiegelung des unversönhlichen Widerspruchs und eine bemäntelte, uneingestandene, beschönigte, aber im Wesen immerhin eine Preisgebung der Lehre des ersten Bandes" enthält [2]). Um die absolute Arbeitswerttheorie aufrecht erhalten zu können, greift Marx zur Tautologie, daß für die Gesamtheit der Produktionszweige der Wert nach wie vor durch Arbeit bestimmt wird. Das Nichtssagende dieser Argumentation hat Slonimskij im Anschluß an Böhm-Bawerk mit Schärfe hervorgehoben. Es kann auch durch den Hinweis aller russischen Mehrwerttheoretiker nicht aus der Welt geschafft werden, daß der „scheinbare" Widerspruch von Marx' Wertlehre in der kapitalistischen Wirtschaft selbst begründet sei. Entweder tritt das Gesetz der sinkenden, auf dem Beteiligungsgrad des

---

desselben Autors „Die Grundfehler der abstrakten Theorie des Kapitalismus von Marx". Hier wird S. 982 ausgeführt, daß Marx übersehen hat, daß bei jeder Veränderung der Kapitalzusammensetzung die Arbeitsproduktivität steigt. „Schon allein die Tatsache, daß die Maschine die Arbeitskraft ersetzt, macht jene produktiver, selbst wenn die Produktionskosten der Produkteneinheit gleichbleiben." Marx geht von der Unveränderlichkeit der Höhe des Mehrwerts bei veränderter Kapitalzusammensetzung aus, während in Wirklichkeit jede Ersetzung des Arbeiters durch Maschinen eine entsprechende Erhöhung jener Norm bedingt. Diese Gedankengänge geben einem Herrn B—ić in der Wissenschaftlichen Rundschau 1899, XI, S. 2127 ff., Veranlassung, vermittelst endloser Berechuungen festzustellen, daß man auch auf Grund der Marxschen Formeln zu denselben Ergebnissen gelangen könne wie Tugan-Baranovskij.

[1]) Ebenda S. 303.

[2]) Böhm-Bawerk, Kapital und Kapitalzins, I, S. 394.

variablen Kapitals beruhenden Profitrate in Erscheinung, oder sie ist von dem Gesamtkapital abhängig und gleicht sich dank der Konkurrenz aus; ein Drittes gibt es nicht. Eine Grundtendenz feststellen zu wollen, die nie und nirgends zu beobachten ist, ist zum mindesten überflüssig. Bei Besprechung der Wertlehren ist mit Nachdruck darauf hingewiesen worden, daß die nationalökonomischen „Gesetze" die Wirklichkeit erklären sollen. Soweit sie dazu in der Lage sind, dürfen wir sie akzeptieren, gleichgültig auf welchem Wege sie gefunden werden. Es ist hier auf die entsprechenden Ausführungen im zweiten Abschnitt zu verweisen. Ich lehne deduktiv gewonnene Ergebnisse nicht a priori ab, obgleich ich der Ansicht bin, daß sie nur in seltenen Fällen geeignet sind, den von mir als notwendig erkannten Anforderungen zu entsprechen. Aber Marx ist bei Behandlung des Kapitalzinsproblems nicht einmal deduktiv verfahren. Er hat sich seine Wert- und Mehrwertlehre ausgedacht, weil er sie als Basis ansah, auf der die soziale Frage gelöst werden müsse. Er konstruierte willkürliche Formeln, aus denen letzten Endes, wie Struve gezeigt hat, alles zu beweisen ist und daher nichts bewiesen werden kann. Eine andere Frage ist es, ob die Ausbeutungstheorie eine Wirkung ausgeübt hat; dies hat jedoch die wissenschaftliche Kritik in keiner Weise zu beeinflussen. Slonimskij wird Marx gerecht, indem er seine scharfsinnige Studie über ihn mit den Worten abschließt: „In der Geschichte der geistigen, mit der Arbeiterfrage in Zusammenhang stehenden Bewegung spielt das Marxsche Werk eine sehr bedeutende Rolle; die ökonomische Wissenschaft aber hat es auch nicht einen Schritt weitergebracht."

Überblicken wir abschließend die Gegenkritik der russischen Mehrwerttheoretiker, dann erfaßt den von ferne Beobachtenden ein recht unerquickliches Gefühl. Gegensätzliche Auffassungen in grundsätzlichen wie in Einzelfragen können und sollen in unserer Wissenschaft bestehen, aber die Art und Weise, wie die Ausbeutungstheoretiker den Kampf führen, befremdet in hohem Grade [1]). Sie verfahren folgendermaßen: Wird die Unhaltbarkeit einer bisher zäh verteidigten Position eingesehen, so versucht man den Beweis zu liefern, daß die gegnerische Ansicht im Grunde gar nicht der eigenen Auffassung widerspricht (siehe die Ausführungen von Neźdanov und Herrn B—Č in den Anmerkungen S. 134f. und S. 136). Oder es wird den Gegnern eine völlig verkehrte methodologische Auffassung von den Aufgaben der Wirtschaftswissenschaft vorgeworfen und ihnen vorgehalten, daß sie die ökonomischen Probleme vom „mechanisch-technologischen und buchhaltungs-kom-

---

[1]) Eine eingehendere Wiedergabe der Antikritik von seiten der Ausbeutungstheoretiker verbietet die räumliche Beschränkung, die ich mir auferlegen muß. Ich habe in vorstehendem versucht, in Form von Anmerkungen einige Einwände gegen Struve und Slonimskij wiederzugeben.

merziellen" Standpunkt ansähen. Je mehr solcher schmückender Beiworte seinem Kritiker gesagt werden, desto mehr glaubt man ihn diskreditiert und widerlegt zu haben. (Vgl. Filippov, Anm. S. 130f.). Kommt man auch auf diesem Gebiete nicht weiter,

Da stellt ein Wort zur rechten Zeit sich ein.
Mit Worten läßt sich trefflich streiten,
Mit Worten ein System bereiten,
An Worte läßt sich trefflich glauben,
Von einem Wort läßt sich kein Jota rauben.

(Neždanov, Anm. 2 S. 133.) Die russische marxistische Literatur überbietet, wenn es möglich ist, den Meister an fruchtloser Sophistik und Kasuistik. Der Ausspruch Nötzels[1]), daß die marxistische Wissenschaft in Rußland aus einer Häufung von Denknuancen besteht, „um die unter Begehung endloser logischer Elementarschnitzer sich ein hoffnungsloses Dickicht naiver und nicht naiver Sophismen schlingt", bezieht sich vornehmlich auf die Analyse des Mehrwerts. Und ich kann Nötzel nur beipflichten, wenn er meint, daß die ausschließlich polemische Literatur von seiten der Ausbeutungstheoretiker vor allem „die eine Todesangst um die Wahrheit der Lehre des Meisters" offenbart. „Nirgends sonst fallen einem die elementaren Lücken im russischen Geist so auf, und die furchtbaren Widerstände, die sich ihrer Schließung entgegensetzen. Wie hoffnungslos ein unter dem Despotismus des Gefühls, der Wünsche stehendes Denken im Labyrinth seines eigenen Verkennens herumgeführt werden kann, das lehrt vielleicht nichts mehr als die russische marxistische Literatur[2])."

Die kurze Charakteristik der marxistischen Gegenkritik zeigt, daß ein tiefes Eindringen in das wirre Dickicht der jahrelangen Polemik nicht der Mühe lohnt, und uns kaum neue Gesichtspunkte zur Klärung des Kapitalrentenproblems eröffnet. Nur für den Forscher russischer Psychologie ist jener Meinungsstreit eine Fundgrube neuer Erkenntnisse.

---

[1]) Vgl. S. 31.
[2]) Nötzel, a. a. O. S. 203.

Die „Soziale Theorie" des Kapitalzinses und ihre Kritik.

Unter den Werttheorien haben diejenigen unsere Aufmerksamkeit in besonders hohem Grade gefesselt, die eine Synthese zwischen Arbeitswert- und Grenznutzlehre herbeizuführen bestrebt waren, nicht weil der Versuch als gelungen bezeichnet werden kann, sondern weil er typisch für eine sehr einflußreiche Richtung der russischen Theorie des XX. Jahrhunderts ist. Aus demselben Grunde [1]) erweckt die „Soziale Theorie des Kapitalzinses" Interesse.

„Die Soziale Theorie der Verteilung" ist zeitlich zuerst von Peter Struve aufgestellt und von Tugan-Baranovskij etwa gleichzeitig eingehend entwickelt und begründet worden. Der hierüber geführte Prioritätsstreit — man hat Tugan-Baranovskij geradezu, aber völlig zu Unrecht, des Plagiats beschuldigt — ist u. a. durch Dmitriev und Bilimovič, der eine mir leider nicht zugängliche Studie über die soziale Theorie veröffentlicht hat, zugunsten Struves entschieden. Trotzdem folgen wir in Nachfolgendem nicht den Gedankengängen P. B. Struves, sondern halten uns an die Darstellung Tugan-Baranovskijs, und zwar deshalb, weil für die theoretische Erkenntnis Struves jene soziale Theorie nur eine bald überwundene Durchgangsstufe darstellt, während Tugan-Baranovskij an ihr festgehalten hat.

Obgleich sie in Rußland wenig Anklang gefunden hat (der einzige, der die Gedankengänge Tugan-Baranovskijs zum Teil übernimmt, ohne sie ausführlich zu entwickeln, ist Železnov, siehe S. 127), ist sie von größter symptomatischer Bedeutung.

---

[1]) Die Betonung des Sozialen ist ausgesprochen russisch. S. I. Solncev hat in seinem wertvollen Werk „Der Arbeitslohn als Verteilungsproblem" S. 32 seiner Auffassung über die Bedeutung einer sozialen Betrachtungsweise des Verteilungsproblems folgenden Ausdruck verliehen: „Die Lehre von den sozialen Quoten oder Beziehungen führt uns nicht nur zur Klärung der Frage des allgemeinen Charakters und der Veränderungstendenzen der Anteile des gesellschaftlichen Einkommens, sondern klärt auch das Wesen der Klassenbeziehungen ... ja, der Entwicklung des jetzigen Kapitalismus. Das ökonomische Verteilungsproblem verwandelt sich in ein soziales Problem und beantwortet oder beleuchtet doch zum mindesten die sog. soziale Frage überhaupt." Diese Auffassung atmet russischen Geist und gibt die allgemeine Auffassung wieder.

Ich bin überzeugt, daß nirgends sonst eine ähnliche Theorie aufgestellt werden konnte als im vorbolševistischen Rußland. Daß ein so scharfsinniger Denker wie Tugan-Baranovskij allen Ernstes die Ausbeutungstheorie mit einer, allerdings nicht im einzelnen ausgeführten, Produktivitätstheorie zu verbinden sucht, ist nur auf sein Bestreben zurückzuführen, unter allen Umständen den Grundgedanken des Marxschen Systems der modernen wissenschaftlichen Forschung anzugleichen.

Das Kapitalzinsproblem ist für Tugan-Baranovskij nur ein Teil des größeren Verteilungsproblems. Deshalb ist seine soziale Theorie des Kapitalzinses bloß ein Ausschnitt aus der Sozialen Theorie der Verteilung. Auf diese muß zunächst mit einigen Worten eingegangen werden.

Das Verteilungsproblem ist dank seines sozialen Charakters ein Problem sui generis und hat nichts mit dem Wertproblem zu tun [1]). „Wodurch auch der Wert bestimmt wird, er erklärt uns nicht im geringsten die Erscheinungen der Verteilung, die auf durchaus anderen Grundlagen erwachsen sind als die Wertung wirtschaftlicher Güter." Durch die Verbindung beider Fragenkomplexe haben die Mehrwerttheoretiker das Wesen der Verteilung ebenso verdunkelt wie die Grenznutzentheoretiker [2]). Bestimmend ist nie der Wert, der anteilsmäßig auf einen der Produktionsfaktoren zurückzuführen ist, sondern stets und unter allen Umständen die Macht der sozialen Klassen. Dabei ist es aber nicht möglich, die Verteilung des Produkts zwischen Kapitalist und Arbeiter in einer Formel genau zu bestimmen; vielmehr müssen wir uns mit dem Hinweis begnügen, „daß der Anteil dieser wie jener, je nach der sozialen Kräfteverteilung, verschieden sein kann [3])".

Die gesellschaftliche Klasse, die nach Tugan-Baranovskij der bestimmende Faktor bei der Verteilung ist, wird von ihm definiert „als eine gesellschaftliche Gruppe, deren Glieder sich hinsichtlich des gesellschaftlichen Prozesses der Aneignung der Mehrarbeit einiger Gesellschaftsgruppen durch andere in gleicher Wirtschaftslage befinden und die deshalb durch gemeinsame Gegner und gemeinsame ökonomische Interessen in der gesellschaftlichen Wirtschaft verbunden sind [4])."

[1]) Tugan-Baranovskij definiert das Verteilungsproblem wie folgt: Es ist das „Problem der Abhängigkeitsverhältnisse der gesellschaftlichen Klassen, die miteinander durch die kapitalistische Produktion und den Tausch verbunden sind." Grundlagen, a. a. O. S. 349.

[2]) Tugan-Baranovskij, Die soziale Theorie der Verteilung. Russischer Gedanke, 1910, I, S. 101.

[3]) Ebenda S. 110. Tugan-Baranovskij stützt sich hier auf einen Brief Ricardos an Mac Culloch vom 13. 6. 1820, in dem es u. a. heißt: „After all the great questions of Rent, Wages and Profits must be explaned by the proportions in which the whole produce is divided between landlords, capitalists and labourers, and which are not essentially connected with the doctrine of value."

[4]) Derselbe, Grundlagen, a. a. O. S. 337. Endlich die Definition in den

Der Kapitalgewinn wird ebenfalls nicht durch das Wertproblem beeinflußt; seine Höhe wird, wie unten dargelegt ist, in erster Linie durch die Kräfteverteilung der sozialen Klassen bedingt. Doch noch aus einem anderen Grunde hat das Kapitalzinsproblem nichts mit dem Wertproblem zu tun [1]). Der Kapitalzins entsteht nämlich nicht auf dem Markt, sondern in der Produktion [2]). Das Produkt, nicht der Wert wird verteilt. Im Endresultat geht nicht eine gewisse Wertquote, sondern ein Teil des gesellschaftlichen Produkts in die Hand einer Klasse über. „Daher ist die einzig mögliche wissenschaftliche Methode bei Beurteilung des Kapitalzinses völlig von der Wert- und Preistheorie zu abstrahieren [3]).“

Die soziale Theorie der Kapitalrente geht von der Annahme aus, daß „ein Teil der Gesellschaft für den anderen ohne entsprechendes Äquivalent arbeitet.“ Die Nichtbesitzenden müssen für die Besitzenden mehr Arbeit leisten, als sie von ihnen in Gestalt von Lohn zurückerhalten. „Die Tatsache ist zu offenkundig und unbestritten, als daß es an Beweisen mangelte [4]).“ Offenbar aber sind Tugan doch Bedenken gekommen, den Fundamentalsatz, auf dem seine ganze Theorie aufgebaut ist, allein auf jene „offenkundige“ und „unbestrittene“ „Tatsache“ zu gründen. Jedenfalls bringt er einige Seiten weiter folgendes vor: „Zum Beweis dessen, daß das arbeitslose Einkommen auf Gewalt und sozialer Knechtung beruht, genügt es, auf die augenscheinliche Tatsache hinzuweisen, daß die Arbeiter zum Vorteil der Kapitalisten, aber nicht aus Liebe zu ihnen, nicht aus Liebe zur Arbeit, sondern aus Zwang und Notwendigkeit arbeiten [5]).“ So ist der Kapitalgewinn „in der Tat ein Einkommen, das auf Besitz, d. h. auf sozialer Ausbeutung und sozialer Vergewaltigung beruht [6]).“ Die Ausbeutung erfolgt jedoch nicht in der Weise, daß der Kapitalist sich den Mehrwert aneignet, sondern das Mehrprodukt des Arbeiters [7]). Die Ersetzung des einen Begriffs durch den anderen war für Tugan-Baranovskij notwendig, da er, wie bereits gezeigt [8]), die Un-

---

Theoretischen Grundlagen, a. a. O. S. 100. Gesellschaftliche Klassen gibt es demzufolge nur so lange, wie es eine Aneignung der Mehrarbeit gibt. In der sozialistischen Wirtschaft hört das Verteilungsproblem auf zu existieren.

[1]) Ein drittes Argument für die Scheidung beider Probleme sieht Tugan-Baranovskij in ihrer grundsätzlichen Verschiedenheit. In den „Grundlagen“ S. 354 sagt er: „Wenn die Verteilung eine historische Wirtschaftskategorie ist, der Wert aber eine logische, dann ist es ganz klar, daß die Verteilungstheorie prinzipiell streng geschieden werden muß von der allgemeinen Wertlehre.“

[2]) Derselbe, Soziale Theorie, a. a. O. S. 107.

[3]) Ebenda S. 108.

[4]) Derselbe, Theoretische Grundlagen, a. a. O. S. 181 ff.

[5]) Ebenda S. 188. Vgl. Grundlagen, a. a. O. S. 352, 355 und viele andere Stellen.

[6]) Derselbe, S. 188.

[7]) Derselbe, Grundlagen, a. a. O. S. 367, 372, 441.

[8]) Vgl. S. 66 f.

haltbarkeit der Mehrwerttheorie anerkannt hatte. Er betont denn auch ausdrücklich, „daß die absolute Arbeitswerttheorie, die den Tatsachen eklatant widerspricht, durchaus nicht nötig ist, um die Ausbeutungstheorie (wie Tugan-B. sie auffaßt) zu begründen[1])".

Der Kapitalzins wird durch dieselben objektiven Faktoren bestimmt, die die Höhe des Arbeitslohnes beeinflussen[2]). Es sei daher kurz Tugans soziale Theorie des Arbeitslohnes gestreift. Der Lohn müßte sich nach der Höhe des gesellschaftlichen Gesamtprodukts[3]), nach Abzug der aufgewendeten Produktionskosten, richten. Da die Arbeitskosten die absoluten Produktionskosten sind, d. h. da die Produkte nur durch menschliche Arbeit geschaffen sind, gebührt den Arbeitern im Grunde das ganze Produkt. In Wirklichkeit wird aber von den gesellschaftlichen Klassen um den Anteil am Produkt gekämpft. Der Lohn wird mithin nach der sozialen Theorie der Verteilung durch zwei Faktoren bedingt: „durch die Produktivität der gesellschaftlichen Arbeit, die die Höhe des gesellschaftlichen Produkts bestimmt, das zwischen den Klassen geteilt wird, und der sozialen Macht der Arbeiterklasse, von der die Quote des gesellschaftlichen Produkts abhängt, die die Arbeiter erhalten[4]).

Dieselben beiden Momente sind auf den Kapitalgewinn von Einfluß. Alles, was die Produktivität der Arbeit erhöht, hat gleichzeitig die Tendenz, den Kapitalgewinn zu erhöhen. Daß andererseits die Machtverteilung innerhalb der Klassen für Tugın-Baranovskij von entscheidender Wirkung ist, braucht nicht näher ausgeführt zu werden. Soweit wurzelt die soziale Theorie der Verteilung voll und ganz in marxistischen Gedankengängen: mit Nachdruck wird darauf hingewiesen, daß ihre sozialen Bestandteile von Marx entlehnt sind. Andererseits glaubt Tugan-Baranovskij, ungeachtet der Lehre von der Aneignung des Mehrprodukts durch den Kapitalisten, seiner Theorie eine andere, grundsätzlich von Marx abweichende ökonomische Basis verliehen zu haben. Diese Annahme ermöglicht es ihm — scheinbar —, ein Element in seine Theorie aufzunehmen, das ihr m. E. wesensfremd ist: die Produktivität des Kapitals.

Zwar hält er die Produktivitätstheorie für unzureichend,

---

[1]) Tugan-Baranovskij, Theoretische Grundlagen, a. a. O. S. 197.

[2]) Derselbe, Grundlagen, a. a. O. S. 439.

[3]) Es ist, nebenbei bemerkt, nicht einzusehen, warum die Höhe des Gesamtprodukts und nicht der Wert bezw. der Preis dieses Produkts für die Lohnhöhe von Bedeutung ist. Es dürfen nach Tugan-Baranovskijs Auffassungen Wert- und Preismomente bei der Verteilungslehre nicht mitbestimmend sein. Deshalb ersetzt er willkürlich den Wert durch diese selbst. Dieser Hinweis mag als ein Beispiel für die willkürliche und „unsolide" Arbeitsweise Tugan-Baranovskijs angeführt sein.

[4]) Tugan-Baranovskij, Grundlagen, a. a. O. S. 372.

ja für unrichtig [1]), weil sie im Kapital den dritten selbständigen Produktionsfaktor neben Arbeit und Boden sieht [2]); doch enthalten sowohl die Mehrwerttheorie wie die Produktivitätstheorie „einen wahren Kern“. Beide sind nur ihrer Einseitigkeit wegen falsch [3]). „Die wahre Theorie vom Kapitalgewinn muß den Einfluß beider Lehren anerkennen, ebenso wie den Einfluß des sozialen Elements.“ Mit dieser Feststellung glaubt Tugan-Baranovskij das Problem gelöst zu haben.

Die dargelegte „Soziale Theorie“ Tugan-Baranovskijs der Verteilung ist in Rußland mit Nachdruck von Peter Struve und von Vladimir Dmitriev widerlegt worden. Besondere Beachtung verdient die scharfsinnige Kritik Struves.

Im Grundgedanken stimmt er mit Tugan-Baranovskij überein. Auch er glaubt, in Anlehnung an den erwähnten Brief Ricardos, „daß das Verteilungsproblem nicht unmittelbar mit der Produktion und dem Problem der Veränderung und der Höhe des Wertes zusammenhängt, sondern letzten Endes ein Problem der Aneignung des Produkts durch die Agenten der gesellschaftlichen Gütererzeugung oder, allgemeiner ausgedrückt, der Wirtschaft ist [4])“. Sehr bald trennen sich jedoch die Wege beider Theoretiker. Für Struve ist der Begriff der Verteilung nur eine notwendige methodische Fiktion. Er meint, daß die tragische Lage Tugan-Baranovskijs darin besteht, daß seine soziale Theorie der Verteilung „eine ökonomische Theorie sein will, während doch ihre ganze Idee, ihr ganzer Inhalt in dem Eingeständnis wurzelt, daß eine wirtschaftliche Verteilungslehre unmöglich ist [5])“. Da Struve die Güterverteilung wie Tugan-Baranovskij als soziales Problem auffaßt, dieses aber für ihn „im Grunde unlösbar ist“, ist es nur konsequent, wenn er die Ansicht vertritt, daß eine Verteilungstheorie überhaupt nicht aufgestellt werden kann [6]).

---

[1]) Tugan-Baranovskij, Theoretische Grundlagen, a. a. O. S. 190.

[2]) Ebenda S. 195. Kapital ist nur Zwischenprodukt von Arbeit und Grund und Boden. Als absolute Kosten sind nur Arbeit maßgeblich. „Das gibt uns ein Recht, das ganze gesellschaftliche Produkt als Erzeugnis gesellschaftlicher Arbeit anzusehen.“

[3]) Ebenda S. 194.

[4]) Struve, Das ökonomische System M. I. Tugan-Baranovskijs. Der russische Gedanke. 1910, I, S. 117.

[5]) Ebenda S. 120.

[6]) Ebenda S. 122. Hier betonte er ausdrücklich, daß jede Erörterung der „Verteilung an sich“ zwecklos sei, weil das in Frage stehende Problem ein dynamisches und nicht ein statisches, ferner ein idiographisches, kein nomographisches ist. — An anderer Stelle entscheidet sich Struve allerdings doch für einen positiven Lösungsversuch des Verteilungsproblems. Er meint, „daß nur die statistische Bearbeitung der primären Voraussetzungen einer kritisch aufgebauten und kritisch durchgeführten „Buchhaltung“ die Antwort auf eine Reihe von Fragen geben könne, die sich die politische Ökonomie stellt und die sie bisher deduktiv zu lösen bestrebt war.“ Hierzu rechnet Struve das Verteilungsproblem. Die Entwicklung der weiteren Forschung auf

In der Kritik einzelner Sätze der Sozialen Theorie stimmt Struve teilweise mit Dmitriev überein. Zunächst ist Tugans These, daß das Verteilungs-, mithin auch das Kapitalrentenproblem mit der Werttheorie nichts zu tun habe, interessant. Mit Recht vertritt Struve die Ansicht, daß die Grundlage von Tugan-Baranovskijs Verteilungslehre eine eigenartige Mehrwerttheorie darstellt, denn sie geht von der Voraussetzung aus, daß in jeder Produktion ein Mehr an Gütern erzeugt werde, das der Kapitalist sich aneignet. „Seine ganzen Ausführungen wollen beweisen, daß in dem wirtschaftlich-rationellen Produktionsprozeß ein Mehr an Wert geschaffen wird ... und im nötigen Augenblick verwandelt sich dieser Mehrwert in ein Mehrprodukt [1].“ So wird die alte Marxsche Theorie dem Leser in neuem Gewande wieder vorgeführt. „Der Erzeugungsprozeß ist das mystische Laboratorium, in dem geheimnisvoll der Kapitalzins erzeugt wird.“ Doch dieser Vorgang genügt Tugan-Baranovskij nicht. Der Zins wird erzeugt durch die Einführung des Begriffs „Klasse“. Man muß die Gesellschaft einfach in Klassen teilen, um den Schlüssel zur Lösung des Verteilungsproblems zu erhalten. Die soziale Theorie übersieht, daß nicht die Scheidung der Gesellschaft in Klassen den Verteilungsmechanismus bedingt, sondern umgekehrt, die Verteilung die gesellschaftliche Klassengliederung herbeiführt [2].

Mit wenigen Worten sei zunächst zur allgemein-methodischen Auffassung von Tugan-Baranovskij und Struve dem Verteilungsproblem gegenüber Stellung genommen und dann die Kritik der „Sozialen Theorie“ ergänzt. Ich kann die Ansicht

---

diesem Gebiete könne nur in einer rein statistischen Methodik („Statistik werden“) der politischen Ökonomie auf Grundlage der Buchhaltung liegen, wobei Struve unter Buchhaltung „eine besondere Art statistischer Registration“ versteht. — An anderer Stelle (Das wissenschaftliche Bild der ökonomischen Welt und der Begriff des „Gleichgewichts“, Wirtschaftsbote I, 1923, S. 16) führt Struve aus, daß wir außerhalb der statistischen Erfassung des Wirtschaftslebens nur allgemeine Begriffe und Definitionen aufstellen können, jedoch keine Kausalforschung zu treiben in der Lage sind. „Da auch die „Individuen“ vom Standpunkt ökonomischer Erkenntnis nicht durch irgendwelche uns bekannte Kräfte absolut determiniert erscheinen, sondern uns als „Kontingente“ entgegentreten, ... so genügt diese Erkenntnis zur Aufstellung des methodischen Postulats, daß die genaue Analyse in der Ökonomik nur in der Form statistischer Bearbeitung oder in der Form von Tatsachenbeschreibung der unendlich mannigfachen statistischen Phänomene bestehen kann.“ Nur auf dem Wege der „Statistifizierung“ sind allgemeine ökonomische Tendenzen festzustellen. (Ebenda S. 20.)

[1]) Ebenda S. 123, 124. Wenn es erforderlich ist, verwandelt Tugan-Baranovskij das Produkt wieder in eine Wertgröße. So führt Dmitriev folgenden Satz Tugans an: „Durch diese Faktoren wird der Kapitalzins erklärt als eine bestimmte Wertsumme, die der Kapitalist erhält.“ Also doch kein Mehrprodukt, sondern ein Mehrwert?! (Dmitriev, Ein neues russisches Traktat über die Theorie, S. 230.)

[2]) Struve, Das ökonomische System, a. a. O. S. 125.

dieser Autoren nicht teilen, daß das Verteilungsproblem seines sozialen Charakters wegen ein Problem sui generis ist. Im Grunde ist jedes Gebiet der Sozialökonomie sozial bedingt, da wir es stets mit sozialen Beziehungen zu tun haben. Ist das Preisproblem nicht auch in hohem Grade sozial fundiert? Spielen nicht auch hier letzten Endes Machtfragen entscheidend mit? Warum man also dem Verteilungsproblem einen besonderen sozialen Charakter verleihen will, ist nicht einzusehen [1]). Das hieße zudem nicht nur einseitig einen bestimmenden Faktor hervorzuheben, sondern die Lösung der Frage verhindern. Wie dürftig die Ergebnisse von Tugan-Baranovskij und Struve ausgefallen sind, haben wir gesehen: das spricht nicht für den von diesen Autoren eingeschlagenen Weg. Andererseits wird freilich auch das Verfahren der Zurechnung — hierin ist Tugan-Baranovskij beizupflichten — auf die drei Produktionsfaktoren nicht zu einer restlos befriedigenden Lösung des Verteilungsproblems führen [2]).

---

[1]) Auf den logischen Widerspruch Tugan-Baranovskijs, das Verteilungsproblem als ein soziales, das Preisproblem als ein rein ökonomisches hinzustellen, hat mit Nachdruck Bilimovič hingewiesen. Für ihn steht das Gesetz von Angebot und Nachfrage im Mittelpunkt der Wirtschaftsnomographie; es bedingt nicht nur den Preis, sondern auch die Bildung der Einkommen, die als Spezialfall der Preisbildung aufgefaßt wird. Hieraus resultiert naturgemäß die Ablehnung der Lehre von der Verteilung überhaupt und der Sozialen Verteilungslehre im besonderen. Bilimovič leugnet zwar nicht die Einflüsse sozialer Momente, betont aber die Grenzen, die ihnen durch rein wirtschaftliche Tatsachen gezogen sind, und vertritt die Ansicht, daß sie nicht unmittelbar, sondern mittelbar durch den ökonomischen Mechanismus von Angebot und Nachfrage wirken. Die Einkommenslehre bleibt somit eine ökonomische, die jedoch durch soziale Elemente ergänzt wird. Diese wirken aber sowohl auf die Einkommensbildung als auch auf die Preisgestaltung; wenn zwischen beiden ein Unterschied besteht, dann nur ein quantitativer, der eine prinzipielle Scheidung in eine soziale Theorie der Einkommen und in eine ökonomische der Preise nicht rechtfertigt.

[2]) Die Zurechnungslehre hat das Fundament der Untersuchung abzugeben. Ergänzend wäre dann die jeweilige Kräfteverteilung der gesellschaftlichen Gruppen heranzuziehen. Wir haben es hier in der Tat nicht mit einem statischen, sondern mit einem dynamischen Problem zu tun, das sich dauernd verändert. Die deduktive Forschung wird daher hier ganz besonders wenig am Platze sein. Eine „Verteilung an sich" gibt es nicht, sondern nur eine Verteilung unter bestimmten konkreten Verhältnissen. Es wird aus diesem Grunde notwendig sein, empirisch-realistisch vorzugehen. Dabei scheint mir Struves Forderung, die statistische Methode weitestgehend anzuwenden, zu weit zu gehen. Die Theorie soll nicht den Verteilungsvorgang zu jedem gegebenen Moment genau feststellen wollen, sondern alle maßgebenden Faktoren klarlegen. Ich halte es auch nicht für möglich, daß diese Klarlegung allein mit den Mitteln bloßer Tatsachenbeschreibung oder statistischer Massenbeobachtung herbeigeführt werden kann. Wir haben es im Wirtschaftsleben oft mit Erscheinungen zu tun, die statistisch nicht erfaßt werden können. Es liegt eine große Gefahr darin, der Statistik zu viel zuzumuten, ihr Aufgaben zuzuweisen, die sie ihrem inneren Wesen nach nicht meistern kann. Zwar muß die Statistik in höherem Maß als bisher in den Dienst der Wirtschaftstheorie gestellt werden, doch neben ihr wird stets die empirisch-realistische Spezialanalyse ihren Platz behaupten. Die

Mit Recht betont Dmitriev, daß Tugan-Baranovskijs soziale Theorie der Verteilung die schwächste und anfechtbarste Seite seines gesamten Systems ist. In der Einzelkritik ist von Struve das Wesentlichste hervorgehoben worden. Es bedeutet einen logischen Kreisschluß, wenn Tugan die soziale Klasse, deren Entstehung auf Besitz- und Vermögensunterschiede zurückzuführen ist, wieder als Ursache derselben Vermögensungleichheit betrachtet.

Auch die Umbildung der Marxschen Mehrwerttheorie kann als mißlungen angesehen werden. In der Tat, die Aneignung des gesellschaftlichen Mehrprodukts kann nie und nimmer die Entstehung des Kapitalzinses erklären. Der Kapitalist kann mit dem in seinem Betriebe geschaffenen Mehrprodukt in den meisten Fällen gar nichts anfangen, wenn es nicht gleichzeitig einen Mehrwert hat. Die Auffassung der überwiegenden Zahl der Nationalökonomen, daß die Wert-, besser Preislehre, dem Kapitalrentenproblem zugrunde liegt, scheint mir unumstößlich. Tugan-Baranovskij hat die Bedeutung der Wertlehre m. E. nur deshalb in Abrede gestellt, weil er das Verteilungsproblem auf Grund seines sozialen Charakters als Problem sui generis ansah. Das ist eine Auffassung, die füglich angezweifelt werden darf. Weit davon entfernt, den Einfluß des sozialen Elements in der Verteilung zu leugnen, halte ich doch seine Überschätzung für unfruchtbar. Tugan-Baranovskij führt die Entstehung des Kapitalgewinns auf die Macht der Kapitalisten zurück. Er geht von der Annahme aus, daß „ein Teil der Gesellschaft für den andern ohne entsprechendes Äquivalent arbeitet"; eine Annahme, für die uns der Schöpfer der Sozialen Theorie einen Beweis schuldig geblieben ist, denn daß die Arbeiter nicht nur „aus Liebe", sondern „aus Notwendigkeit" arbeiten, kann im Ernst nicht als ein solcher aufgefaßt werden. Die Tatsache des Arbeitenmüssens hat mit sozialer Ausbeutung nicht das mindeste zu tun. Daß die soziale Machtverteilung die Höhe der dem Unternehmer zufallenden Kapitalrente beeinflußt, ist unbestreitbar, doch darf auch hier diesem Moment nicht zu viel Bedeutung beigemessen werden, da den Klasseninteressen durch die wirtschaftlichen Realitäten sehr bald Grenzen gesetzt werden. Wenn die Lohnarbeiterklasse noch so sehr erstarkt und auch in die Lage versetzt wird, sich den ganzen „Mehrwert" anzueignen, so wird dies in der kapitalistischen Wirtschaftsordnung — und nur diese steht zur Diskussion — binnen kurzem die Einstellung der Produktion überhaupt zur Folge haben. Es ist daher die jeweilige

---

empirische und statistische Beobachtung zusammen sind erst fähig, uns die im Wirtschaftsleben kombiniert auftretenden Faktoren einzeln erkennen zu lassen. Wie sie zusammenwirken, bzw. welcher von ihnen jeweilig von ausschlaggebender Bedeutung ist, hat die Spezialforschung festzustellen. So scheinen mir auch auf dem Gebiete der Verteilungslehre die von mir bereits entwickelten Gesichtspunkte einer relativistischen Forschungsmethode mit Erfolg anwendbar.

Macht der Klassen nur innerhalb enger Schranken in der Lage, auf die Dauer die Verteilung einseitig zu bestimmen.

Die Hauptschwäche der sozialen Theorie Tugan-Baranovskijs liegt jedoch auf einem anderen Gebiet, das die russischen Kritiker merkwürdigerweise nicht erwähnen: in dem Versuch, die Ausbeutungstheorie mit der Anerkennung der Produktivität des Kapitals zu vereinigen. Dieses Bestreben ist logisch unhaltbar. Entweder führt man den „Mehrwert" auf die Ausbeutung der Arbeiter durch die Kapitalisten zurück — wobei die Frage gleichgültig ist, was angeeignet wird, Mehrwert oder Mehrprodukt — oder man sieht als seine Quelle den Faktor Kapital an und erkennt ihm eine selbständige wertschaffende Rolle zu. Das eine schließt das andere aus. Wenn ich erkannt habe, daß die kapitalistische Produktion ergiebiger ist als eine solche ohne Kapital, dann fällt die Ausbeutung als Quelle des Kapitalgewinns logisch fort. Es ist außerordentlich bezeichnend für Tugan-Baranovskij, daß er, in dem Bestreben, der berechtigten Kritik an dem Marxismus Rechnung zu tragen, ein Element in seine Soziale Theorie aufgenommen hat, das ihr völlig wesensfremd ist [1]).

Aber Tugan Baranovskij hatte es sich scheinbar zur Lebensaufgabe gestellt, Unversöhnliches zu versöhnen. Gefühlsmäßig glühender Sozialist, verstandesmäßig ehrlicher Forscher, befindet er sich stets zwischen Szylla und Charybdis. Er will den Marxismus retten und erkennt nicht, daß jede Apologie tendenziös und deshalb wissenschaftlich unfruchtbar sein muß. „Die Wissenschaft ist nicht zu retten da — sagt einmal Peter Struve —, sondern die Wahrheit zu finden. In einer Epoche baut sie auf, in einer anderen zerstört sie mitleidslos; aber niemals rettet sie!" [2])

Das hat Tugan-Baranovskij nicht erkannt, oder nicht erkennen wollen, und daran ist dieser kritisch wie aufbauend hochbegabte Geist letzten Endes gescheitert, ein Theoretiker, wie er nur auf russischer Erde sich entwickeln konnte. Mag er in vielem geirrt und der allgemeinen Nationalökonomie nur wenig Dauerndes geschenkt haben [3]), er bleibt doch eine der interessantesten Per-

[1]) A. Bilimovič sagt von Tugan-Baranovskij anläßlich der Kritik seiner Sozialen Theorie der Verteilung: „Als die wissenschaftliche Kritik die Marxsche Arbeitswerttheorie ablehnte, wandte sich auch M. I. Tugan-Baranovskij in gewissem Grade von ihr ab. Und wenn die absolute Arbeitswerttheorie negiert wird — dies hat Tugan-Baranovskij getan —, dann muß auch die Mehrwertlehre fallengelassen werden. Das vermochte er aber, als Sozialist, nicht zu tun; deshalb gab es nur ein Mittel, die Ausbeutungstheorie zu retten, und zwar dadurch, daß die Einkommensbildung unter ganz andere Gesetze gestellt wurde als die übrige Preisbildung."

[2]) Struve, Das ökonomische System, a. a. O. S. 128.

[3]) Das gilt keinesfalls von seinen Arbeiten auf dem Gebiet der speziellen Volkswirtschaftslehre; seine Geschichte der russischen Fabrik, seine Arbeiten über das Genossenschaftswesen sowie die englischen Handelskrisen gehören zu den besten der russischen wirtschaftswissenschaftlichen Literatur der neueren Zeit.

sönlichkeiten unter den jüngeren russischen Nationalökonomen. Struve faßt sein Urteil über seine wissenschaftliche Tätigkeit folgendermaßen zusammen: „Das System Tugan-Baranovskijs, sein Kanto-Marxismus ist für mich deshalb eine solch bedeutungsvolle Erscheinung in der gegenwärtigen Literatur der politischen Ökonomie, weil in ihm die ganze durchlaufene Periode der wirtschaftlichen Forschung, oder wenigstens einer bestimmten charakteristischen Richtung des wissenschaftlichen Gedankens, zusammengefaßt ist.“

Die russische Kritik der Agiotheorie.

Die Agiotheorie hat in Rußland nur wenige Vertreter gefunden: in fast einmütiger Geschlossenheit wenden sich die Anhänger der verschiedensten Kapitalzinslehren gegen Böhm-Bawerk. Neben der Ausbeutungstheorie ist kein Erklärungsversuch der Kapitalrente öfter und rücksichtsloser bekämpft worden als gerade die Agiotheorie. Sie hat in erster Linie die russischen Marxisten auf den Plan gerufen, sieht man doch nicht mit Unrecht in dem kritischen Teil von Böhm-Bawerks klassischem Werk „Kapital und Kapitalzins" die schärfste und überzeugendste Kritik der Mehrwerttheorie. Deshalb haben sich in Rußland der Kritik Böhm-Bawerks Theoretiker angeschlossen, die sich im übrigen nicht auf den Boden der Agiotheorie stellen, wie beispielsweise Georgievskij. Neben den Ausbeutungstheoretikern haben vornehmlich die Nutzungstheoretiker, vor allem Zalesskij, kritisch gegen die Agiotheorie Stellung genommen.

Eine Analyse dieser Lehre sprengt in einer Hinsicht den Rahmen meiner Untersuchung: bisher sind ausnahmslos Theorien berührt worden, die in Rußland selbständige Vertreter gefunden haben. Obgleich, wie angedeutet, die Agiotheorie hier nicht Fuß zu fassen vermochte — nur ein Teil der Kiever Nationalökonomen hat sie und auch mit Einschränkungen anerkannt —, scheint ein näheres Eingehen auf sie deshalb nicht nur erwünscht, sondern auch notwendig, weil sie die Aufmerksamkeit weiter Fachkreise in ungewöhnlichem Maße auf sich gelenkt hat. Eine Charakteristik der neueren russischen Forschung auf dem Gebiet der Kapitalrentenlehre wäre unvollständig, wollte man die Kritik der Agiotheorie übergehen. Ich werde deshalb einleitend ihre wesentlichsten Gedankengänge, wie sie sich in der russischen Literatur vorfinden, entwickeln und sodann die russischen Kritiker zu Wort kommen lassen.

Der Produktionsprozeß, der zwecks Erzeugung von „Zwischenprodukten" (Kapital) Umwege einschlägt, ist nach Böhm-Bawerk ein kapitalistischer. Die hierdurch ermöglichte größere technische Ergiebigkeit der Produktion beruht auf einem „Einfangen" von Naturkräften, die als Hilfskräfte der menschlichen Arbeit dienstbar gemacht werden. Der Typus dieser Zwischenprodukte ist in der kapitalistischen Wirtschaft die Maschine. Dem Vorteil der größeren technischen Ergiebigkeit steht als Nachteil der kapitalistischen Produktion das durch sie bedingte Opfer an Zeit gegenüber. Auf den Einfluß des Zeitmoments baut Böhm-Bawerk seine Zinstheorie auf. Die Wirkungen, die das Gegenwärtige und Zukünftige im wirtschaftlichen Handeln ausüben, gelten sowohl für die Statik wie für die Dynamik der Wirtschaft[1]). In der Dynamik insofern, als jedesmal, wenn unsere wirtschaftlichen Mittel sich erweitern, wir zwischen näherer und entfernterer Nutzung dieser Mittel wählen müssen, d. h. zwischen Zukunfts- und Gegenwartsgütern. In der statischen Wirtschaft ist das Zeitmoment insoweit von Bedeutung, als die für die Gegenwart und Zukunft bestimmten Güter sich in verschiedenen Händen befinden und gegeneinander ausgetauscht werden müssen. Daraus folgt der Kardinalsatz: „Gegenwartsgüter sind in aller Regel mehr wert als künftige Güter gleicher Art und Zahl[2])." Diese These, auf der Böhm's Zinslehre letzten Endes aufgebaut ist, erfährt durch ihn eine dreifache Motivierung. Erstens: die „Verschiedenheit des Verhältnisses von Bedarf und Deckung in den verschiedenen Zeiträumen" führt die Menschen zur Annahme, daß die gegenwärtige Wirtschaftslage schlechter sei als die für die Zukunft erhoffte. Zweitens: „Wir unterschätzen systematisch unsere künftigen Bedürfnisse und die Mittel, die zu ihrer Befriedigung dienen[3]). Wir sehen — mit anderen Worten — den Grenznutzen künftiger Güter stets in perspektivischer Verkleinerung[4]). Drittens: Gegenwartsgüter sind „aus technischen Gründen vorzüglichere Mittel für unsere Bedürfnisbefriedigung und verbürgen uns daher auch einen höheren Grenznutzen als künftige[5])."

Aus diesen Feststellungen ergibt sich für Böhm-Bawerk die Notwendigkeit des Kapitalzinses für den Unternehmer, und zwar weil die Elemente der künftigen Ware zu einem gegebenen Zeitpunkt niedriger gewertet und geschätzt werden, als für einen späteren. Dadurch, daß der Unternehmer die Produktionsmittel billiger kauft als die mit ihrer Hilfe hergestellten Waren in Zukunft kosten werden, hat er sie zu ihrem vollen Wert gekauft und erhält dennoch nach ihrer Verwendung ein Plus von Wert. Das gilt auch von der Arbeit des Lohnarbeiters, der mithin vom Kapitalisten nicht ausgebeutet wird. Der Zins entspringt vielmehr der Grundeigenschaft des Kapitals selbst, er tritt in jeder Ge-

---

1) A. Rykačev, Die Lehre Böhm-Bawerks vom Kapitalzins. Wissenschaftliche Rundschau 1900, II, S. 218 f.

2) Böhm-Bawerk, Kapital und Kapitalzins II, S. 318.

3) Ebenda S. 332. Die erste und zweite Ursache sind gleichgeartet, insofern, als beide auf eine psychologische Einstellung der Wirtschaftssubjekte zurückzuführen sind.

4) Železnov, Grundzüge, a. a. O. S. 537.

5) Böhm-Bawerk, a. a. O. S. 339.

sellschaftsordnung auf und ist somit eine ewige ökonomische Kategorie, schon deshalb, weil er eine Folge von Zeitdifferenz ist, eines Momentes, das allen Wirtschaftsepochen gemeinsam ist [1]). So etwa wird die Agiotheorie in der russischen Literatur dargestellt.

Vom formalen Standpunkt tadelt Zeleznov die mangelhafte theoretische Geschlossenheit der Böhmschen Theorie. Die drei Gründe, die zum Beweis herangezogen werden, daß Gegenwartsgüter von höherem Wert sind als künftige, weisen keinen inneren Zusammenhang auf, da die beiden ersten von psychologischen Voraussetzungen ausgehen, der letzte von einer technischen [2]).

Davon abgesehen sind die einzelnen Gründe Gegenstand lebhafter Kritik gewesen. Während Zeleznov und Rykačev das erste Argument anerkennen, beanstandet es Zalesskij. Er sieht in Böhm-Bawerks Annahme, daß die Mehrzahl der Menschen Zukunftsgüter niedriger werte als Gegenwartsgüter, einen groben methodologischen Fehler; es müßte erst einmal bewiesen werden, daß gemeinhin wirklich eine solche Schätzung erfolgt; das hat Böhm-Bawerk unterlassen [3]). Trotz dieser Bedenken stellt sich Zalesskij zunächst auf den Boden jener Voraussetzung und untersucht, ob auf ihr fußend logischerweise die Entstehung des Zinses erklärt werden könne. Dabei kommt er zum Schluß, daß die behauptete Annahme, die materielle Lage der wirtschaftenden Subjekte werde sich in Zukunft verbessern, in den meisten Fällen irrig ist. Bei solch einer Überlegung müßte das Resultat sein, daß der Mensch die größte Kapitalrente erhält, der am Ende der Produktion am meisten verarmt ist.“ „Bisher glaubten wir, daß eine Rente erhalten, reicher werden bedeutet. Scheinbar haben wir uns versehen: um Gewinn zu erhalten, muß man verarmen“ [4]). Mag Zalesskij auch noch so sehr übertreiben, er hat insofern recht, als es unmöglich ist, aus falschen Kalkulationen unwirtschaftlich Denkender den Kapitalzins ableiten zu wollen.

Dasselbe trifft in noch höherem Maße für den zweiten Punkt zu. Böhm-Bawerk ist — wie Železnov ausführt — von dem Gedanken ausgegangen, daß, da seine Zinstheorie auf der psychologisch fundierten Wertlehre der Grenznutzentheoretiker ruht, auch für sie „die aus der allgemeinen menschlichen Natur sich ergebenden Motive als ausschlaggebend angesehen werden

[1]) Železnov, a. a. O. S. 537—539.

[2]) Vgl. Rykačev, a. a. O. S. 793: „Böhm-Bawerk hat drei selbständige, von einander logisch unabhängige Erklärungen des Kapitalzinses gegeben. Man muß ihm vorwerfen, daß er ... alle drei gewaltsam verkoppelt hat, sie vermengt und als eine Theorie hinstellt.“

[3]) Zalesskij, Die Lehre von der Entstehung des Kapitalgewinns. II. (Die Lehre vom Kapital; kritischer Teil.) S. 321.

[4]) Ebenda S. 322.

müssen." Ähnlich ist die klassische Schule vorgegangen. Operiert man mit psychologischen Motiven, so müssen sie wenigstens dem Erscheinungskreis entnommen sein, innerhalb dessen sich die Untersuchung bewegt. Böhm-Bawerk, der eine typische Erscheinung der kapitalistischen Wirtschaft — den Kapitalzins — untersuchen will, geht nichtsdestoweniger von Motiven „des Wilden und Sybariten" aus[1]). Während die Klassiker die Wilden ebenso handeln ließen wie die Londoner Börsenmänner, schreibt Böhm-Bawerk dem modernen Wirtschaftssubjekt Motive zu, die jeder vernünftigen wirtschaftlichen Berechnung spotten. „Auf diese Weise entstellt er völlig das typische Bild der kapitalistischen Welt, für welche eben eine möglichst rationelle Lösung wirtschaftlicher Aufgaben charakteristisch ist. Ein Mensch, der seine Bedürfnisbefriedigung rationell gestaltet, vergißt nicht die Zukunft der Gegenwart zuliebe.... Die Gegenwartsgüter, ebenso wie die Zukunftsgüter, sind für ihn gleich wertvoll, sofern er sie überhaupt zum Gegenstand seiner Berechnung macht" [2]).

Böhm hat für die in Frage stehende psychologische Einstellung der Menschen drei Gründe angegeben: Unklarheit über den Grad der Dringlichkeit künftiger Bedürfnisse, Willensschwäche und Unglaube an die Möglichkeit, die Güter in dem Moment ihrer Verwendungsfähigkeit auch wirklich benutzen zu können. Dieser letzte Grund ist, wie Zalesskij hervorhebt, nicht stichhaltig, da er das Risikomoment ausdrückt, das der Risikoprämie entspricht[3]). Die beiden anderen bezeichnet Böhm selbst als „Schätzungsfehler" und „Willensfehler". Zalesskij stellt sich auf den Boden der Železnovschen Auffassung, wenn er der Ableitung des Kapitalzinses aus genannten Fehlern entgegentritt. „Den größten Zins müßten Leute schwachen Willens und wirtschaftlich Kurzsichtige erhalten. Und Menschen starken Charakters, die weitausschauender sind und Zukunftsgüter richtiger einschätzen — erhalten keinen Zins. Wo bleibt da die Logik?" [4]).

Die dritte Motivirung der Agiotheorie betrifft die tech-

---

[1]) Železnov, a. a. O. S. 540.

[2]) Ebenda S. 540.

[3]) Zalesskij, a. a. O. S. 322.

[4]) Wie auch die psychologische Einstellung der Menschen begründet werden mag, eine wesentliche Voraussetzung der Einschätzung von Zukunftsgütern im Vergleich von Gegenwartsgütern sieht Georgievskij in dem Vorhandensein des Kapitalzinses. Liegen nicht die Verhältnisse gerade umgekehrt, als Böhm-Bewerk sie darstellt? Entsteht der Zins auf Grund der behaupteten psychologischen Auffassung oder bildet sich nicht diese vielmehr erst nachträglich durch das Vorhandensein des Zinses? — Es wird so leicht nicht möglich sein, hierauf eine befriedigende Antwort zu geben, da eine exakte Untersuchung der Massenpsychologie, die hier in Frage kommt, bisher nicht vorgenommen ist und auch bei dem gegenwärtigen Stand der Psychologie kaum zu befriedigenden Resultaten führen kann.

nischen Vorzüge der Gegenwartsgüter und geht von der Voraussetzung aus, daß die Länge des Produktionsprozesses, also die zur Produktion erforderliche Zeit, ein Symptom größerer Produktivität ist und „daß daher in jedem gegebenen Moment das Produkt eines längeren Produktionsprozesses höher eingeschätzt wird als das eines kürzeren"[1]). Demgegenüber weist Zalesskij darauf hin, daß Böhms Satz in der von ihm beanspruchten Allgemeinnützigkeit nicht zutrifft[2]). Oft genug hat das Erzeugnis eines zeitlich kürzeren Produktionsprozesses höheren Wert als das eines längeren, so z. B. Wein, der über eine bestimmte Zeit nicht lagern darf, will er nicht an Qualität einbüßen. Böhm übersieht ferner, daß die moderne Technik bestrebt ist, die Produktionsmethoden möglichst zu beschleunigen und gleichzeitig produktiv zu gestalten[3]). Die These von der Produktivität der Produktionsumwege kann demnach nur durch eine zur rechten Zeit durchgeführte Vertauschung der Begriffe Zeit und Kapital aufrechterhalten werden, beispielsweise wenn Böhm-Bawerk sagt, „daß in den Grenzen der Anwendung einer Erfindung, wenn sie auch allgemein ein Mittel ist, ein Mehr in kürzerer Zeit zu produzieren, doch die einzelnen Akte der Produktion desto produktiver sind, je mehr Kapital auf sie verwendet wird"[4]). Man sollte meinen, er würde sagen: je längere Zeit zur Beendigung jener Prozesse notwendig ist. Beide Begriffe gleichzusetzen, ist unstatthaft, da eine längere Produktionsdauer nicht die Anwendung größerer Kapitalmengen zu bedeuten braucht. Genau das Gegenteil ist der Fall: „die Anwendung größerer Kapitalmengen verkürzt die Produktionszeit, eingerechnet die Zeit, die für die Herstellung des Kapitals selbst notwendig ist"[5]). Das von Zalesskij angeführte Beispiel vom Wein, der über eine gewisse Zeit nicht lagern darf, zeigt, daß „ein Produkt längerer Zeit geringeren Wert haben kann als ein Produkt eines kürzeren Produktionsprozesses". Die Zeit an sich hat mithin keinen Einfluß auf die Produktivität des Kapitals. Sollte Böhms These, daß die längeren Produktionsumwege produktiver sind als die kürzeren, den Sinn haben, daß die Anwendung eines bestimmten Kapitals im

---

[1]) Zalesskij, a. a. O. S. 312.

[2]) Mit vollem Recht vertritt Georgievskij die Auffassung, „daß Zeit und Raum wohl notwendige Voraussetzungen aller Erscheinungen des menschlichen Lebens sind, nicht aber als deren Ursache betrachtet werden können." Ein Baum wächst nicht, weil Zeit vergeht. Dieselbe Zeitspanne kann verstreichen, ohne daß z. B. ein Stück Holz wächst. Die Zinshöhe wird demnach unter Umständen durch Ort und Zeit beeinflußt, aber der Zins selbst liegt in der Natur der Dinge verankert. (Politische Ökonomie, a. a. O. S. 230, 234.)

[3]) Ebenda S. 314.

[4]) Ebenda S. 315.

[5]) Derselben Auffassung ist Železnov, der als das Typische des modernen wirtschaftlichen Fortschritts die Beschleunigung des Produktionsprozesses ansieht. (Grundzüge, a. a. O. S. 541.)

Laufe verschiedener Zeitlängen verschieden ergiebig ist, so bedarf dies keines Beweises: daß unter solchen Umständen ein länger arbeitendes Kapital mehr produziert, ist eine Alltagsweisheit, die aber den Kapitalzins nicht erklären kann [1]).

Mit Recht weist abschließend Zalesskij auf eine Lücke im gedanklichen Aufbau der Agiotheorie hin: selbst wenn längere Produktionsumwege produktiver wären, „so hat er vollständig außer acht gelassen, daß die Benutzung von Kapital in der Produktion nicht kostenlos erfolgt — die Maschinen müssen gefeuert gereinigt, geölt, ausgebessert, mit einem Wort sorgsam behandelt und bedient werden.... Das bedingt unter Umständen erhebliche Produktionskosten. Wer bürgt dafür, daß die erhöhten Kosten einer doppelt langen Produktionsperiode nicht die von der Zeit abhängige Mehrproduktivität des Kapitals aufsaugen?“ [2]).

Sehr eingehend hat Rykačev zur dritten Motivirung Böhm-Bawerks Stellung genommen. Er sucht — im Gegensatz zu den bisher besprochenen Kritikern — zu beweisen, daß die dritte Motivierung nicht stichhaltig ist, da sie im Grunde auf die beiden psychologischen zurückzuführen sei. „Wir sind der Ansicht“, führt er aus, „daß Gegenwartsgüter durchaus nicht vollkommenere Befriedigungsmittel unserer Bedürfnisse darstellen. Böhm-Bawerk vermengt hier zwei grundsätzlich verschiedene Dinge. Erstens handelt es sich um die Wahl zwischen verschiedenen Produktionswegen, die mit den augenblicklich zur Verfügung stehenden Mitteln möglich sind; zweitens um den Vergleich des verschiedenen Wertes ein und desselben Gutes zu verschiedenen Zeitmomenten. Die Auswahl der möglichen Produktionswege schließt wiederum in sich a) den Vergleich der verschiedenen Produktivität ein und desselben Produktionsmittels, in Abhängigkeit von der Länge des Produktionsprozesses, b) den Vergleich von Gegenwarts- und Zukunftsgütern. Der Vergleich eines im Augenblick verfügbaren Produktionsmittels mit einem in der Zukunft zur Verfügung stehenden erfolgt unabhängig von der Auswahl der Produktionsumwege. Alles, was Böhm-Bawerk als

---

[1]) Ebenda S. 317.

[2]) Ebenda S. 318. Meines Erachtens liegt Böhm-Bawerks dritter Motivierung unausgesprochen der Gedanke der Produktivität des Kapitals zugrunde, richtiger ausgedrückt, sie ist nur unter dieser Voraussetzung richtig. In Rußland wird diese Ansicht von Georgievskij vertreten. Ihm zufolge „besteht der hauptsächlichste Einwand darin, daß diese Theorie letzten Endes die Frage wieder auf die Produktivität des Kapitals zurückführt; als Resultat der Kapitalsanlage von beispielsweise 100 Werteinheiten erhält man 105 Einheiten“. (Politische Ökonomie, a. a. O. S. 233.) Da aber die Produktivität des Kapitals erst bewiesen werden sollte, verfällt Böhm-Bawerk mutatis mutandis in denselben Fehler, den wir bei Besprechung der Mehrwerttheorie feststellen konnten: dort baut sich die Lehre Marx' auf der Unproduktivität des Kapitals auf; hier liegt der produktiven Wirkung des Zeitmoments die Annahme einer Produktivität des Kapitals zugrunde.

Wirkung seiner dritten Ursache hinstellt, ist in Wirklichkeit nur die Wirkung des ersten und zweiten Grundes" [1]).

Zum Beweis dessen faßt Rykačev die Wirkung der Erlangung eines künftigen Produktionsmittels ins Auge [2]). Sie kann eine doppelte sein. Fall A: die Lage des wirtschaftenden Subjekts bleibt unverändert, d. h. der Gebrauch des erst später erlangten Produktionsmittels ist derselbe wie des in der Gegenwart erlangten. In diesem Falle ziehen wir Gegenwartsgüter bloß deshalb vor, weil wir mit ihnen unsere Bedürfnisse früher befriedigen können, nicht weil sie produktiver sind. Mithin spielen nur die beiden ersten Gründe der Agiotheorie eine Rolle [3]). Fall B: die Lage des wirtschaftenden Subjekts verändert sich. Diese wirtschaftliche Veränderung bedingt die Wertschätzung ein und desselben Produktionsmittels zu verschiedenen Zeiten. Das bedeutet aber nichts anderes als die erste Ursache [3]). Daraus schließt Rykačev die Folgerung, daß die dritte Ursache der verschiedenen Einschätzung von Gegenwarts- und Zukunftsgütern eine Phantasie ist. „Wirksam sind nur psychologische Ursachen, technische gibt es nicht und kann es nicht geben. [4])

Einen breiten Spielraum bei der russischen Kritik der Agiotheorie nimmt, wie nicht anders zu erwarten, die Frage ein, ob es ihr gelungen ist, die dem Unternehmer zufließende Kapitalrente zu rechtfertigen. Böhm-Bawerk betont, daß der Arbeiter nur ein Recht hat, für sein „Gegenwartsgut Arbeit den gegenwärtigen Wert zu fordern". Dieser Satz zerfällt nach Rykačev in zwei voneinander getrennte Probleme: einmal in die Feststellung, daß beim Lohnvertrag ein gleichwertiger Tausch stattfindet, zum anderen in der Erörterung über die gerechten

---

[1]) A. Rykačev, Die Lehre Böhm-Bawerks vom Kapitalzins, S. 226.

[2]) Mir ist es unverständlich, wie hieraus die technische Produktivität des Kapitals widerlegt werden kann. Vgl. meine Stellungnahme S. 155 Anm. 4.

[3]) Ebenda S. 227.

[4]) Ebenda S. 231. Rykačev hat das eigentliche Problem gar nicht erfaßt. Es handelt sich nicht um die „Wahl", „den Vergleich" oder „die Wertschätzung", der Wirtschaftssubjekte betreffend die Kapitalsanwendung, sondern — im Gegensatz zur zuerst vorgebrachten psychologischen Motivierung — um eine bestimmte innere Eigenschaft des Kapitals, um seine technische Produktivität. Daß diese durch das Zeitmoment befriedigend nicht erklärt werden kann, haben Železnov, Zalesskij und Georgievskij einwandfrei klargelegt. Die technische Produktivität dagegen auf psychologische Motive zurückzuführen, ist logisch undurchführbar, da wir es in einem Falle mit einer menschlichen Vorstellung — mag sie nun zutreffend oder falsch sein —, in dem anderen mit einer von dieser Vorstellung unabhängigen natürlichen Eigenschaft zu tun haben. Rykačev bezweckt mit vorstehender Argumentation, wie er S. 154 f. ausführt, den Beweis zu liefern, daß die Agiotheorie mit der Betonung des allgemeinen Zeitmoments, mit jeder anderen Zinstheorie in Einklang zu bringen ist. — Abgesehen davon, daß sie, wenn dies zuträfe, jede Bedeutung als Erklärung der Entstehung des Kapitalzinses verlieren würde, trifft jene Auffassung nicht zu. So ist z. B. eine Verschmelzung mit der Ausbeutungstheorie nicht durchführbar.

Forderungen der Arbeiter. Gegen den ersten Teil polemisieren Borovoj und Isaev, gegen beide wendet sich Rykačev.

Borovoj macht geltend, daß in dem über eine kürzere oder längere Zeit sich erstreckenden Produktionsprozeß nicht nur die Produktionsmittel, sondern auch die Arbeitsleistung in ihrem Wert heranreift. „Warum wächst die Arbeit, fragt er, die ununterbrochen am ganzen Produktionsprozeß mitwirkt und der die Ware ihre endgültige Herstellung verdankt, im Werte nicht, je mehr sie sich dem Ende der Produktionsperiode nähert?"[1]).

Rykačev führt den Gedanken Borovojs näher aus, indem er darauf hinweist, daß der Zeitmoment nicht nur für den Kapitalisten, sondern ebenso für den Grundbesitzer und Arbeiter spricht. Was von der Kapitalrente gilt, findet auch Anwendung auf Grundrente und Lohn. Er führt folgendes Beispiel an: „Ein Arbeiter, der jeden 1. des Monats seinen Lohn empfängt, hat z. B. am 1. September 20 Rubel gegenwärtig und dazu 20 Rubel Oktober- und 20 Rubel Novemberlohn zu beanspruchen. Nach einem Monat verwandeln sich für ihn diese 20 Oktoberrubel in Gegenwartsgüter, d. h. sie erlangen einen größeren Wert — genau so wie die Zukunftsgüter, über die der Kapitalist verfügt[2]). Logischerweise müßte also auch der Arbeitslohn während des Produktionsprozesses sich erhöhen. Es ist in der Tat nicht einzusehen, wie Rykačev und Borovojs Argumentation widerlegt werden sollte. Spricht man der Zeit eine wertschaffende und -steigernde Wirkung zu, dann muß sich diese bei allen Faktoren auswirken, die bei der Gütererzeugung Verwendung finden, nicht nur beim Kapital.

Die Gerechtigkeit der Arbeiterforderungen kann, auch hierin stimme ich mit Rykačev überein, wissenschaftlich nicht untersucht bzw. bestimmt werden. Man kann theoretisch weder beweisen noch widerlegen, ob eine Forderung „gerecht" ist oder nicht, denn was als gerecht und ungerecht anzusprechen ist, hängt vom subjektiven Empfinden des Urteilenden, also jeder Einzelperson ab. Es läßt sich darüber streiten, ob der Lohnarbeiter beispielsweise nicht das „Recht" hat, die Verfügung über die Produktionsmittel zu verlangen, womit die Frage des Kapitalgewinns für ihn gelöst wäre[3]). Unter allen Umständen muß das

---

[1]) Borovoj, a. a. O. S. 309.

[2]) Rykačev, a. a. O. S. 785. Isaev geht von seinen uns bekannten Gedankengängen aus und behauptet (ohne einen Beweis anzutreten), daß „nur die Steigerung der Arbeitsintensität das Entstehen von Überschüssen in der Wirtschaft ... ermöglicht. Die Güter an sich können, so sehr auch der Mensch Gegenwartsgüter Zukunftsgütern vorzieht, keine Rente erzeugen". Der Überschuß in der Produktion „war nur möglich, weil der Arbeiter das Material vermittelst Produktionsmitteln bearbeitet. Er ist der Urheber des Mehrwerts, deshalb hat er auch ein Recht auf ihn".

[3]) Rykačev, a. a. O. S. 781.

Gerechtigkeitsproblem beiseite gelassen werden; es spielen hier politische, religiöse, ethische Momente, mit einem Wort die subjektive Weltanschauung eine Rolle, die eine objektiv-allgemeingültige Lösung unmöglich macht.

So sehen wir, daß die Agiotheorie mannigfache Angriffsflächen aufweist. Entscheidend ist für mich aber nicht die fehlerhafte Konstruktion im einzelnen, sondern der Grundgedanke, auf dem sie aufgebaut ist und der methodische Weg, den sie einschlägt. Beide berühren einander.

Der russischen Kritik zufolge versucht Böhm-Bawerk, von universellen Prämissen ausgehend, eine universelle Kapitalzinstheorie aufzustellen; er verleiht ihr absoluten Charakter. Angenommen, man schätzt Gegenwartsgüter in der Tat höher ein als Zukunftsgüter — eine Unterstellung, die für den wirtschaftlich rationell kalkulierenden modernen Kapitalisten m. E. nicht zutrifft —, so handelt es sich nach Böhms Auffassung hier offenbar um eine Wertung, die der menschlichen Natur stets und zu allen Zeiten eigen ist. Auch das Zeitmoment wirkt ausnahmslos in allen Wirtschaftsepochen. Es fragt sich nun — und diese Auffassung hat in Rußland Borovoj vertreten —, ob der Kapitalzins, eine typische Erscheinung der kapitalistischen Wirtschaft, durch jene allgemeinen Momente hinreichend zu erklären ist [1]). Wenn man davon ausgeht, daß das Kapitalrentenproblem in drei engverbundene Teilprobleme zerfällt, die die Entstehung, Höhe und Wertung umschließen und als technisches, ökonomisches und soziales Zinsproblem bezeichnet werden können, wird man sich in der Tat Borovojs Einwand anschließen müssen. Weist die Zinshöhe und ihre Bedeutung nicht in der heute geltenden Wirtschaftsordnung so bestimmte Eigentümlichkeiten auf, daß, um diese aufzudecken, gerade das Charakteristische des Kapitalismus zu ihrer Erklärung mit herangezogen werden muß? [2]).

Aus dem Gesagten ergibt sich, daß das Rentenphänomen zwar einen allgemeingültigen Charakter hat, daß sich dieser aber nur auf die technische Seite des Problems erstreckt.

---

[1]) Borovoj, a. a. O. S. 309. Vgl. Isaev, a. a. O. S. 311.

[2]) Nach Rykačev wäre die Agiotheorie auch in anderer Beziehung zu allgemein konstruiert, indem sie eine generelle Analyse des Leihzinses und Kapitalzinses darstellt. „Es leuchtet ein, daß die allgemeinen Züge beider nicht die Schwierigkeiten beheben können, die mit der Erforschung jeder der beiden Erscheinungen einzeln genommen zusammenhängen. Da das dem Kapitalzins zugrundeliegende Zentralproblem die Verteilung des Werts zwischen Arbeiter und Unternehmer umfaßt, „muß für die kapitalistische Gesellschaft das Wert- und folglich auch das Zinsproblem anders gelöst werden als für eine Gesellschaft selbständiger Produzenten". Anders Böhm-Bawerk: er beschreibt die psychische Einstellung, die bei jedem — Schuldner, Gläubiger, Lohnarbeiter und Unternehmer zu finden ist. Bei jedem Kapitalgewinn stellt er dasselbe Kriterium fest: den Tausch von Gegenwartsgütern gegen Zukunftsgüter. (Rykačev, a. a. O. S. 777 f.)

Es fragt sich stets, was man bei Analyse des Kapitalrentenproblems in erster Reihe bezweckt: Wesen und Entstehung zu erklären oder seine Höhe, Veränderlichkeit, Verteilung und Bedeutung festzustellen. Böhm-Bawerk legt augenscheinlich auf jenes mehr Gewicht, die Russen beschäftigte dieses vornehmlich. Beide Gruppen werden gemeinhin in das Problem „Kapitalrente" einbezogen, und doch sind sie grundsätzlich verschiedener Natur. Will man darlegen, wie und warum die Kapitalrente sich verändert, wie und warum sie z. B. von der Lonharbeiterschaft für sich in Anspruch genommen wird, will man endlich ihre Bedeutung erkennen oder gar ihre Berechtigung prüfen, dann ist unter allen Umständen eine scharfe Trennung der Wirtschaftsepochen durchzuführen, denn alle diese Fragen erfahren für die Zeit überwiegender selbständiger Produzenten eine andere Bedeutung als für die kapitalistische oder sozialistische Wirtschaft. Wesen und Entstehung des Kapitalzinses bleiben sich dagegen gleich für alle Wirtschaftsstufen, in denen Kapital Anwendung findet. Darin hat Böhm-Bawerk vollkommen recht. Es könnten also sehr wohl psychologische Motive, wie auch das der Zeit, zur Erklärung des Zinsproblems herangezogen werden, wenn dem nicht andere, schwerwiegende Bedenken gegenüberstünden.

Je allgemeiner die den Kapitalzins bedingenden Momente gewählt sind, desto weniger sind sie geeignet, die Rente, die die Kapitalnutzung abwirft, motivieren zu können. Zu ihrer Erforschung können logischerweise doch nur Faktoren herangezogen werden, die nur oder vornehmlich in Zeiten wirksam sind, in denen Kapital von einiger Bedeutung ist. Die Zeit wirkt dagegen immer und ist als Quelle der Kapitalrente von allen Ursachen die unbrauchbarste, weil untypischste. Das gilt in gleichem Maße für die menschlichen Schätzungen, die Böhm-Bawerk in sein System einbezieht. Will man überhaupt mit psychologischen Motiven operieren, dann sind diejenigen zu wählen, die für Zeiten erhöhter Kapitalverwendung maßgeblich sind. Auch dies läßt die Agiotheorie außer acht und so ergibt sich das seltsame Bild, daß die Kapitalrente durch Gesinnungen von Urwaldmenschen erklärt wird, die, soweit sie überhaupt wirtschaften, auf primitivster Entwicklung stehen und für deren Gütererzeugung die Verwendung von „Kapital" jedenfalls nicht charakteristisch ist.

Ich kann nicht umhin, die in der russischen Kritik hervorgehobene Unfruchtbarkeit der Einschaltung des Zeitmoments in die Diskussion anzuerkennen. Gegen die psychologische Motivierung der Kapitalrente lassen sich abschließend nicht unerhebliche methodologische Einwände erheben, die im Anlaß der subjektiven Fundirung der Wertlehre eingehender behandelt worden sind und auf die hierdurch verwiesen wird. Die Unzulässigkeit des psychologischen Verfahrens der österreichischen

Schule tritt bei vorstehendem Problem noch schärfer zutage als bei der Lehre vom Wert. Dort baut sich das Grenznutzenprinzip auf dem naturwissenschaftlichen Gesetz Fechners auf, und die Bedenken richten sich in erster Linie gegen seine Übertragung auf das Gebiet der Psychologie; hier ist die These Böhm-Bawerks, daß Gegenwartsgüter höher gewertet werden als Zukunftsgüter gleicher Art und Zahl, eben eine unbewiesene und unbeweisbare These, eine Annahme, eine Voraussetzung, eine Deduktion. Sie trifft, um zwei Extreme einander gegenüberzusteleln, für den Wilden zu: für den modernen Börsenhändler, dessen Termingeschäfte von der gegenteiligen Annahme ausgehen, ganz und gar nicht [1]).

So steht und fällt die Agiotheorie mit der Anerkennung bzw. Ablehnung der Grenznutzenlehre. Daß diese uns das Wertproblem nicht völlig gelöst hat, ja in ihrer Einseitigkeit nicht lösen kann, habe ich an Hand der russischen Kritik darzulegen versucht. An denselben Gebrechen wie sie scheitert auch die Agiotheorie, denn wir kommen mit deduktiv gewonnenen, aprioristischen Konstruktionen bei der Erforschung des Zinsproblems ebensowenig weiter wie bei der Wertlehre.

[1]) Es lassen sich zudem leicht Beispiele nicht unerheblicher Zahl aufzählen, die mit dieser These nicht übereinstimmen, wie z. B. die Bewertung des Getreides im Lauf eines Wirtschaftsjahres und viele andere.

Georgievskijs „Gesellschaftliche Lehre des Kapitalzinses" und ihre Kritik.

Wie groß die Unklarheit auf dem Gebiete der Kapitalzinsforschung ist, wie irrtümliche Ergebnisse die nicht realistisch fundierte Theorie zu zeitigen vermag, zeigt Georgievskijs Gesellschaftliche Lehre des Kapitalzinses. Sie ist in Rußland selbst wenig beachtet worden und in Deutschland unbekannt geblieben. Deshalb scheint mir, trotz ihrer augenscheinlichen Unzulänglichkeit, eine genauere Darstellung gerechtfertigt.

Georgievskij geht von der Voraussetzung aus, daß das Kapitalrentenproblem nicht, wie bisher üblich, vom privatwirtschaftlichen, sondern vom allgemein-volkswirtschaftlichen Gesichtspunkt aus untersucht werden müsse [1]). Wenn man „objektiv die Volkswirtschaft als Ganzes auffaßt", so zeigt sich, daß die Produktionskosten allgemeiner und spezieller Natur sein können. Das Rätsel des in der Produktion erzeugten Mehrwerts beruht darauf, daß in jedem Produkt die Wertquoten enthalten sind, die den allgemeinen Produktionskosten entsprechen. „Solche allgemeine Kosten der Volkswirtschaft sind die Ausgaben zur Erhaltung und Entwicklung der Gesellschaft, und ihnen entspricht der Wertüberschuß des gesellschaftlichen Produkts, der gemeinhin nach Vollendung des Produktionsprozesses festzustellen ist. Wenn die Gesellschaft ein notwendiger Produktionsfaktor ist, dann ist es ganz natürlich, daß im Produkt eine Quote enthalten sein muß, die den Auslagen zur Erhaltung dieses Faktors entspricht" [2]). So ist der im Produktionsprozeß geschaffene Wertzuwachs nicht auf die üblichen drei Produktionsfaktoren, weder einzeln noch in ihrer Gesamtheit, zurückzuführen, sondern nur auf die Mitwirkung der Gesellschaft [3]). Jedes Produkt ist das Ergebnis der Arbeit aller Glieder der Gesellschaft, auch derjenigen,

---

[1]) Georgievskij, a. a. O. II S. 238 ff.

[2]) Ebenda S. 239. Auf diesem Satz fußt Georgievskijs ganze Hypothese. Sie ist in der Tat zutreffend, wenn die Gesellschaft ein Produktionsfaktor ist.

[3]) Den Beweis der Ausschließlichkeit der wertschaffenden Fähigkeit der Gesellschaft bleibt Georgievskij schuldig. Es wäre sehr gut denkbar, daß neben ihr auch die üblichen Produktionsfaktoren an der Erzeugung des wirtschaftlichen Nettowerts mitwirken. Georgievskijs Theorie beweist nicht, sondern glaubt zu konstatieren.

die sich an der Gütererzeugung unmittelbar nicht beteiligen. „Vom beschränkten privatwirtschaftlichen Einzelstandpunkt wirkt z. B. der Staatsbeamte nicht an der Getreideproduktion mit, aber volkswirtschaftlich betrachtet trägt auch er — sofern er Notwendiges und Nützliches leistet — einen notwendigen Teil zu ihr bei; sie ist in gegebener Güte und Menge nur unter den durch die Gesellschaft gegebenen Voraussetzungen ermöglicht.“ Daraus folgt, daß nicht nur alle für einen und einer für alle arbeiten, sondern daß „alle an der Produktion jedes Wertes und jeder an der Produktion aller Werte“ teilnimmt [1]). Die Arbeitsteilung macht eine Arbeitsvereinigung notwendig; beide sind Wesensmerkmale der „Gesellschaft“.

Die Erhaltung der Gesellschaft heischt Aufwendungen, „allgemeine Kosten der Volkswirtschaft“, die in dreifacher Hinsicht Verwendung finden. Erstens: zur Sicherung des physischen Wohlergehens der Bevölkerung. Deshalb „muß normalerweise im Produkt der Volkswirtschaft eine Wertquote enthalten sein, die zum Unterhalt derjenigen Bevölkerungskreise verwendet werden kann, die ausschließlich zur Befriedigung der gesellschaftlichen Bedürfnisse arbeiten“ [2]). Zweitens: zur Entwickelung und Förderung der geistigen Bedürfnisse der Allgemeinheit. Drittens: zur Aufrechterhaltung der bestehenden Rechtsordnung. Die Organisation dieser wichtigen Tätigkeitsgebiete beruht entweder auf Zwangsorganen oder auf freiwilliger Betätigung der Gesellschaftsglieder. Auch zur Erhaltung der hierbei Tätigen müssen die Wertüberschüsse der nationalen Produktion verwendet werden [3]). Es werden mithin „die Bedürfnisse der Gesellschaft teils durch eine freie individuelle oder korporative Tätigkeit der Gesellschaftsglieder, teils durch besondere, von der Staatsgewalt eingesetzte Spezialorgane befriedigt.... Daraus folgt, daß die Quote, die den allgemeinen Kosten der Volkswirtschaft entspricht, unter die einzelnen Glieder der Gesellschaft und die Staatsorgane in einem Verhältnis geteilt wird, das nicht genau bestimmt werden kann und nach Ort und Zeit wechselt“ [4]). Eine je größere Rolle die Staatsbehörden spielen, desto geringer wird die Quote sein, die den Privatpersonen und freien Verbänden zur Verfügung steht [5]).

[1]) Ebenda S. 241.
[2]) Ebenda S. 244.
[3]) Ebenda S. 245—251.
[4]) Ebenda S. 252.
[5]) Georgievskij denkt sich die Einziehung eines Teiles der Wertquote durch eine weitgehende staatliche Besteuerung; freilich steht dieser Auffassung die andere, unten von ihm vertretene gegenüber, wonach im modernen Staat die Arbeiter auf Grund ihrer steigenden Macht in der Lage sind, den Mehrwert sich anzueignen, obgleich der Ausbau des Staates und seine dauernd wachsenden Bedürfnisse von Georgievskij nicht bestritten werden. Es müßten also die steuerlichen Einkünfte des Staates relativ sinken, eine Schlußfolgerung, die

Im allgemeinen erfolgt jedoch die Verteilung des Mehrwerts der nationalen Produktion auf Grundlage der geschichtlich entwickelten Zustände [1]). In Zeiten der Willkür (Despotie) eigneten sich der Fürst und die herrschenden Klassen den Wertüberschuß an, im individualistischen Zeitalter fordern die Arbeiter, deren Persönlichkeitsbewußtsein geweckt ist, ihrerseits einen Teil jenes Mehrwerts. „Nach Maßgabe dessen, wie dank der geistigen Entwicklung der Gesamtbevölkerung und der Staatsautorität die Quote wächst, die der Arbeiter erhält, verringert sich der Teil, der auf den Kapitalisten entfällt.“ „Daraus ergibt sich, daß auch die Arbeiterschaft am gesellschaftlichen Mehrprodukt teilnimmt und zwar in dem Maße, wie ihr Einkommen das Existenzminimum überschreitet, über welches sie ohne Mitwirkung der Gesellschaft sich nicht erheben könnten“ [2]). „So erhalten sowohl die Arbeiter wie die Kapitalisten über ihre Aufwendungen hinaus eine Quote des Produkts, die dank der Gesellschaft entstanden ist“ [3]).

Die Gesellschaftliche Lehre des Kapitalzinses versucht einmal das Wesen, sodann die Verteilung der Kapitalrente zu erklären. Beides steht in engem Zusammenhang: da die Gesellschaft Urheberin des in der nationalen Produktion geschaffenen Nettowerts ist, gebührt nicht nur dem Kapitalisten, sondern jedem, der auch indirekt die arbeitsteilige Gütererzeugung ermöglicht, ein Teil jenes Wertes [4]). Es ist hiernach nicht einzusehen, warum Georgievskij allein den Kapitalzins aus dem Mitwirken des Faktors Gesellschaft ableiten will? Ihm wäre es ein Leichtes gewesen, die Grundrente auf dieselbe Ursache zurückzuführen. In der Tat scheint folgender Passus für diese Annahme zu sprechen: „Durch vorstehende Ausführungen haben wir versucht, die Quelle der Einkommen aufzudecken, von denen ge-

---

nicht aufrecht zu erhalten ist. Gewiß muß die nationale Produktion so ergiebig sein, daß die notwendigen Bedürfnisse der „Gesellschaft“ befriedigt werden können, doch kann hieraus noch nichts auf Entstehung und Verteilung der Kapitalrente geschlossen werden.

[1]) Ebenda S. 257.

[2]) Ebenda S. 258.

[3]) Ebenda S. 259. Und auch der Staat, d. h. die Allgemeinheit. Schon dies Ergebnis zeigt, daß Georgievskijs These für die Erklärung der Entstehung der Rente, die dem Kapital entspringt, nicht geeignet sein kann, da diese Rente in erster Linie dem Kapitalisten zufließen muß und nicht gleicherweise allen an der nationalen Produktion beteiligten Gruppen. Mit einem Wort, das Typische der Kapitalrente hat Georgievskij nicht gefunden, denn seine Theorie ließe sich mit gleichem Erfolg und Recht zur Erklärung der Grundrente und des Arbeitslohnes heranziehen.

[4]) Mit dieser Lehre verschmilzt Georgievskij Gedankengänge der Sozialen Theorie der Verteilung insofern, als er wiederholt die Machtverhältnisse innerhalb des Staates zur Erklärung der Einkommensverteilung, insbesondere der Verteilung des Kapitalzinses, heranzieht.

wöhnlich im Abschnitt Verteilung der Werte gehandelt wird"[1]). Hierdurch gibt Georgievskij unumwunden zu, daß neben dem Kapitalzins auch Grundrente und Arbeitslohn ihre Entstehung der „Gesellschaft" verdanken[2]). Ist die Gesellschaft aber ein Element, das alle Einkommen erklärt, dann ist sie nicht fähig, die besondere Eigenart eines dieser Einkommen im Gegensatz zu den andern beiden klarzulegen. Lohn, Grund- und Kapitalrente weisen scharf ausgeprägte, selbständige Züge auf. Die Aufgabe der Kapitalrententheorie ist es, nicht das den drei Einkommensarten Gemeinsame, vielmehr das Trennende hervorzuheben, und zu zeigen, wie jedes Phänomen im Unterschied zu ähnlichen entstanden und bedingt ist. Mit einem Wort, Georgievskij hat durch die Einschaltung des Faktors Gesellschaft weder eine Erklärung der Kapital- noch der Grundrente, noch des Arbeitslohnes gegeben, weil die „Gesellschaft" nicht die Quelle, sondern eine wesentliche Voraussetzung der drei Einkommenszweige darstellt. In dem oben angeführten Beispiel der Mitwirkung der Staatsbeamten an der Getreideproduktion führt Georgievskij selbst aus, daß sie „in gegebener Menge und Güte nur unter den durch die Gesellschaft gegebenen Voraussetzungen ermöglicht" ist. Durch diese Feststellung erfahren wir jedoch nichts Neues: es ist eine heute von der Wissenschaft fast allgemein anerkannte Tatsache, daß die Nationalökonomie die gesellschaftlich verbundene, nicht die isolierte Wirtschaft eines Robinson zum Gegenstand der Untersuchung hat. Deshalb kann die Gesellschaft im Sinne Georgievskijs nicht Quelle, sondern bestenfalls Voraussetzung des Kapitalzinses sein, ebenso wie das von Böhm-Bawerk vorgeschlagene Zeitmoment[3]).

Das eigentliche Problem beginnt da, wo Georgievskij aufhört, nämlich festzustellen, wie bei gegebener Gesellschaftsorganisation und bei gegebenen Unterhaltskosten für diese Organisation die Kapitalrente entsteht. Georgievskij ist also bis zu

[1]) Zitat bei Efrusi, Ein neues Lehrbuch der politischen Ökonomie. Russischer Reichtum, 1896, V, S. 44.

[2]) Dies setzt ihn, nebenbei bemerkt, in Gegensatz zu seiner eigenen, im Abschnitt „Produktion" entwickelten Lehre, denn hier leitet er die in der Volkswirtschaft geschaffenen Werte aus den üblichen drei Produktionsfaktoren her: Natur, Arbeit, Kapital. (Ebenda S. 42.)

[3]) Produktive Gütererzeugung ist nur arbeitsteilig möglich; die Arbeitsteilung ist, hierin stimme ich Georgievskij bei, wieder nur in einer gesellschaftlich organisierten Wirtschaft durchführbar. Diese gestaltet jedoch nicht nur die Anwendung von Kapital produktiver, sondern ebenso sehr die der menschlichen Arbeit selbst. Die „Gesellschaft" wäre mithin die Ursache der größeren Ergiebigkeit zweier Produktionselemente, die sich scharf in ihrer Eigenart unterscheiden. Damit hört die Gesellschaft auf, Spezialursache der Produktivität allein des Kapitals zu sein und wird zur Voraussetzung mehrerer, ja aller Vorgänge innerhalb jeder modernen Volkswirtschaft.

der eigentlichen Schwierigkeit mit seiner „Gesellschaftlichen Theorie des Kapitalzinses" gar nicht vorgedrungen. Er sucht, wie Tugan-Baranovskij, die Ausbeutungstheoretiker und z. T. Böhm-Bawerk die Lösung des Problems gar nicht in der Natur des Faktors, auf den die Entstehung der Kapitalrente naturgemäß zurückzuführen ist — in der Natur des Kapitals selbst —, sondern in dem Wirken anderer, vom Kapital unabhängiger allgemeiner Momente, die mit dem gleichen Recht die Mehrergiebigkeit jedes anderen Produktionsfaktors erklären könnten.

Dieses Vorgehen ist nur dann zu rechtfertigen, wenn der Beweis nicht zu erbringen ist, daß das Kapitel seinem Wesen nach produktiv ist. Gelingt uns aber dieser Beweis, dann erübrigen sich alle Deduktionen und Konstruktionen, denen es wahrlich nicht an Scharfsinn, desto mehr aber an empirisch gewonnener Fundierung mangelt. Und ich glaube, der Beweis der Produktivität des Kapitals ist mit Erfolg zu führen. Unter einer Vorbedingung: suchen wir vieles, was bisher über den Kapitalzins geschrieben und gesagt worden ist, — zeitweilig — zu vergessen und auf induktivem Wege, Natur und Wesen des Begriffes „Kapital" zu erforschen, selbst unter Preisgabe uns geläufig gewordener Einteilungsgrundsätze der allgemeinen Volkswirtschaftslehre. In Rußland hat Zalesskij diesen Versuch gewagt und ist, wie mir scheint, nicht nur zu neuen, sondern auch zu fruchtbaren Resultaten gelangt.

Zalesskijs Nutzungstheorie.

Unabhängig von allen russischen Versuchen, die Entstehung des Kapitalzinses zu erklären, ist die 1898 veröffentlichte Nutzungstheorie V. F. Zalesskijs[1]), die unverdienterweise in Westeuropa bisher nicht bekannt geworden ist. Das ist in erster Reihe auf die bekannten Sprachschwierigkeiten zurückzuführen, die die Kenntnis nicht nur der russischen Nationalökonomie, sondern auch der russischen Volkswirtschaft in so hohem Grade erschweren, zum andern auf die geringe Beachtung, die Zalesskij in Rußland selbst gefunden hat. Seine Forschungsweise entsprach so ganz und gar nicht dem allgemeinen Charakter der russischen sozialwissenschaftlichen Untersuchungen, daß seine Theorien in der Fachliteratur so gut wie totgeschwiegen wurden. Man mag sich zu den Ergebnissen der Zalesskijschen Forschungen auch ablehnender stellen, als Verfasser dieser Studie: daß sie für unsere Wissenschaft fruchtbarer sind, als Tugan-Baranovskijs „Synthesen", die eine ungleich weitere Verbreitung gefunden haben, dürfte kaum in Abrede gestellt werden.

Die Nutzungstheorie wurde in Rußland bereits von Chodskij[2]) und Witte[3]) vertreten, doch hat Zalesskijs Lehre mit den Nutzungstheorien dieser Autoren ebensowenig gemein, wie mit derjenigen Mengers oder Herrmanns, d. h. nur den Namen. V. F. Zalesskij stützt seine Lehre „auf die Ergebnisse der physikochemischen Forschungen über die Einheit der Materie und die Erhaltung der Energie"[4]), sucht sie also induktiv zu fundieren. Kapitalnutzung bedeutet ihm etwas anderes, als den Theoretikern, die bisher diesen Begriff selbständig neben den des Kapitals stellten, deshalb ist die Kritik Böhm-Bawerks auf Zalesskijs Lehre nicht zu beziehen. Übrigens tut die Terminologie nichts zur Sache; man könnte die Nutzungstheorie Zalesskijs mit einigem Recht auch als modifizierte Produktivitätstheorie an-

---

[1]) Böhm-Bawerk zitiert ihn fälschlicherweise a. a. O. I, S. 466, Ladislaus Zalezkij.

[2]) Chodskij, a. a. O. S. 74 f.

[3]) Witte, Vorlesungen a. a. O. S. 114, „Die Entschädigung für die Nutzung des geliehenen Kapitals wird gewöhnlich in Zinsen ausgedrückt und heißt Kapitalzins". S. 115: „.....Vergütung für dessen Nutzung".

[4]) Zalesskij, a. a. O. I. Vorwort, S. IV.

sprechen. Er selbst kann zwischen ihnen keinen grundsätzlichen Unterschied finden. „Die eine oder die andere Terminologie ist eine formale Frage der Auslegung und verändert selbstverständlich nicht den Kern der Theorie; der Grundgedanke bleibt derselbe: das Kapital ist ein selbständiger produktiver Produktionsfaktor und seine Teilnahme an der Produktion schafft die Kapitalrente.“ [1])

Ehe wir uns jener Theorie selbst zuwenden, ist eine Untersuchung der Begriffe Nutzung und Kapital, wie Zalesskij sie auffaßt, notwendig.

Wenn man unter Nutzung bloß die Teilnahme des Kapitals an der Produktion versteht und die Entstehung der Kapitalrente auf diese „Beteiligung“ oder „Nutzung“ zurückführt, dann ist das eine Selbstverständlichkeit, die nicht erst betont zu werden braucht, denn es leuchtet ohne weiteres ein, daß Kapital nur dann reproduziert und erhalten werden kann, wenn es gebraucht wird. Soll die Nutzungstheorie über jene Binsenwahrheit hinaus einen Sinn erhalten, dann muß gezeigt werden, worin das Wesen der Nutzung besteht und wie ihr die Rente entspringt [2]). Eine Erklärung der Kapitalrentenbildung scheint Zalesskij nur auf Grund der Erkenntnis einer produktiven Kapitalnutzung möglich, die letzten Endes auf das Wesen des Kapitals selbst zurückzuführen ist [3]).

Die Nutzung kann doppelter Art sein: entweder wird mit Hilfe des Kapitals fremde Arbeit ausgebeutet, oder sie geht selbständig vor sich. Da wir jene von den Ausbeutungstheoretikern aufgestellte Theorie bereits als unrichtig erkannt haben, bleibt nunmehr der Beweis der zweiten These durchzuführen.

Die Untersuchung der Rolle, die das Kapital bei der Gütererzeugung spielt, hat von einer Analyse der Produktionsprozesse auszugehen, da sich aus ihnen erst die Eigenart der Kapitalnutzung feststellen läßt. Alle denkbaren Produktionsverfahren können auf einen der drei folgenden Grundtypen zurückgeführt werden.

Das mechanische Produktionsverfahren besteht in Mischung, Zerteilung, Pressung, äußerer Bearbeitung, Raumveränderung harter, fester und glasiger Körper; das physikalische u. a. in Erhitzen, Schmelzen, Trocknen, Verdampfen; das chemische

[1]) Ebenda, II, Kritischer Teil, S. 254. (Sperrdruck durch den Verfasser.)

[2]) Auch die bisher übliche Auslegung einer als selbständig neben dem Gütergebrauch gedachten Nutzung ist von Böhm-Bawerk widerlegt worden.

[3]) Ebenda II, Dogmatischer Teil, S. 16 f. Hierauf ist der größte Nachdruck zu legen. Die Zalesskijsche Nutzungstheorie erhält durch die neuartige Deutung des Kapitalbegriffs erst ihr eigentümliches Gepräge. Stelle man sich auf den Boden von Zalesskijs Kapitaldefinition, so folgt seine übrige Lehre mit zwingender Logik aus ihr.

äußert sich in Verbrennen, Kristallbildungen, den mannigfachsten chemischen Verbindungen usw. [1]).

In der überwiegenden Mehrzahl der Produktionsverfahren finden alle drei Arten der Kapitalnutzung Anwendung, wie Zalesskij an einem beliebigen Beispiel, er wählt die landwirtschaftliche Produktion, eingehend erläutert.

Außer den mechanischen, physikalischen und chemischen Kräften sind an der Produktion beteiligt Rohstoffe sowie andere Materialien und Werkzeuge (Maschinen). Die genannten Produktionsfaktoren werden landläufig in Natur, Arbeit und Kapital geschieden, wobei unter Kapital gewöhnlich produzierte Produktionsmittel verstanden werden. Diese Einteilung weist gewisse Schattenseiten auf, die der Willkür der Klassifikation entspringen. Vor allem ist die Natur des Faktors Kapital, der ein Produkt vorgetaner Arbeit ist, umstritten und schwankend. Um den daraus folgenden Unklarheiten aus dem Wege zu gehen, die ihrerseits

---

[1]) Ebenda, S. 18. Beim mechanischen Verfahren handelt es sich um Lageveränderungen von Maßen und Teilen der Materie. Hierzu bedarf es jedoch gewisser Kräfte. Auf primitiver Entwicklungsstufe steht dem Menschen nur seine eigene Kraft zur Verfügung; späterhin lernt er tierische Kräfte und einfache Werkzeuge zu verwenden; seit dem 18. Jahrhundert hat man es verstanden, die in der Natur vorhandenen Energien (Dampf, Elektrizität) in steigendem Maße der Produktion dienstbar zu machen. Dabei läßt sich beobachten, daß mit der Vervollkommnung der Kraftgewinnung die Fähigkeit zunimmt, sie in eine dem Menschen nützliche Richtung zu lenken und sie zweckentsprechend zu gebrauchen (S. 19–21). Auch die physikalische Produktionsweise erfordert einen erheblichen Energieaufwand: die hierzu notwendigen Kräfte werden gewöhnlich durch Verbrennungsprozesse gewonnen. (S. 25 ff.) Weniger bekannt als die beiden genannten ist der chemische Produktionsprozeß, dessen Zustandekommen daher in Kürze angedeutet sei. Alle Naturkörper bestehen aus Atomen, die wiederum in Molekülen gruppiert sind. Beide befinden sich in beständiger Bewegung; mit Beschleunigung ihrer Bewegung läßt ihre gegenseitige Anziehung nach, die Moleküle fallen auseinander, die Atombewegung geht in eine molekulare über – es entsteht Wärme. So wird bei Bildung komplizierter chemischer Vereinigungen aus einfachen Wärme ausgeschieden, beim Auseinanderfallen zusammengesetzter Verbindungen in einfache aber Wärme absorbiert. Dieser chemische Prozeß liegt beispielsweise der Verbrennung zugrunde, der wichtigsten Kraftquelle unserer Zeit. Nach Zalesskij hat die chemische Verbrennung für die moderne Produktion dieselbe Bedeutung, wie das mechanische oder physikalische Verfahren: „In den Fällen, wo die chemische Produktionsweise mit Energieabsorption verbunden ist, haben wir dieselben charakteristischen Momente der Kapitalnutzung vor uns, die wir bei der physikalischen und mechanischen Methode kennengelernt haben – bestimmte Kräfte, die außerhalb des menschlichen Organismus entstehen, verrichten eine für den Menschen nützliche Arbeit, d. h. sie bewirken eine Ortsveränderung von Massen und Teilen der Materie, die durch die jeweiligen Zwecke bestimmt wird." (S. 29.) Darüber hinaus zeichnen sich die drei skizzierten Produktionsverfahren allgemein aus durch eine mitunter sehr erhebliche Kräfte- und Energievermehrung. „Deshalb ist der Mensch imstande, so große Aufgaben zu bewältigen, wie er es mit seinen eigenen, physischen Kräften nie gekonnt hätte." (S. 32 f.)

die herrschende Verwirrung auf dem Gebiete der Kapitalrentenforschung mit verschuldet haben, hält es Zalesskij für geboten, als Grundlage der Einteilung der Produktionsfaktoren, die bei der Gütererzeugung wirkenden Kraftelemente — die Energien — zu wählen [1]).

Solcher Energiequellen gibt es zwei: Arbeit und Kapitalnutzung. Arbeit nennt Zalesskij die Aufwendung von Arbeitskraft [2]) in der Produktion. Die Aufwendung von Energie außerhalb des menschlichen Organismus, d. h. nichtmenschlicher Kraft durch den Menschen heißt Kapitalnutzung [3]). Die hier in Frage stehenden Kräfte selbst sind Naturkräfte. Aus dem Begriff der Kapitalnutzung folgt die veränderte Auffassung vom „Kapital", unter dem Zalesskij logischerweise die außermenschlichen Energiequellen selbst versteht [4]).

Aus dem Gesagten folgt unmittelbar eine strenge Scheidung zwischen Produktionsfaktoren und Produktionsmitteln. Jene sind die Anwendung der Kräfte — Arbeit und Kapitalnutzung — zwecks Veränderung der Materie in der Produktion; diese stellen den Teil des Volksvermögens dar, die der Produktion dienen soll[5]). Schematisch würde Zalesskijs Neueinteilung der an der Produktion mitwirkenden Faktoren folgendermaßen zu skizzieren sein:

Produktionsfaktoren:	Produktionsmittel:
A. Arbeit.	A. Rohstoffe, Halbfabrikate.
B. Kapitalnutzung.	B. Arbeitswerkzeuge.
	C. Kapital.

Die Neuartigkeit der hier gegebenen Klassifizierung macht ein näheres Eingehen auf die einzelnen Begriffe notwendig. Da das Wesen von Arbeit und Kapitalnutzung bereits klar umrissen ist, wenden wir uns gleich den Produktionsmitteln zu. Es fällt auf den ersten Blick auf, daß Zalesskij das, was man bisher als Kapital bezeichnete, Produktionsmittel nennt, diese dann aber

[1]) Ebenda, S. 36. Dies um so eher, als der leitende Gedanke bei der bisher üblichen Dreiteilung der Produktionsfaktoren in Natur, Arbeit und Kapital nicht ersichtlich ist: ihrer Natur nach sind sie grundsätzlich verschieden, aber auch die Rolle in der Produktion ist nicht gleich. Arbeit wirkt an der Gütererzeugung ausgesprochen aktiv mit, der Boden ist z. T. passiv, er wird bearbeitet.

[2]) Unter Arbeitskraft werden die physischen Kräfte des menschlichen Organismus verstanden.

[3]) Ebenda, S. 37. Die der Veränderung (Bearbeitung) unterliegenden Objekte nennt Zalesskij Rohmaterialien; die Mittel, denen sich der Mensch bedient, Arbeitswerkzeuge.

[4]) Es ist auch möglich, bei der Betrachtung vom Kapital auszugehen und den entgegengesetzten Weg, als den hier beschrittenen, einzuschlagen.

[5]) Ebenda, S. 37.

wieder in Untergruppen scheidet, von denen eine Kapital heißt und „die Energiequelle ist, die der Mensch durch eine bestimmte Nutzung der Produktion dienstbar machen kann“ [1]). Der Zalesskijsche Kapitalbegriff ist teils enger, teils weiter gefaßt, als der bisher übliche; enger insofern, als Arbeitswerkzeuge nicht darunter fallen, weiter, weil Grund und Boden hinzugerechnet sind. Die Arbeitswerkzeuge besitzen nach Zalesskij keine produktive Kraft, sondern nur eine produktivitätsfördernde [2]). Das Land ist aber eine produktive Energiequelle und muß daher zum Kapital gerechnet werden [3]), obgleich es nicht vom Menschen produziert ist. Objektiv betrachtet — meint Zalesskij — ist der Mensch überhaupt nicht fähig, und in der Lage, Neues zu schaffen, zu produzieren [4]). Wir bemächtigen uns nur der Energie und machen sie unseren Zwecken nutzbar.

Demnach rechnet Zalesskij zum Kapital: Land und Meliorationen, Heizmittel [5]) und Energiequellen (u. a. Wasserfälle), Arbeits- und Nutzvieh, Geräte und Maschinen, außer solchen, die durch menschliche Arbeit in Tätigkeit gesetzt werden, Hilfsmaterialien, Gebäude, die vornehmlich der Produktion und Kapitalnutzung dienen [6]), künstliche Verkehrswege, schiffbare Flüsse und endlich Transportmittel [7]).

Auf den hier entwickelten Begriffen von Kapital und Kapitalnutzung baut Zalesskij seine Lehre von der Entstehung der Kapitalrente auf. Sie nimmt in seinen Ausführungen einen räumlich bescheidenen Platz ein und beschränkt sich nur darauf, aus den beiden Grundbegriffen die Folgerungen zu ziehen. Er geht von dem Erfahrungssatz aus, daß der nationale Güterüberschuß seine Entstehung dem Menschen und einem zweiten Wirtschaftsfaktor verdankt, den er in der Kapitalnutzung erkennt. Aus dem über das Wesen der beiden Grundbegriffe, Nutzung und Kapital, bisher Ausgeführten folgt logisch, „daß man bei der Teilnahme von Kapitalnutzung viel mehr Güter herzustellen in der Lage ist, als man vermittels der ganzen Summe von Arbeit, die auf die Herstellung von Kapital verwandt, sowie in der Produktion zusammen mit Kapital verbraucht wurde, produziert hätte“ [8]). Das gesamte

---

1) Ebenda, S. 38.
2) Ebenda, S. 40.
3) „Das Land ist ebenso eine Quelle von Naturkräften, wie beispielsweise Heizmittel als deren Quelle anzusehen sind.“ (S. 40.)
4) Ebenda, S. 39.
5) Es handelt sich also um Rohstoffe, die bei der Produktion eine aktive Rolle spielen; die passiv in der Produktion verwendeten Rohmaterialien und Halbfabrikate rechnen wohl zu den Produktionsmitteln, nicht aber zum Kapital. (S. 42.)
6) Mithin z. B. nicht Lagerhäuser, Arbeiterwohnungen usw.
7) Ebenda, S. 43 f.
8) Ebenda, S. 47.

Reineinkommen jeder Volkswirtschaft zerfällt daher in den Teil, der seine Entstehung der Arbeit verdankt und in jenen, der durch Kapitalnutzung in der Produktion entsteht. „Wenn Kapital bei der Gütererzeugung nicht teilnehmen würde, dann könnte die Entstehung eines volkswirtschaftlichen Mehrprodukts nicht erklärt werden; das Mehrprodukt aber ist jener Teil des Volkseinkommens, der in der Produktion dank der Kapitalnutzung entsteht, die in der produktiven Anwendung der Kräfte besteht, die sich außerhalb des menschlichen Organismus bilden und vom Menschen durch besondere Vorrichtungen nutzbar gemacht werden [1]."

Ich halte den Grundgedanken der Zalesskijschen modifizierten Produktivitätstheorie für recht glücklich, und daher einer weiteren Beachtung wert.

Während den Produktivitätstheoretikern zum Vorwurf gemacht werden kann, daß sie wohl in zureichender Weise nachgewiesen haben, daß mit Hilfe des Kapitals (produzierte Produktionsmittel) mehr Güter erzeugt werden können, als ohne jenen Produktionsfaktor, daß sie aber nicht bewiesen haben und auf Grund ihres Kapitalbegriffs nicht beweisen können, warum „jene mehreren Güter auch mehr wert sein müssen, als die in ihrer Erzeugung aufgebrauchte Kapitalsubstanz [2]" — ist gegen die Zalesskijsche Nutzungstheorie dieser Einwand nicht zu erheben, wenn man einen statischen Wirtschaftszustand im Auge hat. Denn m. E. ist es Zalesskij gelungen, klarzustellen, was Böhm-Bawerk als Voraussetzung einer unwiderleglichen Produktivitätstheorie ansieht, daß nämlich „das Kapital durch seine Dienste zur Erlangung von mehr oder brauchbareren Gütern verhilft, und es zugleich unmittelbar einleuchtend wäre, daß die mehreren und besseren Güter auch mehr wert sein müssen, als das zu ihrer Erzeugung verbrauchte Kapital [3]". Dieser Beweis war und ist nicht zu führen, solange man unter Kapital produzierte Produktionsmittel versteht, deren Produktion in der statisch gedachten Wirtschaft nicht zwingend einen höheren Wert haben müssen, als die im Erzeugungsprozeß angewandten und verbrauchten Produktionselemente.

Mir will es scheinen, daß Zalesskij diese allen bisherigen Produktivitätstheorien so verhängnisvolle Klippe, durch die Deutung, die er der „Kapitalnutzung" gibt, glücklich umschifft hat.

---

[1]) Ebenda, S. 48. Daß Zalesskij nicht von Mehrwert, sondern vom Mehrprodukt spricht, erklärt er damit, daß in der Produktion Güter, nicht Werte geschaffen werden; da er die nationale Gesamtproduktion im Auge hat, liegt — so meint er — kein Grund vor, anzunehmen, daß die Mehrprodukte auf dem Markt nicht auch einen Mehrwert erhalten. Dieser Schlußfolgerung kann ich mich, wie in der Kritik Zalesskijs ausgeführt werden wird, nur sehr bedingt anschließen.

[2]) Böhm-Bawerk, a. a. O. I, S. 123.

[3]) Ebenda, S. 102.

Es mag zweifelhaft sein, ob die Zalesskijsche Terminologie glücklich gewählt ist, ob insbesondere der Ausdruck „Kapitalnutzung“ den der Theorie zugrunde liegenden Leitgedanken klar hervortreten läßt; die Grundauffassung selbst verdient eine nähere Untersuchung. Und dies um so mehr, als sie durchaus keine neuen Elemente in sich schließt. Es werden nur bekannte Tatsachen und Zusammenhänge in neuer Beleuchtung vorgeführt. Ohne bereits jetzt auf Grund der Anregungen von Zalesskij eine Kapitalrententheorie skizzieren zu wollen — ich behalte mir dies für einen späteren Zeitpunkt vor — erscheint es doch notwendig, mit einigen Worten anzudeuten, worauf eine Kapitalrententheorie das Schwergewicht zu legen hat.

Jede wirtschaftliche Tätigkeit bringt den Menschen mit der Natur in Berührung. Im Laufe der Entwicklung wandelt sich der Kampf des Menschen gegen die Naturgewalten, zu einer Tätigkeit, die ihre Dienstbarkeit voraussetzt. Das Gefälle des Wassers, die Stärke des Windes, Dampf, Elektrizität, Sonnenwärme, das sind die Naturkräfte, ohne die heute keine moderne Volkswirtschaft denkbar ist. Da jedoch der Mensch aus eigenen Kräften nicht in der Lage ist, sich die Natur dienstbar zu machen, schlägt er „Produktionsumwege“ ein, er verfertigt Instrumente, mit deren Hilfe er die „Naturkräfte einfängt“ und für sich arbeiten läßt. Es werden hierdurch immanent vorhandene Energien geweckt, deren „Arbeitstätigkeit“ keine weiteren Aufwendungen erheischen. Aus diesem Grunde können Kraftmaschinen befähigt sein, einen Mehrwert über ihre Gestehungs- und Unterhaltskosten hinaus zu erzeugen.

Zalesskij faßt seine Theorie in folgenden Sätzen zusammen: „Die produktive Tätigkeit jedes Volkes schafft im Laufe einer bestimmten Zeit eine gewisse Produktenmasse. In ihrem Bestande unterscheiden wir reproduzierte Kapitale, Substitenzmittel für die an der Gütererzeugung teilnehmenden Personen und endlich Mehrprodukte, die ihre Entstehung teils Arbeitsaufwendungen, teils der Kapitalnutzung verdanken. Der Teil der Mehrprodukte, der durch Kapitalnutzung entstanden ist, stellt die Kapitalrente dar. Diese Mehrprodukte werden nach den allgemeinen Normen der Wertung gewertet und bilden den volkswirtschaftlichen Mehrwert[1]).“

Es handelt sich hier, wohl gemerkt, nur um die technische

---

[1]) Zalesskij, a. a. O. S. 74. Der auf Kapitalnutzung zurückgeführte Mehrwert wurzelt also zum großen Teil in der den Naturkräften innewohnenden Energie, deren Nutzbarmachung dem Menschen keine weiteren Kosten verursacht, da reproduzierte Kapitale und Substitenzmittel nicht unter die durch Kapitalnutzung gewonnenen Mehrprodukte fallen. — Werden diese Mehrprodukte „unterbewertet“, was sich im Preise der Produkte ausdrückt, dann tritt die Rente überhaupt nicht in Erscheinung. Hierüber vgl. Struves „Preistheorie des Zinses“ S. 182.

Seite der Produktion. Ist sie wirtschaftlich mißlungen, das heißt, entspricht dem Mehrprodukt kein Mehrwert, dann wird vorübergehend, wie es die Erfahrung immer wieder lehrt, eine Rente und daher ein Zins nicht in Erscheinung treten können. Die Höhe des Zinses und der Rente, die unter Umständen auf den Nullpunkt und unter ihn sinken kann, hängt mithin von der Preisgestaltung auf dem Markt ab.

Heinrich von Thünen, dessen „schlichte, gewissenhafte und tief durchdachte“ Kapitalrententheorie selbst dem strengen Kritiker Böhm-Bawerk Anerkennung abnötigt, war zum Schluß gekommen, daß bei ihm das „Plus, das auf die Kapitalverwendung zurückzuführen ist . . . , sich aus zwei Komponenten zusammensetzt, erstlich aus den 40, 36 oder 32,4 c (d. h. den Produkten; d. Verf.), die der Kapitalist in Substitenzmitteln erhält, und zweitens aus der Wiederherstellung des in der Verwendung abgenützten Kapitalstücks selbst [1]).“

Hieraus kann mit Notwendigkeit allerdings nicht geschlossen werden, daß das „dem Kapitalisten zufallende Bruttoerträgnis regelmäßig mehr wert ist, als der in seiner Erzielung verzehrte Kapitalteil.“ Anders verhalten sich die Dinge bei Zalesskij. Auf Grund der besonderen Auffassung von der Kapitalnutzung weist er neben den beiden Thünenschen Komponenten die Möglichkeit einer dritten, allein der Kapitalnutzung entspringenden nach — die Kapitalrente.

Auf Grund der neufundierten Nutzungstheorie glaubt Zalesskij den Begriff der Grundrente umdeuten zu sollen. Da, wie wir sahen, der Boden von ihm als Bestandteil des Volkskapitals aufgefaßt wird, rechnet er alle aus seiner Beteiligung an der Produktion entstehenden Werte der Kapitalrente zu. Die Grundrente ist für ihn nicht ein besonderer Zweig des Nationaleinkommens, sondern mit der Kapitalrente identisch, weil „die im Boden wirkenden Naturkräfte eine dem Menschen nützliche Arbeit verrichten [2]).“

Zalesskij scheint mir in diesem Punkt zu weit zu gehen. Es steht nichts im Wege, den Boden in einer Beziehung als Bestandteil des Kapitals aufzufassen, insofern nämlich, als wir hier eine der vielen Kraft- und Energiequellen vor uns haben, die der Mensch sich nutzbar machen kann. Insofern ist auch der Boden in der Lage, eine „Kapitalrente“ abzuwerfen. Dennoch ist es mehr als eine terminologische Irreführung, diesen Ausdruck zu gebrauchen, denn wenn wir auch voll und ganz anerkennen, daß Kapitalrente und Grundrente natürlich-technisch auf dieselben Wurzeln zurückgeführt werden müssen, so folgt hieraus noch keineswegs die Identität beider. Der Boden ist mehr, als nur der Behälter von Energie, er ist gleichzeitig ein Monopolgut, dessen verschieden

[1]) Böhm-Bawerk, a. a. O. S. 148.
[2]) Zalesskij, a. a. O. S. 85 f.

geartete natürliche Fruchtbarkeit und ungleiche Lageverhältnisse ein der Kapitalrente wesenunterschiedliches Einkommen gewähren: die Grundrente. Wir werden mithin, im Gegensatz zu Zalesskij, das Produktionsmittel Boden als selbständige Kategorie bei der Einkommensbildung anzusprechen haben, obgleich es auch als Energiequelle anzusehen ist[1]). Die Untersuchungen Ricardos und H. v. Thünens bleiben unverändert zu recht bestehen, da jede Produktion, bei der das besonders geartete Produktionsmittel Grund und Boden mitwirkt, vor allem also die Landwirtschaft, eine Grundrente abwirft, die sich mit der Gunst der räumlichen Lagerung und der besonderen Fruchtbarkeit erhöht.

Diese Korrektur der Zalesskischen Theorie vermag jedoch in keiner Weise ihre Bedeutung für die Erkenntnis der Natur der Kapitalrente zu beeinträchtigen. Sie erklärt mit Scharfsinn und logischer Lückenlosigkeit einen wesentlichen Bestandteil jenes Problems, das zu erforschen so viele Nationalökonomen bestrebt gewesen sind. Von der Voraussetzung ausgehend, daß die Kapitalrente nur aus dem Wesen des Kapitals und seiner produktiven Nutzung zu verstehen ist, werden alle Momente, die an sich nichts mit ihm zu tun haben, wie beispielsweise die Ausbeutung der an dem Produktionsprozeß mitwirkenden Arbeiter oder die Zeit, innerhalb deren die Gütererzeugung vor sich geht, sowie die subjektiven Schätzungen der Wirtschaftssubjekte, mit Fug und Recht unberücksichtigt gelassen, oder ihnen nur eine untergeordnete Bedeutung zuerkannt, wie beispielsweise dem Grenznutzenprinzip bei der Wertbildung des durch Kapitalnutzung geschaffenen Mehrproduktes. Es ist der alte Gedanke, der bereits zu Beginn der Kapitalrentenforschung uns entgegentritt und der heutigentags in Deutschland über eine stattliche Anhängerzahl verfügt — mögen die Meinungen auch in Einzelfragen auseinandergehen —, der auch der Zalesskischen Nutzungstheorie zugrunde liegt und den er, mit Hilfe naturwissenschaftlicher Forschungsergebnisse, neu gestützt und bewiesen hat. Und gerade diese Tatsache spricht für Zalesskijs induktives Verfahren. Er philosophiert nicht über die Entstehung der Kapitalrente, sondern leitet sie aus der Natur des „kapitalistischen" Produktionsprozesses, gestützt auf die Ergebnisse anderer Disziplinen, ab. Alle bisher aufgetretenen Produktivitäts- und Nutzungstheoretiker, selbst der Begründer der Agiotheorie, sind sich darüber einig, daß die Kapitalrente nur oder auch aus der technischen Mehrgiebigkeit des

[1]) Das oben S. 168 angegebene Schema wäre mithin wie folgt zu ergänzen: den beiden Energiequellen Arbeit und Kapitalnutzung stehen vier Produktionsmittel gegenüber, und zwar Rohstoffe und Halbfabrikate, Arbeitswerkzeuge, Kapital, auf der anderen Seite Boden als Monopolgut mit Ungleichartigkeit der Lage und natürlichen Beschaffenheit, sowie als Behälter natürlicher Energiequellen.

Kapitals zurückzuführen ist. Worin diese besteht, hat Zalesskij auf Grund der neueren Forschung gezeigt. Das ist nicht nur ein mögliches, sondern das gebotene und notwendige Verfahren, denn wenn eine wirtschaftliche Erscheinung, wie die Kapitalrente, teils durch technische Ursachen bedingt ist, dürfen wir die Ergebnisse der Wissenschaft, die jene Tatsachen erforscht, in der Nationalökonomie verwenden; darüber hinaus haben wir auch die Pflicht dazu, wenn anders die Schlußfolgerungen, zu denen wir gelangen, einer ernsten Kritik von seiten der Hilfsdisziplinen standhalten sollen.

So wichtig m. E. die Klarlegung der technischen Vorbedingungen der Rentenentstehung durch Zalesskij sind, so wenig kann hierdurch die konkrete Entstehung jenes Phänomens bis in ihre letzten Wurzeln erfaßt werden. Zalesskijs Nutzungstheorie, deren tiefster Sinn darin besteht, ein Nichtkostenelement in der Produktion aufzudecken, beweist die Notwendigkeit der Zins- und Rentenbildung nur für eine statisch gedachte Wirtschaftslage, d. h. bei gegebener unveränderlicher Preishöhe nicht nur des Produkts, sondern vor allem der Produktionsfaktoren. Bei dynamischer Betrachtungsweise, d. h. bei sich verändernden Preisen, kann der durch kostenlose Anwendung von Naturkräften erzielte Überschuß überwuchert werden und verschwinden. Eine realistische Forschung muß aber den Nachdruck auf die wirtschaftliche Dynamik legen. Mit anderen Worten, das Zins- und Rentenproblem muß in das größere Gebiet der Preislehre eingegliedert werden. Zalesskij hat das nicht getan und deshalb nur halbe Arbeit geleistet. In dieser Hinsicht wird er auf das glücklichste ergänzt durch Peter Struve, der gerade dieser Seite des Problems erhöhte Aufmerksamkeit schenkt.

Peter Struves Erklärung des Zinses.

Struve meint, daß Kapital kapitalisiertes Einkommen ist. „In einigen Fällen kann aus der ökonomischen Größe, die uns als Einkommen entgegentritt, eine andere gebildet werden — das Kapital[1]).“ Kapital stellt somit einen Vermögensfaktor dar, soweit er verwendet wird, oder seiner Natur nach und gemäß der sozialen Lage seines Besitzers zur Erlangung von Gütern, d. h. zum Bezug von Einkommen, verwendet werden kann. Es ist mithin jedes Vermögen Kapital, das nicht konsumiert, verbraucht, vernichtet wird, sondern zur Erlangung von Einkommen dient und jederzeit in Geld verwandelt werden kann[2]). Aus dieser Begriffsbestimmung geht hervor, daß Struve, wie oben bereits näher ausgeführt, die Theorie Böhm-Bawerks für unzureichend erachtet und zwar im besonderen, weil die Kapitalbildung aus dem Einkommen stets auf Grund der Einschätzung künftiger Einkommen erfolgt, nicht aber auf Grund der Bewertung von vergangenen und gegenwärtigen. Wenn also überhaupt Wertungen maßgeblich sind, dann werden künftige Güter höher gewertet als Gegenwartsgüter. Die Kapitalisierung hat also stets einen prospektiven Charakter. Verwendete Kapitale werden immer nach ihrem künftigen Wert beurteilt[3]), sagt Struve. Man kann nie, wie es Böhm tut, den Zins aus der Höherschätzung von Gegenwartsgütern erklären.

Viel bedeutsamer ist für Struve die Feststellung, daß das Zinsproblem vor allem ein Preisproblem ist. „Von diesem Gesichtspunkt aus entrichten die Menschen einen Zins für benutzte Kapitale, weil sonst bei der Beschränktheit der wirtschaft-

---

[1]) Peter Struve, Das Kapitalproblem im System der auf dem Preisbegriff aufgebauten politischen Ökonomie. Mitteilungen der russischen Akademie der Wissenschaften. VI. Serie, 1917. Nr. 16. S. 1401.

[2]) Ebenda, S. 1404. — Dieser allgemeine Kapitalbegriff wird von Struve in zwei Unterkategorien geteilt. 1. Naturalkapital und 2. Geldkapital. Jenes ist das Böhmsche Sozialkapital einschl. Grund und Boden, doch abzüglich Geld und nicht konsumierte Konsumgüter; dieses setzt sich zusammen aus Geld und allen anderen Arten von Wertpapieren. (Ebenda S. 1407.) Es ist dies der wichtige Unterschied zwischen der Natural- und Geldform des Kapitals, auf die in diesem Zusammenhang nicht näher eingegangen werden kann.

[3]) Ebenda, S. 1410.

lichen Güter niemand weder Naturale noch Mittelsgüter (otsyločnoe blago)[1]), die sich im Regelfall im Privateigentum befinden, abtreten würde." „Diese Erklärung genügt zur Erklärung des Zinses." Wenn es noch eines Erklärungsgrundes bedarf, dann mag die Höherbewertung der Güter in der Zukunft herangezogen werden. Die Böhmsche Idee der Höherbewertung der Gegenwartsgüter ist nichts anderes, als die Idee der Vergütung für nicht vollzogenen Gegenwartskonsum (Abstinenztheorie). Es werden durch Böhm nur die psychologischen Vorgänge des Sparens erörtert[2]). Die Höherschätzung der Zukunft ist deutlich erkennbar bei Produktivanleihen; bei Konsumptivanleihen schätzt der Mensch nicht etwa Gegenwartsgüter höher ein als zukünftige, sondern er nimmt die Anleihe vor, weil er weder Gegenwarts- noch Zukunftsgüter besitzt[3]). Der Zins ist also letzten Endes auf das Seltenheitsmoment überhaupt zurückzuführen, auf die Tatsache des Gegensatzes der Wertschätzung eines Gutes überhaupt zu verschiedenen Zeitpunkten. Die amerikanische Natlionalökonomie nennt diese Erscheinung „time-value". Böhm-Bawerk hat eine einseitige Abstraktion der empirischen Wirklichkeit vorgenommen. Der Leihzins ist nur eine Erscheinung der Zeit-Wertung. Es erhellt hieraus, daß sowohl Gegenwarts- wie Zukunftsgüter höher gewertet werden können und auch werden. Das Seltenheitsmoment bedingt auf dem Markt der „Gegenwartsgüter" eine ganz bestimmte Beziehung zwischen Angebot und Nachfrage und bedingt hierdurch die Entstehung des Zinses, der notwendig aus den Preisphänomen resultiert. „Die große Verbreitung des Zinses wird voll und ganz dadurch erklärt, daß die Nachfrage nach Kapital durch die Energie der Unternehmer gesteigert wird, die erfahrungsgemäß darauf rechnen können, daß „künftige" Güter bezüglich ihres Wertes die „gegenwärtigen" übertreffen und hierdurch den gezahlten Zins wieder einbringen werden; mit anderen Worten: der Zins wird eben gerade durch die prospektive, stets optimistische Wertung zukünftiger Güter im Verhältnis zu den gegenwärtigen erklärt[4])."

Um es noch einmal zusammenzufassen: der Struveschen Zinslehre liegt ausschließlich die Wert- und Preistheorie zugrunde In dem hier herangezogenen Aufsatz von Peter Struve, der in den Mitteilungen der russischen Akademie der Wissenschaften im Jahre 1917 erschienen ist, wird der Nachdruck (mit Recht) auf den Preis gelegt, im zweiten Teil des grundlegenden Werkes

---

[1]) Die deutsche Übertragung des Begriffs „Otsyločnoe blago" ist äußerst schwierig. Das von Helferich angewandte Wort „Mittelsgut" ist von ihm in anderem Sinn gebraucht wie von Struve, dessen Begriff sich am besten mit dem Cobdenschen Ausdruck „medial commodity" vergleichen läßt.

[2]) Ebenda, S. 1411.

[3]) Ebenda, S. 1412.

[4]) Ebenda, S. 1414.

„Wirtschaft und Preis", der auch erst während des Krieges abgeschlossen wurde, betont Struve dagegen mehr den Wertproblemcharakter des Kapitalzinses. Das sind keine Gegensätze, vielmehr ergänzen sich beide Auffassungen organisch, denn der subjektive Wert ist die Grundlage des Preises, dem Preisproblem liegt notwendig — innerhalb gewisser Grenzen — das Wertproblem zugrunde. Es ist daher nur selbstverständlich, daß sich Struve in „Wirtschaft und Preis" gegen Tugan-Baranovskij wendet, der, wie wir sahen, an Stelle einer Mehrwertlehre eine Mehrproduktlehre formuliert hatte. „Die Summe ist immer mehr als ein Summand; folglich ist auch der Wert des vermehrten gesellschaftlichen Produktes, das durch Heranziehung neuer Produktivmittel hervorgerufen ist, größer als der Wert eben dieser Produktivmittel allein [1])." Daraus folgt, daß, soweit wir es mit einem wirtschaftlichen Problem zu tun haben, die Erklärung des Zinses zweifellos nur auf Grundlage der Wert- und Preislehre erfolgen kann [2]).

Mit einigen Worten sei zu der Auffassung Peter Struves Stellung genommen. Äußerlich weist die „Preistheorie des Zinses" — so etwa könnte man sie, ihre Besonderheit hervorhebend, in Kürze nennen — starke Analogien zur Adiotheorie auf. Es wird auch hier der Zins aus der Wertung innerhalb verschiedener Zeiträume erklärt, freilich, und vollständig mit Recht, umgekehrt als Böhm-Bawerk dies tut. In der modernen kapitalistischen Wirtschaft werden nicht Gegenwartsgüter höher bewertet als zukünftige, sondern in aller Regel „Zukunftsgüter" höher als gegenwärtige Güter gleicher Art und Zahl. Ebenso müssen wir Struve zustimmen, wenn er diese subjektiven Schätzungen nur als Spezialfall des viel weiter gefaßten Problems des „time-Value" auffaßt. In den Vordergrund des Kapitalzinsproblems stellt Struve aber die Preisbildung. Als Anhänger der realistischen Richtung der nationalökonomischen Forschung mißt Struve dem Wert, als irreale Kategorie, gegenüber dem Preis eine nur untergeordnete Bedeutung bei; der Wert interessiert ihn nur insoweit, als er zur Erklärung des Preises notwendig ist. Hiermit ist ein höchst bedeutsamer Schritt zur Erklärung des Zinsproblems getan, der ganze Wust der Werttheorien verliert plötzlich an Gewicht für unsere Untersuchung. Befreit von dem verwirrenden Ballast, durch den eine befriedigende Lösung des Kapitalzinsproblems verhindert wird, muß die Theorie nunmehr dem Preisproblem erhöhte Aufmerksamkeit schenken. Von hier ab vermag ich aber Struve nicht zu folgen. So sehr ich die enge Verknüpfung des Zinsproblems mit dem Preisproblem begrüße

---

[1]) Peter Struve, Wirtschaft und Preis II, S. 16. Moskau 1916 S. 16.
[2]) Ebenda, S. 19.

und für überaus fruchtbar halte, so sehr scheint mir Struve andererseits jenen an sich richtigen Gedanken von vornherein zu überspitzen, denn das Zinsproblem ist mehr als ein Preis- und Wertproblem und diese Feststellung genügt m. E. nicht restlos zur Erklärung des Zinses vom Kapital. Auf Grund der Struveschen Argumentation muß man logischerweise überhaupt zu einer Ablehnung jedes Rentenproblems gelangen, sowohl der Rente vom Kapital, wie der Grundrente.

Das Problem liegt doch tiefer: die Beziehungen von Angebot und Nachfrage bedingen jede Preisgestaltung, die der Renten wie aller anderen Preisphänomene. Angebot und Nachfrage bestimmen z. B. ebenfalls die Höhe des Arbeitslohns und den in Geld ausgedrückten Preiseffekt sämtlicher denkbarer Tauschoperationen. Die Frage lautet hingegen: auf Grund welcher inneren Eigenschaften ist Kapital in der Lage, und fähig, eine Rente abzuwerfen? Warum kann es einen „Mehrpreis" auf dem Markt überhaupt erzielen? Mit anderen Worten: welche inneren Eigenschaften bedingen technisch die Rente? Erst wenn diese Fragen beantwortet und gelöst sind, dürfen wir an das ökonomische Problem herantreten und untersuchen, ob und wie die Rente in Erscheinung tritt. Zusammenfassend: das technische Rentenproblem ist die Grundlage des ökonomischen, gleichsam das Fundament, auf dem die ökonomische Betrachtung ruht. Die Eigenart (und Schwierigkeit) des Kapitalrentenproblems beruht eben darin, daß zunächst einmal die Entstehung des Mehrprodukts erklärt werden muß, ehe die Preisgestaltung eben dieses Mehrproduktes untersucht wird. Ist diese Vorfrage beantwortet, dann kann mit Hilfe der Preislehre der restliche Fragenkomplex ohne große Schwierigkeiten gelöst werden. Struve faßt hingegen nur den zweiten Teil der Probleme ins Auge: die technische Seite der Frage existiert für ihn nicht, das Schwergewicht seiner Untersuchung wird auf das Wert- und Preisproblem konzentriert.

Das zeigt sich deutlich bei seiner Analyse des „Mehrwerts". Er meint, daß „nur auf Grund einer „naturalistischen" Betrachtungsweise der Produktion der Gedanke von der Bildung des Mehrwertes entstehen konnte, der die Tatsache des Wertzuwachses, der gleichbedeutend mit der Schaffung eines „reinen Einkommens" ist, ohne Schwierigkeiten zu erklären vermag [1]). In diesem Sinne jedoch können Mehrprodukte nur in vegetativen Prozessen geschaffen werden, ein Gedanke, der besonders ausgesprochen von den Physiokraten vertreten wird. Wenn aus N Samenkörnern N + X Körner hervorgehen, dann haben wir ein Mehrprodukt vor uns, das gleichzeitig einen Mehrwert darstellt; wenn Vieh sich vermehrt, dann haben wir ebenfalls ein Mehrprodukt

---

[1]) Struve, Wirtschaft und Preis II, S. 7.

und gleichzeitig einen Mehrwert vor uns [1]). Aus diesem Grunde ist denn auch Vieh früher als Prototyp des Kapitals angesehen worden.

„In Gestalt der Jungen erzeugt Vieh-Kapital einen Zins, der unter ursprünglichen Verhältnissen eben nur auf das Vorhandensein des Kapitals zurückgeführt werden kann [2]).“ Aber jenes Mehrprodukt, das eo ipso einen Mehrwert vorstellt, wird nach Meinung Struves nur in Wachstumsprozessen geschaffen [3]). „In allen anderen Fällen, wenn es sich nicht um Vegetationsprozesse handelt, kann keine Rede von der Schaffung von Mehrprodukten sein, sondern nur von der Bildung eines Mehrwertes. Das Produkt ist deshalb ein Mehrprodukt, weil es höher gewertet wird, als die „Produktionsunkosten“. (Produktionsfaktoren, der Verf.).

Gegen Peter Struves Argumentation läßt sich zweierlei geltend machen: einmal stimmt es mit den realen Tatsachen nicht überein, daß ein Mehrprodukt in dem Struveschen Sinne nur, wie die Physiokraten naiv annahmen, in vegetativen Prozessen entstehen kann. Ich halte die Zalesskijschen Ausführungen deshalb für so wertvoll, weil er den Beweis geliefert hat, daß auch im modernen Produktionsprozeß nicht nur Grund und Boden derartige Mehrprodukte hervorzubringen imstande ist, sondern daß das Wesen der kapitalistischen Produktion in der Nutzbarmachung vieler anderer Energiequellen, die uns kostenlos zur Verfügung stehen, besteht: z. B. Wasserkraft, neuerdings Wind in größter Ausdehnung u. a. m. Wir verfügen heute mithin über eine ganze Reihe von Mehrprodukten, die gleichzeitig Mehrwerte repräsentieren.

Zum anderen scheint uns zur Erklärung der Rente vom Kapital der Begriff des Mehrprodukts in der von Struve gegebenen Formulierung unnötig, ja es gehört überhaupt gar nicht zum Wesen des Mehrprodukts eo ipso ein Mehrwert zu sein! Diese Begriffsbestimmung ist nur dann notwendig, wenn man, wie es Tugan-Baranovskij tut, ohne Wert- und Preislehre bei der Zinserklärung auskommen zu können glaubt. Wenn man hingegen das Zinsphänomen nicht ohne Hinzuziehung der Preislehre zu lösen unternimmt, muß und kann unter Mehrprodukt nur das Plus an Produkten verstanden werden, die durch Anwendung von Arbeitskraft, Grund und Boden und Kapital geschaffen werden. Sie bilden die Unterlage der Mehrbewertung, aber diese Unterlage, im technischen Produktionsprozeß gewonnen, darf keinesfalls außer Betracht gelassen werden, soll das ökonomische Zinsproblem befriedigend gelöst werden. Mit anderen Worten: der Kapitalzins setzt das Vorhandensein und die Entstehung einer Kapitalrente voraus. Die Kapitalrente ist in der Wirtschaft

[1]) Ebenda, S. 9.
[2]) Ebenda, S. 10.
[3]) Ebenda, S. 13.

immanent vorhanden und nimmt unter bestimmten Bedingungen in Gestalt des Zinses konkrete Formen an. Zalesskijs Theorie ist geeignet, uns die Rente empirisch-realistisch zu erklären, Peter Struves Betonung des Preismoments bietet den Schlüssel zum Verständnis der Zinsseite des Problems. Beide fundieren sie ihre Lehren realistisch und darin besteht ihre Verwandtschaft, obgleich Struve als der ungleich viel größere Systematiker, ja als einer unserer ganz großen nationalökonomischen Theoretiker, Zalesskij, der über einzelne Spezialuntersuchungen nicht hinausgekommen ist, um Haupteslänge überragt.

Mir will es scheinen, daß die Bedeutung Peter Struves nicht richtig gewürdigt werden kann, wenn nur einzelne Lehren von ihm wiedergegeben werden. Im zweiten Hauptabschnitt dieser Untersuchung (Die Lehre vom Wert) ist er uns vorwiegend als Kritiker entgegengetreten, und zwar mit Recht, denn das abstrakte Wertproblem verlor bei ihm, je mehr er sich zur empirisch-realistischen Forschungsmethode hindurchrang, an Bedeutung und Interesse. Er selbst hat das mit Schärfe betont: Vom Verteilungsproblem sprechend, meint er, daß das, was man in der Theorie „Zurechnung" nennt, in der Praxis die Kalkulation ist. Aber „die Kalkulation kennt nur Preise: sie geht von Preisen aus und gelangt stets zu Preisen. Nichts außer Preisen! — dies ist die Losung der Kalkulation und dies muß auch die Losung der ganzen realistischen oder empirischen politischen Ökonomie sein, soweit sie eine theoretische Wissenschaft ist und sich mit den konkreten Erscheinungen beschäftigt [1]). Noch deutlicher formuliert Struve denselben Gedanken im ersten Teil von „Wirtschaft und Preis". Hier heißt es: „Der Wert, als etwas vom Preis Unterschiedliches, von ihm Unabhängiges, ihn Bestimmendes — ist ein Phantom. Die Konstruktion dieses Phantoms entsprang einem auf bestimmter Stufe wissenschaftlicher Entwicklung unausrottbaren metaphysischen Hang, die veränderlichen Erscheinungen und Beziehungen zu substanzialisieren und überhaupt zu fixieren, Erscheinungen, die uns in Gestalt vielgestaltiger und wechselnder Schätzungen und Preise entgegentreten: man wollte durch das Gewirr der äußeren Erscheinungen zu etwas Einheitlich-Festem gelangen, zum sich stets gleichbleibenden, konstanten Wertbegriff" [2]). Solch einen objektiven Wert, meint Struve, gibt es nicht. Maßgeblich für die Preisgestaltung, auf die es allein ankommt, sind in erster Linie die Produktionskosten. Die Lehre von einem objektiven Wert ist schon dadurch erschüttert, daß nicht der Wert der Produktivgüter den Wert der Konsumptivgüter bestimmt, sondern umgekehrt. Der objektive Wert

---

1) Struve, Wirtschaft und Preis II, S. 53.
2) Ebenda, Teil I, S. 96.

ist mithin nichts anderes, als eine Metaphysierung der Preiskategorie [1]).

Struves realistische Einstellung bedingt es, daß er wohl die abstrakten Werttheorien Marxens und Böhm-Bawerks (diesen allerdings erst später) bekämpft und kritisiert, selbst aber nicht ein einheitliches Wertsystem aufgestellt hat.

Anders liegen die Dinge beim Zinsproblem. Der Zins bedarf als konkrete Erscheinung des Wirtschaftslebens durchaus einer realistischen Erklärung. Und diese hat Struve gegeben. Zwar können wir uns, wie oben dargelegt, mit den Ergebnissen der „Preistheorie des Zinses" nicht in allen Punkten einverstanden erklären, doch bietet sie zur Lösung der ökonomischen Seite der Frage überaus wertvolle Gesichtspunkte.

Wir vermögen seiner Auffassung über das „sogenannte Zinsproblem" nicht voll gerecht zu werden, wenn wir sie nicht in den großen Rahmen seines Gesamtsystems stellen, das hier naturgemäß nur so weit dargelegt werden kann, als es eben gerade zum Verständnis des Zinsproblems notwendig ist. Ein vollständiges Bild des Systems Peter Struves kann im Rahmen dieser Arbeit nicht gezeichnet werden.

Struves Analyse des Zinses ist eng verbunden mit seiner Stellungnahme zu den Problemen der Zurechnung, Verteilung und Einkommensbildung. Sie haben wir abschließend darzustellen, da der Zins gewöhnlich dem Faktor Kapital zugerechnet wird, deshalb dem Kapitalisten zufällt und einen Teil seines Einkommens bildet.

Struve geht bei der Darlegung des Verteilungsproblems von der Voraussetzung aus, daß alle ökonomischen Zusammenhänge nur in Verbindung mit der Preisbildung betrachtet werden dürfen. „Der Prozeß der Einkommensbildung ist keine Verteilung, sondern ein Prozeß der Preisbildung, und die Einkommen sind keinesfalls Teile eines gegebenen Ganzen, sondern nur sich aus Preisen bildende Geldgrößen [2])", da es gar keine sozialen Dividenden gibt, vielmehr bloß sich summierende privatwirtschaftliche Einkommen [3]). Das gesamte Verteilungsschema ist im Grunde nur eine Konstruktion, eine methodische Fiktion [4]), die deshalb jeder Berechtigung entbehrt, weil die Volkswirtschaften nichts Reales, Konkretes sind, sondern in Wirklichkeit nur gedankenmäßige Gefüge. Der Atomismus „ist deshalb eine notwendige methodische Voraussetzung unserer Wissenschaft, weil die „Atome" und das „Atomhafte" die realen Momente der individualistischen Wirtschaftsordnung sind, die die politische Ökonomie zum Gegenstand hat". Die abstrakte Verteilungs-

---

[1]) Ebenda II, S. 97.
[2]) Ebenda, S. 56.
[3]) Ebenda, S. 58.
[4]) Ebenda, S. 58.

theorie muß nach Meinung Struves schon deshalb abgelehnt werden, weil die Vorstellung von der Rolle der Produktionsfaktoren als einkommenbestimmend geleugnet wird. Wir haben bei Darlegung von Struves Zinslehre gesehen, daß erst die aus Preisen sich zusammensetzenden Einkommen es sind, die seiner Meinung nach Kapital schaffen [1]). Ob Grundrente, Kapitalzins, Arbeitslohn in Erscheinung treten, hängt allein von der Preisgestaltung ab. „Nur bei einer bestimmten Preisrelation können Rente und Zins realisiert werden, erst bei bestimmten Preisvoraussetzungen gewinnen sie Realität. Hierin drückt sich der primäre Charakter der Preise aus. Der Preis ist auch abstrakt gedacht die ökonomische Grundkategorie, und in konkreto die Basis, auf der sich die ganze wirtschaftliche Realität aufbaut und die jeder ökonomischen Beschreibung zugrunde gelegt werden muß. Die Leugnung der Wirtschaft, als etwas Einheitlich-Ganzes und als eines konkreten, lebendigen Organismus, sowie die atomistische Grundeinstellung Struves führt ihn mit Notwendigkeit zur idiographischen Betrachtungsweise, die wir in anderem Zusammenhang bereits kennen gelernt haben.

Wenn wir es wirklich nur mit Atomen (Einzelwirtschaften) zu tun haben, dann in der Tat darf die Wirtschaftswissenschaft — die Bezeichnung: National- oder Sozialökonomie wäre völlig irreführend — einzig und allein idiographisch vorgehen, dann sinkt die politische Ökonomie zur reinen Buchhaltung herab [2]), dann „kann sie über den Zins nicht mehr aussagen, als jede richtig geführte Buchhalterabrechnung [3])“; dann, aber nur dann ist die Forderung berechtigt, die Wirtschaftswissenschaft dürfe vornehmlich statistisch-beschreibend vorgehen. Auch hierüber ist bereits oben (S. 113ff.) gehandelt worden, und wir waren in der Spezialbehandlung zu einem ablehnenden Standpunkt gelangt. Nunmehr sind wir imstande, von höherem methodischen Standpunkte, die damals gewonnene Stellungnahme zu begründen.

An unserer Einstellung vermag auch die neuerlich gegebene Fundamentierung der Struveschen Forderung auf „Statistikwerden“ der Nationalökonomie nichts zu ändern. Er sagt: „Da auch die ‚Individuen‘ vom Standpunkt ökonomischer Erkenntnis nicht durch irgendwelche uns bekannte Kräfte absolut determiniert erscheinen, sondern uns als ‚Kontingente‘ entgegentreten — so genügt diese Erkenntnis zur Aufstellung des methodischen Postulats, daß die genaue Analyse in der Ökonomik nur in der Form statistischer Bearbeitung oder in der Form von Tatsachenbeschreibung der unendlich mannigfachen statistischen Phänomene

---

[1]) Ebenda, S. 61.
[2]) Ebenda, S. 72.
[3]) Ebenda, S. 95.

bestehen kann[1])". Hieraus folgert Struve die Notwendigkeit der Ablehnung jeder ökonomischen Kausalforschung. Neben der statistischen Betrachtungsweise käme nur noch die Aufstellung allgemeiner Begriffe und Definitionen in Frage[2]). Obgleich die Grundauffassung der Methodik Peter Struves, wie sie insbesondere in seinen neuesten Aufsätzen dargelegt ist[3]), sich weitgehend mit der unsrigen deckt — es ist ja das Bestreben der ganzen vorliegenden Studie, die Notwendigkeit und Nützlichkeit der realistischen, empirisch fundierten Forschung darzulegen —, so vermag ich Struve in der Art, wie er die Realistik auffaßt, nicht zu folgen. Es ist unmöglich, sich auf das konkret Sichtbare zu beschränken, in der Volkswirtschaft nur eine Summe von Einzelwirtschaften, nur Atome zu erblicken[4]). Gerade die organische Verbindung aller jener unendlich vielen Einzelzellen ist das, was wir Volkswirtschaft nennen. Nur die sozialen Verkettungen und die hieraus resultierenden sozialen Erscheinungen sind Gegenstand der Sozialökonomie. Die Statistik wird uns zwar wesentliche Unterlagen vermitteln können, aber nicht mehr. Ein „Statistikwerden" der ökonomischen Betrachtung im Sinne Peter Struves ist gleichbedeutend mit dem Aufgeben unseres vornehmsten Ziels[5]). Professor A. Bilimovič faßt sein Urteil über Struves methodisches Postulat in folgende Worte, denen wir in jeder Beziehung beipflichten können: „Der statistischen Forschung muß bedeutend mehr Gewicht

[1]) Derselbe, Das wissenschaftliche Bild der ökonomischen Welt und der Begriff des „Gleichgewichtes". Der ökonomische Bote I, 1923, S. 20.

[2]) Ebenda, S. 16.

[3]) Derselbe, Grundbegriffe der politischen Ökonomie. Der ökonomische Bote II. Berlin 1923.

[4]) S. Kon, a. a. O. S. 117 ff. hat sich eingehend mit Struves Stellung zum Problem Singularismus-Universalismus, auseinandergesetzt. Wenn Struve eine universalistische Konzeption deshalb ablehnt, weil sie unwirklich sei, so trifft das doch nur für den Fall zu, als man bemüht gewesen ist, der universalistisch gedachten soziologischen Einheit Eigenschaften beizulegen, die sie in der Tat nicht besitzt. Daß beim Verteilungsproblem jedoch nur eine Vielzahl von Einzelfaktoren (Privatwirtschaften) von Bedeutung sind, muß bestritten werden, denn jene Atome verbinden sich zu großen, durchaus realen Gruppen, die das Verteilungsproblem von einem singularistisch aufgefaßten zu einem universalistischen Massenproblem gestalten, derart, daß die am Produkt der Volkswirtschaft interessierten Gruppen als reale Einheiten aufgefaßt werden müssen. — Mit der singularsistischen Auffassung Struves verbindet sich bei ihm die idiographische Betrachtungsweise, wie sie uns bei seiner Stellung zum Verteilungsproblem und zum Wertproblem im besonderen entgegentritt.

[5]) Gegen das „Statistikwerden" der politischen Ökonomie spricht noch ein zweiter gewichtiger Einwand. Man will zwar hierdurch die Rettung der Nationalökonomie „von unfruchtbarer und verwirrender Begriffsscholastik" herbeiführen (Al. A. Čuprov in den „Business statistics" S. 220), überschätzt aber die Möglichkeiten der Statistik. Ihr übler Ruf ist nicht zuletzt auf den ihr gestellten, viel zu weitgehenden Aufgabenkreis zurückzuführen. Wer näher zusieht, erkennt leicht, wie wenig exakt die Statistik oft ist. Ich fürchte, daß durch ein „Statistikwerden" die Nationalökonomie auch nicht zu einer exakten Wissenschaft erhoben werden kann.

beigelegt werden als es die Nationalökonomie bisher getan hat. Die Klärung und Bearbeitung der Grundlagen jenes Verfahrens und der hierdurch gewonnenen Ergebnisse wird meines Erachtens einen breiten Raum in unserer Wissenschaft einnehmen. Aus dieser Forschungsweise erwächst ein besonderer Zweig der Sozialökonomie (die statistische Wirtschaftsidiographie). Dieser Zweig kann vielleicht heute noch gar nicht vorauszusehende Resultate zeitigen. Hierin dürfte sich P. B. Struve in der Tat nicht täuschen. Und hierin liegt auch das Wertvolle seiner höchst bemerkenswerten Darlegungen [1])". Auf ein letztes Argument sei an dieser Stelle noch kurz hingewiesen. Wenn Struve die Kausalforschung deshalb ablehnt, weil sie bei der Eigenart des Forschungsobjektes nicht zu befriedigenden exakten Ergebnissen führen kann, so ist dies doch nur bedingt anzuerkennen. Die kausale Betrachtung wird zum mindesten ebenso fruchtbar oder unfruchtbar sein, wie die statistische, deren Ergebnisse, wie mir scheinen will, von Struve weit überschätzt werden. Die Kausalforschung bedingt vor allem durchaus nicht immer exakte Ergebnisse; sie kann auch einen Wahrscheinlichkeitscharakter annehmen und so zu einer Lehre von den Beziehungen von wirtschaftlichen Elementen, zu einer Elementenforschung werden. Letztlich beeinflußt von den Forschungsmethoden und ergebnissen der Naturwissenschaften verlangt man von der Sozialökonomie zuviel. Exaktheit kann und darf nicht erstrebt werden. Bei meiner Kritik der Wertlehren habe ich bereits angedeutet, worin die Aufgabe des Sozialökonomen nur bestehen kann, in der Erforschung der wirksam werdenden Elemente, die die wirtschaftlichen Phänomene hervorrufen und bestimmen [2]). Zu ähnlichen Ergebnissen ist A. Bilimovič gelangt. Er sagt: „Ist es denn die Aufgabe der Theorie völlig exakte zahlenmäßige Resultate zu finden? Wenn die Theorie der Hauptursachen, die Grundeigenschaften jener Ursachen und den Charakter ihrer Wirkungen aufdeckt, wenn sie aus diesen Ursachen die allgemeinen typischen Erscheinungen des wirtschaftlichen Lebens ableitet — sowohl in der Statik als in der Dynamik —, dann wird bei vollständiger Bearbeitung alles dessen ein kausalschematisches Bild des Wirtschaftsprozesses erlangt werden, das nicht nur den rein erkenntnismäßigen Anforderungen zu genügen vermag, sondern darüber hinaus auch eine Orientierung innerhalb der wirtschaftlichen Erscheinungen ermöglicht, die für praktische Zwecke notwendig ist [3])".

---

[1]) A. Bilimovič, Zwei Wege zur wissenschaftlichen Erschließung des ökonomischen Weltbildes. Ökonomischer Bote. Berlin 1924. III, S. 32.

[2]) Auch hierüber hoffe ich mich in Bälde eingehender und positiver äußern zu können.

[3]) A. Bilimovič, a. a. O. S. 29. — In einer Entgegnung auf die Bilimovičsche Kritik hat Struve nochmals zu seinen methodischen Forderungen

Ich bin mir dessen bewußt, daß ich die methodische Einstellung Peter Struves nur oberflächlich skizziert habe, es lag mir jedoch daran, sein System wenigstens in seinen Grundzügen anzudeuten. Und noch ein letztes: Ich kann den Abschnitt über Struve nicht beschließen, ohne mit allem Nachdruck auf einen Mangel unserer Darstellung hingewiesen zu haben. In ihr kommt nur in sehr beschränktem Maße die organische Entwicklung seiner theoretischen und methodologischen Forschung zum Ausdruck: vom deduktiv-abstrahierenden orthodoxen Marxismus hat sich Struve zur empirisch-realistischen Betrachtung durchgerungen. Eine Studie, wie die vorliegende, die keinen literar- und dogmengeschichtlichen Überblick geben will, sondern ausschließlich nach systematischen Gesichtspunkten aufgebaut ist, konnte dieser sich langsam vollzogenen Wandlung naturgemäß nicht die an sich notwendige Beachtung schenken [1]).

Unsere Untersuchung zweier Spezialprobleme führt uns zu folgenden Schlüssen über die Eigenart der russischen Nationalökonomie. Wirtschaftsprobleme sind dem durchschnittlichen Russen gleichbedeutend mit sozialpolitischen Problemen. Eine Kapitalrententheorie, die nicht die Möglichkeit bietet, ohne weiteres als Bestandteil in eine sozialpolitische Richtung eingegliedert zu werden, erweckt nur geringes Interesse. Überblicken wir die in Rußland vorherrschenden Zinstheorien, so springt dieser charakteristische Zug sofort mit Deutlichkeit in die Augen. Die Ausbeutungstheoretiker, die jahrzehntelang tonangebend waren, beherrschen im nachrevolutionären Rußland wieder das Feld; vor dem Kriege herrschte die interessante Theorie Tugan-Baranovskijs, die sich in ähnlichen Gedankengängen bewegt; selbst

---

Stellung genommen. Mir will es scheinen, als ob er die Einwände seiner Kritiker doch nicht widerlegt hat. Zunächst betont Struve, daß die bisherige Anwendung der deduktiven Methode unzulässig ist, da die Voraussetzungen, von denen man ausgeht, objektiv falsch sind: das Wirtschaftsleben ist dauernd in Fluß, eine allein statische Betrachtung daher unmöglich (Struve, Priorität und Eigenart des Tausches und das Problem des „Gleichgewichtes". Ökonomischer Bote 1924, III, S. 50). Wir stimmen Struve bedingungslos zu, daß eine „mechanisch-mathematische" Forschungsweise gerade auf dem Gebiet der Sozialwissenschaften besonders wenig am Platz ist und daß das Wirtschaftsleben „fast ausschließlich den induktiven und statistisch-wahrscheinlichen Untersuchungsweg" verlangt. Daß jedoch eine Kausalforschung unmöglich ist, vermögen wir nicht einzusehen. Ohne Erkennung der Causa gibt es kein Verstehen der Folgeerscheinungen, die der Nationalökonom, wie jeder andere Wissenschaftler, zu erfassen bemüht sein muß.

[1]) Es sei in diesem Zusammenhang darauf hingewiesen, daß das Motto zum zweiten Hauptabschnitt „Die Lehre vom Wert" heute nicht mehr Struves Einstellung wiedergibt. Es sollte lediglich die Auffassung vieler russischer Nationalökonomen der Zeit vor dem Kriege charakterisieren.

Georgievskijs „Gesellschaftliche Theorie", den Ausbeutungstheoretikern grundsätzlich entgegengesetzt, erkennt die gesellschaftlich-sozialen Motive als notwendig für die Erklärung der Kapitalrente an.

Die wenigen mit Ausnahme Zalesskijs höchst unbedeutenden Nutzungstheoretiker fallen aus der Rolle und können für die russische Nationalökonomie jedenfalls nicht als typisch angesehen werden. Nur von einer kleinen Zahl von Theoretikern ist der Weg einer realistischen Forschung, die sich von vorgefaßten Doktrinen freihält, bereits vor 1914 beschritten worden. Zu ihnen gehören in erster Reihe die Vertreter der Kiever Richtung (Bilimovič), vor allem aber der als Systematiker vielleicht größte russische Nationalökonom, Peter Struve, der diesen Weg mit Konsequenz zu Ende gegangen ist. Wenn heute in der Emigration viele andere ehemalige Marxisten ähnliche Bahnen beschreiten [1]), so ist dies von unserem Standpunkt freilich sehr zu begrüßen, doch ist jene Erscheinung andererseits nur ein Beweis mehr für unsere Auffassung: losgelöst vom heimischen Mutterboden wird die Forschung dieser Russen in stärkerem Maße als früher von westlichem Geist befruchtet und ist daher nicht mehr als typisch russisch anzusehen.

So bestätigt sich bei der Untersuchung des Kapitalrentenproblems — dasselbe gilt, wie wir sahen, von der Wertlehre — die Erkenntnis, die der einleitende Abschnitt uns vermittelte: die russische Volkswirtschaftslehre sucht überwiegend nicht das Bestehende zu erklären, sondern auf Grund einer ganz bestimmten sozialpolitischen Einstellung ein soziales Ideal wissenschaftlich zu begründen. Diese Eigenart der russischen Nationalökonomie ist ihr Verhängnis geworden.

Für den Dogmenhistoriker liegt jedoch gerade in dieser besonders gearteten Gesamteinstellung der größte Reiz der russischen theoretischen Forschung. Wer tiefer blickt, mag wohl hierin die äußere Ausprägung des russischen Geistes überhaupt erkennen.

---

[1]) U. a. M. Bernackij, ein Schüler Pichnos.

Anhang.

Transkription.

Bei Wiedergabe russischer Bezeichnungen und Eigennamen habe ich mich der offiziellen, an den preußischen Bibliotheken gebräuchlichen Transkription angeschlossen. Der bisherige Zustand ist unhaltbar. Jeder deutsche Schriftsteller glaubt für sich das Recht in Anspruch nehmen zu dürfen, seine eigene Transkription einführen zu können. Um nur ein Beispiel herauszugreifen. Der Eigenname Železnov könnte wiedergegeben werden: Gelesnoff, Schelesnoff, Scheleznof, Shelesnov und so fort. Es ist hohe Zeit, daß diesem fürchterlichen Wirrwarr endlich durch allgemeinen Gebrauch der offiziellen wissenschaftlichen Transkription ein Ziel gesetzt wird, selbst, wenn dem Leser zunächst gewisse Schwierigkeiten entgegenstehen. Um dies zu vermeiden, füge ich hier ein kurzes Transkriptionsschema bei.

hartes **s** wie bei vergi**ß**	= s	Beispiel:	Samarin
weiches **s** wie bei **S**age	= z	„	Ziber, Zalesskij
französisches **j** wie bei **J**ournal	= ž	„	Železnov, Neždanov
z wie bei **Z**oppot	= c	„	Caricyn'
sch wie bei **Sch**lesien	= š	„	Puškin
ch wie bei ma**ch**en	= ch	„	Chodinskij
schtsch	= šč	„	šči
tsch wie bei **Tsch**ita	= č	„	Čita
ui ähnlich wie Pfui	= y	„	Caricyn
je wie bei **je**doch	= e	„	Efron, Isaev, Georgievskij
e wie bei **E**xemplar	= è	„	èxemplar
ja wie bei **ja**	= ja	„	Jamburg
einfaches **i** wie bei Tr**i**er	= i	„	Georgiēvskij (vor Vokalen)
Doppel-**i** wie bei S**i**mb**i**rsk	= i	„	Simbirsk (vor Konsonanten)
Schluß-**i** wie bei Mar**i**e	= j	„	Belinskij, Georgievskij
w wie bei **W**ien	= v	„	Vologda (wie w zu sprechen) Bogdanov, Neždanov, Isaev Vasilev
ju wie bei **Ju**rte	= ju	„	Jurij Kryžanyč.
weiche Endung	= ′	„	Caricyn′ (J-Nachschlag)

Literatur.

A. B.: Kritische Bemerkungen. Probleme des Idealismus. Mir Božij 1903, Heft 2.

Bernhardi, Generalmajor von: Art. Theodor von Bernhardi. Allg. deutsche Biographie. 1902. Bd. 46.

—: Theodor: Versuch einer Kritik der Gründe, die für großes und kleines Grundeigentum angeführt werden. Petersburg 1849.

Bernstein: Zur Geschichte und Theorie des Sozialismus. Berlin und Bern 1901.

—: Vorwort zu L. Buchs „Grundbegriffe der politischen Ökonomie". Petersburg 1902 (russisch und deutsch).

Bezobrazov: De l'influence de la science économique sur la vie politique de l'Europe moderne. Memoires de l'Academie imperiale de St. Petersbourg 1867.

Bilimovič: Literaturbesprechung. Wissenschaftliche Rundschau 1899, XI (russisch).

—: Die Kiever Schule russischer Volkswirtschaftler (Handschrift). Laibach 1925 (russ.).

—: Zur Frage der Wertung wirtschaftlicher Güter. Teil I. Kiev 1914 (russ.).

—: Zwei Wege zur Erfassung des wissenschaftlichen Bildes der ökonomischen Welt. Ökonomischer Bote 1923, III (russ.).

Bogdanov, A.: Neue Gesichtspunkte der Wirtschaftswissenschaft. Wissenschaftliche Rundschau 1900, VIII (russ.).

Borovoj, A.: Populärer Kursus der politischen Ökonomie. Moskau (russ.).

Bortkiewicz: Wertrechnung und Preisrechnung im Marxschen System. Archiv für Sozialwiss. u. Sozialpolitik, Bd. XXV, 1907.

Boudin, L. B.: Kritik von Tugan-Baranovskijs „Grundzüge der politischen Ökonomie". Die Neue Zeit XXV. 1906/07.

Brockhaus u. Efron: Art. Belinskij, Bd. 5, 1892.

— —: Art. Černyševskij von L. S. Z.

— —: Art. Peter Struve.

— —: Art. Tugan-Baranovskij.

— —: Art. V. P. Voroncov von V. V.

— —: N. J. Ziber.

Brückner, Alexander: Die Europäisierung Rußlands. Gotha 1888.

—: Ivan Pososkov.

Buch, Leo: Die Grundelemente der politischen Ökonomie. Petersburg 1902 (russ.).

—: Intensität der Arbeit, Wert und Preis der Waren. Leipzig 1896.

Bulgakov: Das Kapital. Wissenschaftl. Rundschau, 1898, IX, X (russ.).

—: Über einige Grundbegriffe der politischen Ökonomie. Wissenschaftliche Rundschau, 1898, II (russ.).

Chodskij, L. V.: Die politische Ökonomie in Verbindung mit den Finanzen. 2. Aufl. Petersburg 1887 (russ.).

Čuprov, A.: Die Stellung des Wertbegriffs in der statistischen Preistheorie. Festgabe für P. B. Struve. Prag 1925 (russ.).

Diehl, Karl: Anarchismus. Art. im Hdw. D. Staatsw. IV. Aufl. Bd. I, 1923.
—: Über Sozialismus, Kommunismus und Anarchismus. II. Aufl. Jena 1911.
—: Die Entwicklung der Wert- und Preistheorie im 19. Jahrhundert. In: Die Entwicklung der deutschen Volkswirtschaftslehre im 19. Jahrhundert. Leipzig 1908.
Dimitriev: Ein neues russisches Traktat über die Theorie der politischen Ökonomie. Der russische Gedanke. 1909. XI (russ.).
Eckardt, Julius: Jungrussisch und Altlivländisch. Politische und kulturelle Aufsätze. Leipzig 1871.
Efrusi: Ein neues Lehrbuch der politischen Ökonomie. Der russische Reichtum. 1896. V (russ.).
Filipov, M.: Zeitgenössische russische Wirtschaftstheoretiker. Wissenschaftliche Rundschau 1899, VIII (russ.).
—: Die Psychologie in der politischen Ökonomie. Wissenschaftl. Rundschau 1900, XI (russ.).
—: Abschluß der Polemik über den Wert. Wissenschaftl. Rundschau 1900, X (russ.).
Finn, A.: Die Arbeitswerttheorie und ihre neuesten russischen Kritiker. Wissenschaftl. Rundschau 1903, IV (russ.).
Frank, S.: Die psychologische Richtung in der Werttheorie. Russischer Reichtum 1898, VIII (russ.).
Georgievskij, P. I.: Politische Ökonomie. 4. Aufl. Petersburg 1904. Bd. I und II (russ.).
Hirschberg, Max: Bolschewismus, Archiv für Sozialwissenschaft und Sozialpolitik. Bd. 48, 1920/21.
Isaev, A. A.: Politische Ökonomie. 7. Aufl. Petersburg 1908 (russ.).
Jakob, Ludwig Heinrich, von: Grundsätze der Polizeigesetzgebung und der Polizeistaaten. 2 Bde.. Charkov, Leipzig, Halle 1809.
—: Über Kursus und Studienplan für angehende Cameralisten. Halle 1805.
—: Philosophische Rechtslehre oder Naturrecht. II. Aufl. Halle 1802.
—: Grundsätze der Nationalökonomie oder Nationalwirtschaftslehre. Halle 1805.
Kankrin, Georg, Graf: Aus den Reisetagebüchern des Grafen Georg Kankrin, hrsg. von Alexander Graf Keyserling. Braunschweig 1865.
—: Über den Staatskredit. Leipzig 1840.
—: Die Ökonomie der menschlichen Gesellschaft und das Finanzwesen. Stuttgart 1845.
—: Weltreichtum, Nationalreichtum und Staatswirtschaft, oder Versuch neuer Ansichten der politischen Ökonomie, München 1821.
Katharina II., Kaiserin und Gesetzgeberin von Rußland: Instruktionen für die zur Verfertigung des Entwurfs zu einem neuen Gesetzbuche verordneten Kommission. Riga u. Mitau 1768.
Kirejevskij, Ivan V. Über den Charakter der Bildung Europas und ihr Verhältnis zur Bildung Rußlands. Hrsgb. von Dr. A. Paquet unter dem Titel „Rußlands Kritik an Europa". Stuttgart 1923.
Kon, S: Über die Statistifizierung der politischen Ökonomie. Festgabe für P. B. Struve. Prag 1925 (russ.).
Kotljarevskij, Nestor: Literarische Richtungen der alexandrinischen Epoche. Petersburg 1913 (russ.).
Lebedev, V. A.: Kankrin. Russkij biografiečeskij slovar'. Petersburg 1897 (russ.).
Lemke, Michail: Skizzen aus der Geschichte der Zensur. Russkoe Bogatstvo 1903, Heft I, II, III (russ.).
Lenin, I.: Staat und Revolution. Berlin 1918.
— u. Trotzkij: Krieg und Revolution. Zürich 1918.
Majkov, R.: Schlözer. Russkij biografičeskij slovar'. (russ.).
Manuilov, A. A.: Politische Ökonomie. Moskau 1914 und 3. Aufl. Moskau 1919.
Markelov, G.: Idealismus und Marxismus. Mir Božij 1902. Heft 2 (russ.).

Marx, Karl: Das Kapital. 3 Bde. 10. Aufl. Hamburg 1922.
Masaryk, Th. G.: Rußland und Europa. Zur russischen Geschichts- und Religionsphilosophie. Soziologische Skizzen. 2 Bde. Jena 1913.
Masslov, Peter: Die Theorie der Volkswirtschaft.
Mautner, Wilhelm: Der Bolschewismus. Voraussetzungen, Geschichte, Theorie. Berlin, Stuttgart, Leipzig 1920.
Menger, C.: Grundsätze der Volkswirtschaftslehre. Wien 1923.
—: Untersuchungen über die Methode der Sozialwissenschaften usw. Leipzig 1883.
Miljukov, Paul: Skizzen russischer Kulturgeschichte. Deutsch von E. Davidson. 2 Bde. Leipzig 1898/1901.
Neue Zeit, Die: Art. Peter Lavrov. 1892/93, II.
Neždanov, P.: Der Wert und die Reproduktivkraft der Arbeit vom Standpunkt der Reproduktionsbedingungen. Das Leben 1900, V (russ.).
Nikolaj-On: Die Theorie des Arbeitswerts und einige ihrer Kritiker. Der russische Reichtum. 1902, II, III (russ.).
Nötzel, Karl: Die Grundlagen des geistigen Rußlands. Jena 1917.
Oldenburg, Karl: Der russische Nihilismus von seinen Anfängen bis zur Gegenwart. Leipzig 1888.
Olenev, Michail: Die sog. „Krisis des Marxismus“. Petersburg 1906 (russ.).
Plechanov, Georg: Anarchismus und Sozialismus. Berlin 1904.
—: Die Grundprobleme des Marxismus. Deutsch von M. Nachimson. Stuttgart 1910.
—: Materialismus oder Kantianismus? Die Neue Zeit 1898/99, I.
Pypin, A. N.: Charakteristik der literarischen Strömungen von den zwanzigern bis zu den fünfziger Jahren. Petersburg 1909 (russ.).
Ratner, M. B.: Probleme des Idealismus in der russischen Literatur. Ruskoe Bogatstvo 1903, Heft VIII, IX, X (russ.).
Recke, von: Schlözer. Schriftsteller- und Gelehrtenlexikon. Mitau 1832.
—: Storch. Schriftsteller- und Gelehrtenlexikon. Mitau 1832.
Roscher, Wilhelm: Ein- und Durchführung des Adam Smithschen Systems in Deutschland. Berichte über die Verhandlungen der K. sächsischen Gesellsch. d. Wissensch. zu Leipzig. 1867.
—: Deutsch-russische Schule, Berichte usw. Bd. 22. 1870.
—: Geschichte der Nationalökonomie in Deutschland. München 1874.
Rubakin, N. A.: Im Reich der Bücher (Bibliographie). 3 Bde. Moskau 1913 (russ.).
Rubin, I. I.: Grundzüge der Marxschen Wertlehre. Moskau 1923 (russ.).
Russisches bibliographisches Wörterbuch, hrsgb. von A. A. Polovcov. Art. Belinskij. Petersburg 1908 (russ.).
Rusanov, N. S.: Sozialisten des Westens und Rußlands. Petersburg 1908 (russ.).
Rykačev, A.: Die Lehre Böhm-Bawerks über den Kapitalzins. Wissenschaftl. Rundschau 1900, II (russ.).
Samov, Anatol.: Storch. Russkij biografičeskij slovar'. 1911 (russ.).
Schlözer. Christian von: Anfangsgründe der Staatswissenschaft oder die Lehre vom Nationalreichtum. 2 Bde. Riga 1805 und 1807.
Schulze-Gaevernitz: Eine Studie zum osteuropäischen Merkantilismus. Archiv f. Soz. Gesetzgebung. 1895. VIII.
Semevskij, V.: N. I. Turgenev. Brockhaus und Efron. Bd. 67 (russ.).
Seraphim, Hans-Jürgen: Die deutsch-russische Schule. Jahrb. f. Nat. und Statistik. 1924.
Simkovič, Vladimir G.: Die sozialökonomischen Lehren der russischen Narodniki. Jahrb. f. Nat. u. Statistik. III. Folge. Bd. 14, 1897.
Slonimskij, L.: Unsere Richtungen. Vestnik Evropy. 1901, XII (russ.).
—: Versuch einer Kritik der Karl Marxschen ökonomischen Theorien. Deutsch von M. Schapiro. 2. Aufl. Berlin 1899.
Sozialrevolutionäres Parteiprogramm, Neue Zeit. Jahrg. 24, Bd. II.

Sperber, Dr. Otto von: Die sozialpolitischen Ideen Alexander Herzens. Leipzig 1894.
Stein, W.: Bakunin. Russkij biografičeskij slovar'. Bd. 2. Petersburg 1900 (russ.).
Storch, Heinrich von: Betrachtungen über die Natur des Volkseinkommens. Halle 1825.
—: Zur Kritik des Begriffs vom Nationalreichtum. Eine akademische Vorlesung. St. Petersburg 1827.
—: Handbuch der Nationalwirtschaftslehre. Deutsch von Karl Heinrich Rau. 3 Bde. Hamburg 1819—20.
—: Historisch-satistische Gemälde des russischen Reiches. Riga und Leipzig. 8 Bde. 1797—1803.
Struve, Peter: Vl. K. Dmitriev. Russkaja Mysl'. 1913, X (russ.).
—: Marx. Brockhaus und Efron, Bd. 18 (russ.).
—: Politische Ökonomie und Buchhaltung. Der russische Gedanke. 1913, XI (russ.).
—: Kritik, Archiv f. soziale Gesetzgebung, 1899.
—: Zur Kritik einiger Grundprobleme und Lehrsätze der politischen Ökonomie. Das Leben, 1900, VI (russ.).
—: Die Grundantionomie der Arbeitswerttheorie. Das Leben, 1900, II (russ.).
—: Das ökonomische System M. I. Tugan-Baranovskijs. Der russische Gedanke, 1910, I (russ.).
—: Das Kapitalproblem im System der auf dem Preisbegriff aufgebauten politischen Ökonomie. Mitteilungen der russischen Akademie d. Wiss. VI. Serie. 1917, Nr. 16 (russ.).
—: Das wissenschaftliche Bild der ökonomischen Welt und der Begriff des „Gleichgewichtes". Ökonomischer Bote. Berlin, 1923, I (russ.).
—: Wirtschaften, Wirtschaft und Gesellschaft. Ebenda, 1923, II (russ.).
—: Priorität und Eigenart des Tausches und das Problem des Gleichgewichtes. Ebenda, 1924, III (russ.).
—: Wirtschaft und Preis. 2 Bde. (russ.).
Svjatlovskij, V. V.: Grundzüge der Geschichte der politischen Ökonomie. Bd. I. Petersburg 1910 (russ.).
Thun, Alfons: Geschichte der revolutionären Bewegung in Rußland. Leipzig 1883.
Trockij: Die Entwicklungstendenzen der russischen Sozialdemokratie. Die Neue Zeit. XXVI, 1909/10, II.
—: Über den Marxismus in Rußland. Die Neue Zeit, XXVI, 1907/08, I.
Tugan-Baranovskij, M.: Grundlagen der politischen Ökonomie. 2. Aufl. Petersburg 1911 (1. Aufl. 1909) (russ.).
—: Der Grundfehler der abstrakten Theorie des Kapitalismus von Marx. Wissenschaftl. Rundschau 1899, X (russ.).
—: Geschichte der russischen Fabrik. Deutsch von Dr. B. Minzès. Berlin 1900.
—: Skizzen aus der neuesten Geschichte der politischen Ökonomie. 6. Aufl. Moskau 1919 (1. Aufl. 1905) (russ.).
—: Die theoretischen Grundlagen des Marxismus. Petersburg 1905 (russ.).
—: Die Lehre vom Grenznutzen wirtschaftlicher Güter als die Ursache ihres Wertes. Der Rechtsbote 1900, X (russ.).
Vassilev, A.: Ist die Arbeitswerttheorie erledigt? Das Leben 1900, VII (russ.)
Veselovskij, Alexis: Die russische Literatur. Die Kultur der Gegenwart I, 1, Abt. IX. Berlin u. Leipzig 1908.
Vol'skij, M. M.: Die Aufgaben der politischen Ökonomie und ihr Verhältnis zu den anderen Wissenschaften. Veröffentlichungen der K. Novorossijsker Universität. Bd. 9, 1873 (russ.).
Wischnitzer, T. M.: Die Universität Göttingen und die Entwicklung der liberalen Ideen in Rußland im ersten Viertel des 19. Jahrhunderts. Berliner Dissertation. 1906.

Witte, Graf S. Ju.: Vorlesungen über Volks- und Staatswissenschaft. Deutsch von Josef Melnik. Stuttgart und Berlin 1913.
Zalesskij, V. F.: Die Lehre von der Entstehung des Kapitalzinses Bd. I und II. Kazan' 1893/98 (russ.).
Železnov, V.: Grundzüge der Volkswirtschaftslehre. Deutsch von A. C. Altschul. Leipzig und Berlin 1918.
Ziber: David Ricardo und Karl Marx. 3. Aufl. Petersburg 1897 (russ.).
Zilliakus, Konni: Das revolutionäre Rußland. Aus dem Schwedischen von Fr. von Känel. Frankfurt a. M. 1905.
Zoccoli, Hector: Die Anarchie, ihre Verkünder, ihre Ideen, ihre Taten. Deutsch von Siegfried Nacht. Leipzig und Amsterdam 1909.
Žukovskij, Ju: Karl Marx und sein Werk über das Kapital. Europäischer Bote 1877, V (russ.).

Register.

FSC
www.fsc.org
MIX
Papier | Fördert gute Waldnutzung
FSC® C083411

Kolibri 360 GmbH
Ferdinand-Jühlke-Straße 7
99095 Erfurt, Deutschland
produktsicherheit@kolibri360.de